1　埼玉古墳群全景

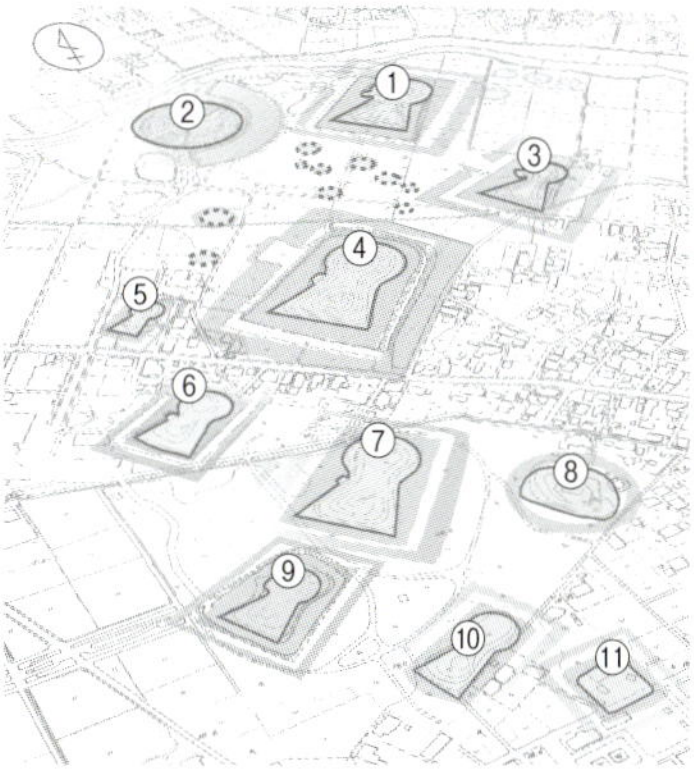

① 稲荷山古墳
② 丸墓山古墳
③ 将軍山古墳
④ 二子山古墳
⑤ 愛宕山古墳
⑥ 瓦塚古墳
⑦ 鉄砲山古墳
⑧ 浅間塚古墳
⑨ 奥の山古墳
⑩ 中の山古墳
⑪ 戸場口山古墳跡

2　埼玉二子山古墳

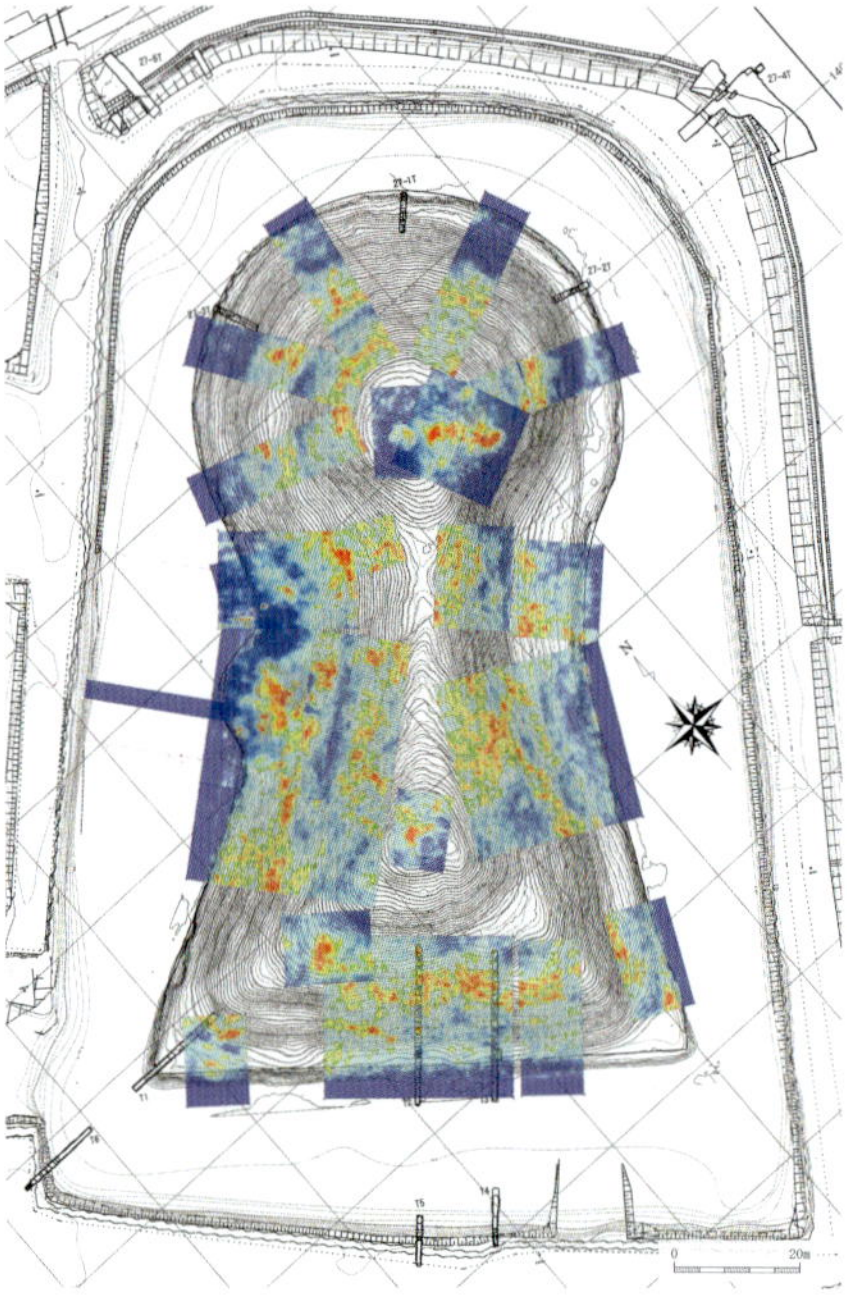

3　埼玉二子山古墳のGPR反応

4　七輿山古墳

5　今城塚古墳

6　今城塚古墳出土埴輪

7　断夫山古墳

9　岩戸山古墳の石人

8　岩戸山古墳

継体大王と地方豪族

古墳から探る六世紀の日本

若狭 徹・埼玉県立さきたま史跡の博物館［編］

吉川弘文館

ごあいさつ

このたび、令和五年一一月に開催されたシンポジウム『六世紀の東国史と埼玉二子山古墳―最新成果から描く継体朝前後の東日本―』の記録を刊行する運びとなりました。本書は、シンポジウムでの講演および総合討議の内容を基に編集され、二子山古墳の発掘調査成果とその歴史的意義を広く紹介することを目的としています。

埼玉古墳群は、県名発祥の地である行田市「さきたま」に所在し、大型古墳が密集する全国屈指の古墳群として知られています。令和二年三月には、稲荷山古墳から出土した国宝の金錯銘鉄剣が日本古代史研究において果たした学術的な価値などが評価され、全国六三例目かつ埼玉県内では初となる特別史跡に指定されています。

埼玉県では、昭和四二年に「さきたま風土記の丘」として整備を開始して以来、半世紀にわたり発掘調査とその成果に基づく史跡整備を継続的に実施してまいりました。

中でも二子山古墳は、古墳群内最大の規模を誇り、古墳群に限らず周辺地域の歴史の理解を深める上で極めて重要な意味をもつことから、平成二五年度から五年間にわたり発掘調査を実施しました。今回のシンポジウムは、調査成果をまとめた報告書の刊行を記念し、コーディネーターに特別史跡埼玉古墳群保存整備協議会委員として日頃から御指導いただいている若狭徹氏、考古学や文献史学の分野で御活躍の今西康宏氏、早野浩二氏、城倉正祥氏、河内春人氏、藤野一之氏、ナワビ矢麻氏をお招きし、各先生方の貴重な御講演と議論により、参加者に新たな視点と知識を提供する貴重な機会となりました。

当日は全国から三〇〇人以上の方々に御来場いただき、テーマへの関心の高さがうかがえました。このシンポジウムを通じて、埼玉古墳群二子山古墳とその時代の東国史についての理解が深まり、日本古代史研究の新たな一歩が踏み出されたことを大変嬉しく思います。

今回の書籍化に当たっては、御発表いただいた先生方に加え、シンポジウムでは取り上げることが叶わなかった九州地方の様相について、辻田淳一郎氏に御寄稿いただき、さらに内容に厚みが増すものとなりました。本書が、多くの研究者や歴史愛好者の皆様にとって有益な資料となり、今後の研究の一助となることを願っております。御協力いただきました講演者の皆様をはじめ関係者の皆様、本書刊行の機会をいただきました吉川弘文館様に心より感謝申し上げます。

埼玉県立さきたま史跡の博物館長　野中　仁

目次

第Ⅱ部　継体大王と地方豪族たち

第Ⅲ部　特別史跡埼玉古墳群シンポジウム

〔総合討議〕六世紀の東国史と埼玉古墳群

図表目次

〔表目次〕

プロローグ——激動の継体朝を東から見る

若狭　徹

埼玉古墳群の意義

東日本を代表する古墳時代の遺跡として、埼玉県行田《ぎょうだ》市の特別史跡埼玉《さきたま》古墳群がある。利根川と荒川に挟まれた広大な平野部に、墳長一〇〇㍍級の大型前方後円墳四基、中型前方後円墳四基、大型円墳二基、方墳一基が林立している。これだけの大型古墳が集合する景観は、まさに圧巻である。

古墳群は五世紀後半の埼玉稲荷山《さきたまいなりやま》古墳に始まり、七世紀の戸場口山《とばぐちやま》古墳まで継続した。このうち最も著名なのは埼玉稲荷山古墳である。墳頂部の礫槨から、一一五文字を刻んだ銘文鉄剣が発見されている。古墳時代において最も長文の金石文であり、雄略天皇（ワカタケル大王）の時、杖刀人《じょうとうじん》の首として上番し、大王の治世に参画した剣の所有者の事績が刻まれる。五世紀後半の倭国に、「人制《ひとせい》」、「上番制」、「大王号」が成立していたことを明らかにした日本古代史の一級史料として国宝に指定されている。

古墳群の中で次に有名なのは、六世紀中葉に築造された将軍山《しょうぐんやま》古墳である。片袖型の横穴式石室の中から多彩な遺物が出土しているが、中でも馬冑《ばちゅう》、蛇行状鉄器（旗竿）、銅鋺、銅鈴《どうれい》、三葉文環頭大刀《さんようもんかんとうたち》、陶質土器といった朝鮮半島製文物を豊富に含むことが特筆される。いずれも倭の中では稀少な品ぞろいであり、本古墳の被葬者が倭王権の一員として、対外交渉を担った可能性を考えさせるものである。

埼玉二子山古墳の調査

上記の古墳は、いずれも日本古代史・東国史において極めて重要な位置づけを誇っている。しかし、埼玉古墳群で最も大きな前方後円墳はこの二古墳ではなく、実は埼玉二子山《さきたまふたごやま》古墳なのである。

その内容の解明はこれまで十分ではなく、築造時期も五世紀後半から六世紀前半の幅で語られてきた。そこで埼玉県教育委員会は、二〇一三年から二〇二二年度までの一〇年間を費やして二子山古墳の発掘調査を実施し、出土資料の整理・研究・報告書の刊行を行った。

この調査で、二子山古墳の墳丘規模は一三二・二㍍に確定した。また、火山灰分析によって築造時期が群馬県にある榛名山の第一回噴火（Hr―FA。五世紀末）よりも新しく、出土土器や埴輪の型式によっても六世紀前半の築造にほかならないことが確認された。早稲田大学城倉正祥氏のレーダー調査によって、埋葬施設は横穴式石室であることも明らかとなった。本古墳のベールが剥がされ、その実像があらわとなったのである。

これによって、埼玉古墳群の一〇〇㍍を超える大型墳は、稲荷山古墳→丸墓山《まるはかやま》古墳（円墳）→二子山古墳→鉄砲山《てっぽうやま》古墳の順で築造されたことが定まった。二子山古墳に対しては、始祖である稲荷山古墳（墳長一二〇㍍）から大きく飛躍した被葬者の像を描くことができる。なによりも、始祖の事績を引き継いだ二子山被葬者の政治的成功こそが、埼玉古墳群のその後の隆盛を規定したのである。

埼玉二子山古墳と継体朝

ところで『日本書紀』によれば、雄略天皇が五世紀後半に没すると大王の地位継承が混乱し、ついにその系統が途絶えたため、応神天皇五世孫という遠い縁者を北陸から迎えたとされる。これが「継体天皇」である（五〇七年即位）。継体は地方から大王位についた異色の存在で、激動の世紀を生きた風雲児のような人物といえる。六世紀前半の埼玉二子山古墳は、まさにこの継体朝に絡む存在なのである。

この時期には地方豪族（筑紫君磐井《つくしのきみいわい》）の反乱や朝鮮半島情勢の混迷から、旧来の政治システムの矛盾が露呈した。

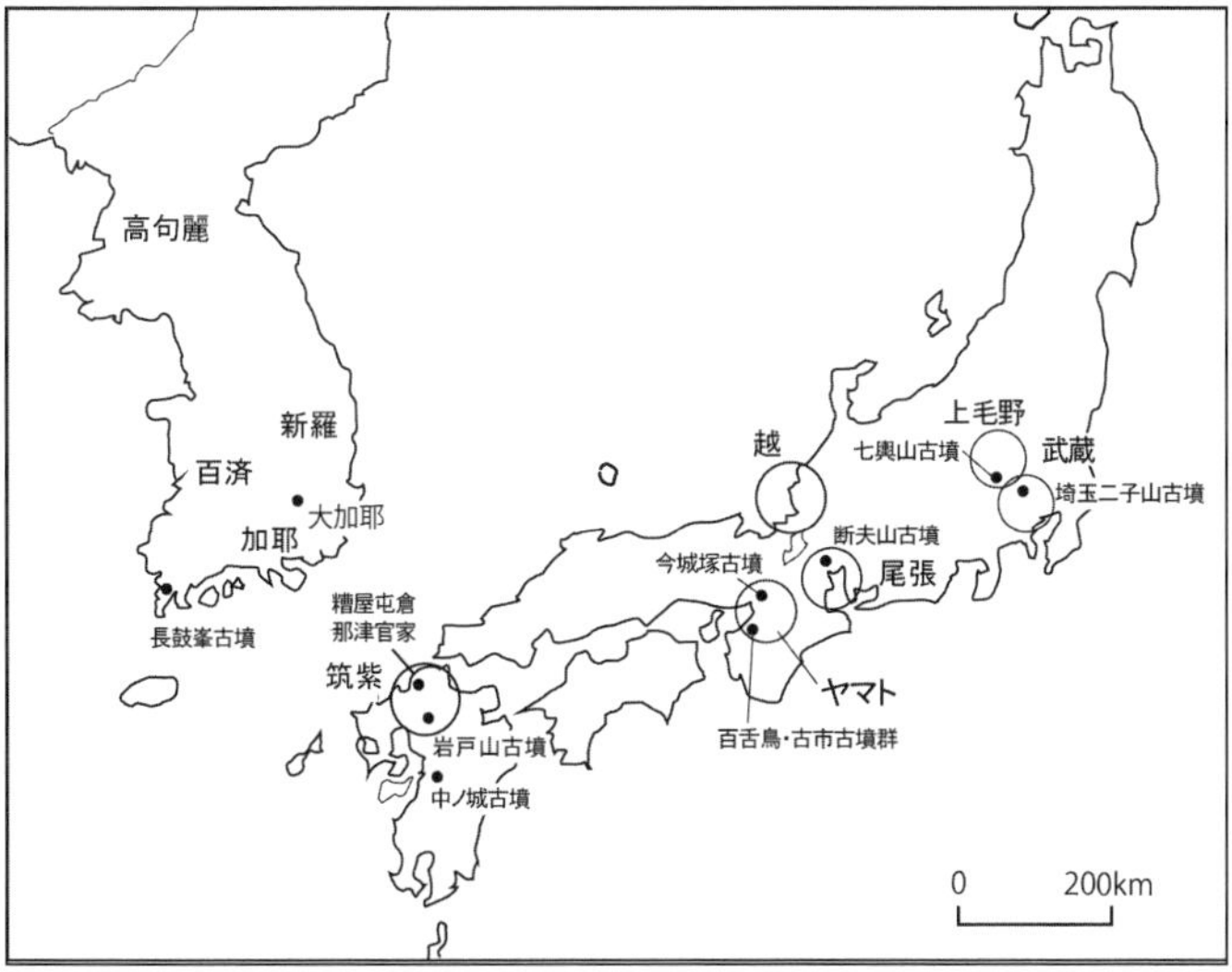

図１　本書に関わる古墳と遺跡

このため、継体政権を引き継いだ子の欽明天皇たちは、国造《くにのみやつこ（こくぞう）》制・屯倉《みやけ》制・部民《べみん》制・氏姓制度など様々な仕組みを整備し、豪族連合体制の状態であった倭国を、集権的国家形成の方向へと牽引していく。本書では、そうした動乱期における地方有力豪族たちの姿を、埼玉二子山古墳を媒介にして描きだしていくことを目的とした。

先に述べた二子山古墳発掘調査報告書の成果を広く周知するため、埼玉県はシンポジウムを企画し、若狭がコーディネーターをお引き受けした。シンポジウムはコロナ禍明けの二〇二三年一一月一八日、行田市総合文化センターにおいて行われ、三一四人の聴衆をお迎えすることができた。

講師陣には、継体天皇の墓であることが定説となった大阪府高槻市今城塚《いましろづか》古墳の出土品整理を担当した今西康宏氏、継体妃目子媛《めのこひめ》の父である尾張連草香《おわりのむらじくさか》の墓とも推定される愛知県名古屋市断夫山《だんぶさん》古墳の調査を担当した早野浩二氏、東国に

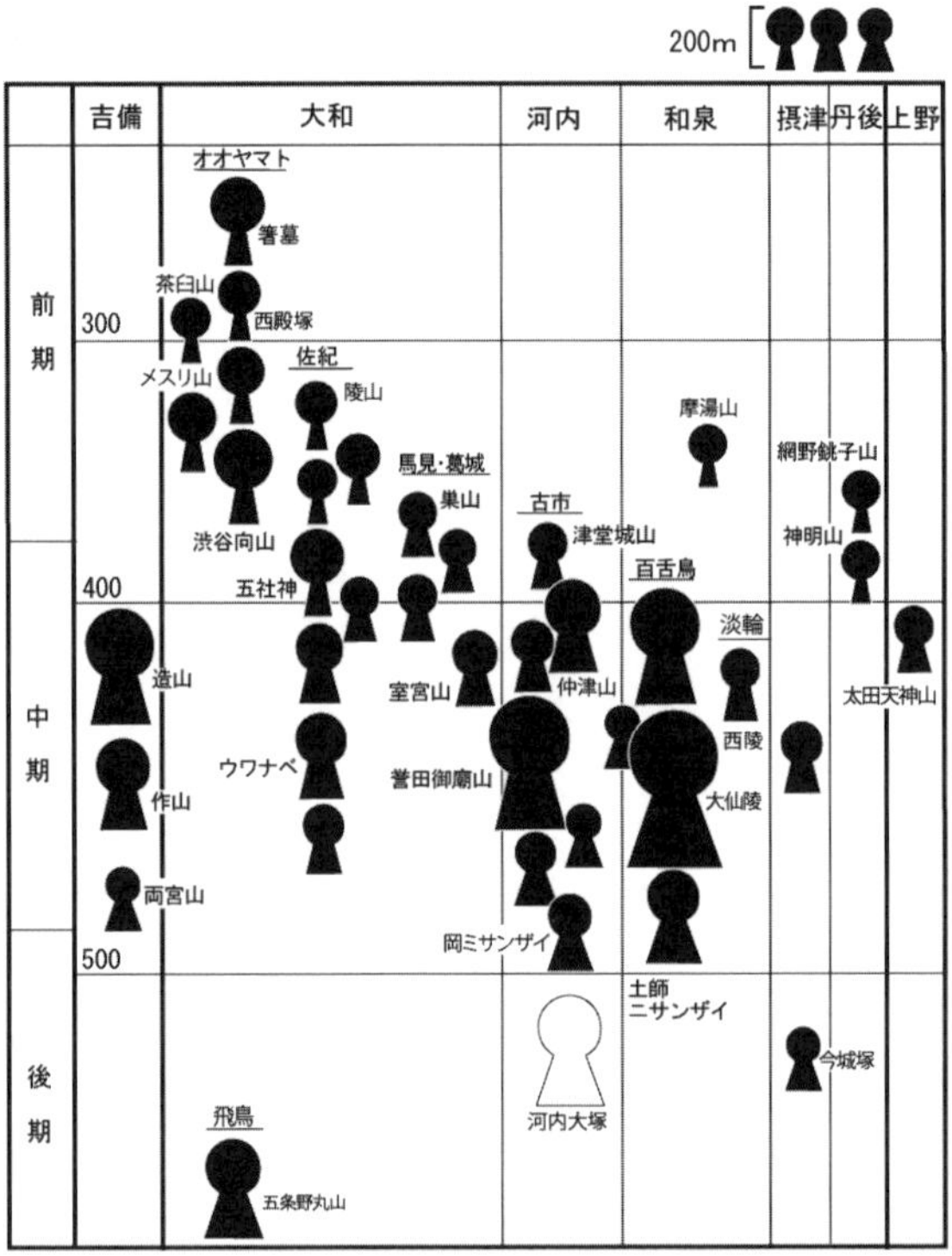

図２　日本における巨大前方後円墳の編年
『前方後円墳集成』（山川出版社）をもとにして作成

おける継体の支援者の墓と目される群馬県藤岡市七輿山《ななこしやま》古墳ならびに埼玉古墳群全般に造詣が深い城倉正祥氏、二子山古墳の資料整理を担当したナワビ矢麻氏、二子山古墳出土の土器に明るい藤野一之氏、当該時期の倭王の実態を東アジアにまで敷衍して追求している古代史学者の河内春人氏をお迎えした。本書は、彼らのシンポジウムでの発表をさらに充実させ、一書に編み上げたものである。

古墳時代の反乱伝承と社会

ところで、継体朝末期には北部九州において古墳時代最大の内乱である「磐井の乱」が勃発した。継体朝の矛盾が噴出した争乱であった。福岡県八女市には大型前方後円墳の岩戸山《いわとやま》古墳があり、これこそが磐井の墓であることが定説化している。先に挙げた今城塚古墳・断夫山古墳・七輿山古墳・二子山古墳、加えて岩戸山古墳の被葬者こそが、六世紀前半の倭国史のキーマンなのである。

シンポジウムでは九州の論者を加えることができなかったが、本書では現在この問題に最も造詣が深い辻田淳一郎氏からの玉稿をいただいた。これによって、本書では磐井の乱前後の北部九州の状況にも視野を及ぼすことが可能となっている。

磐井の乱を収束させた数年後には継体天皇が崩御した。その死後まもなく『日本書紀』安閑紀に記された「武蔵国造の乱」（五三四年）が勃発した。それはまさに、埼玉古墳群と七輿山古墳がある北関東を舞台にする事変である。磐井の乱と並んで東日本の武蔵で起こった争乱は、王権が権力を集中させる基盤となった「屯倉」の設置や「国造制」の成立とも深く関係するとみられる。

それらの問題も視野に入れつつ、本書では継体期における有力豪族たちの動態に注目し、深く掘り下げていきたい。

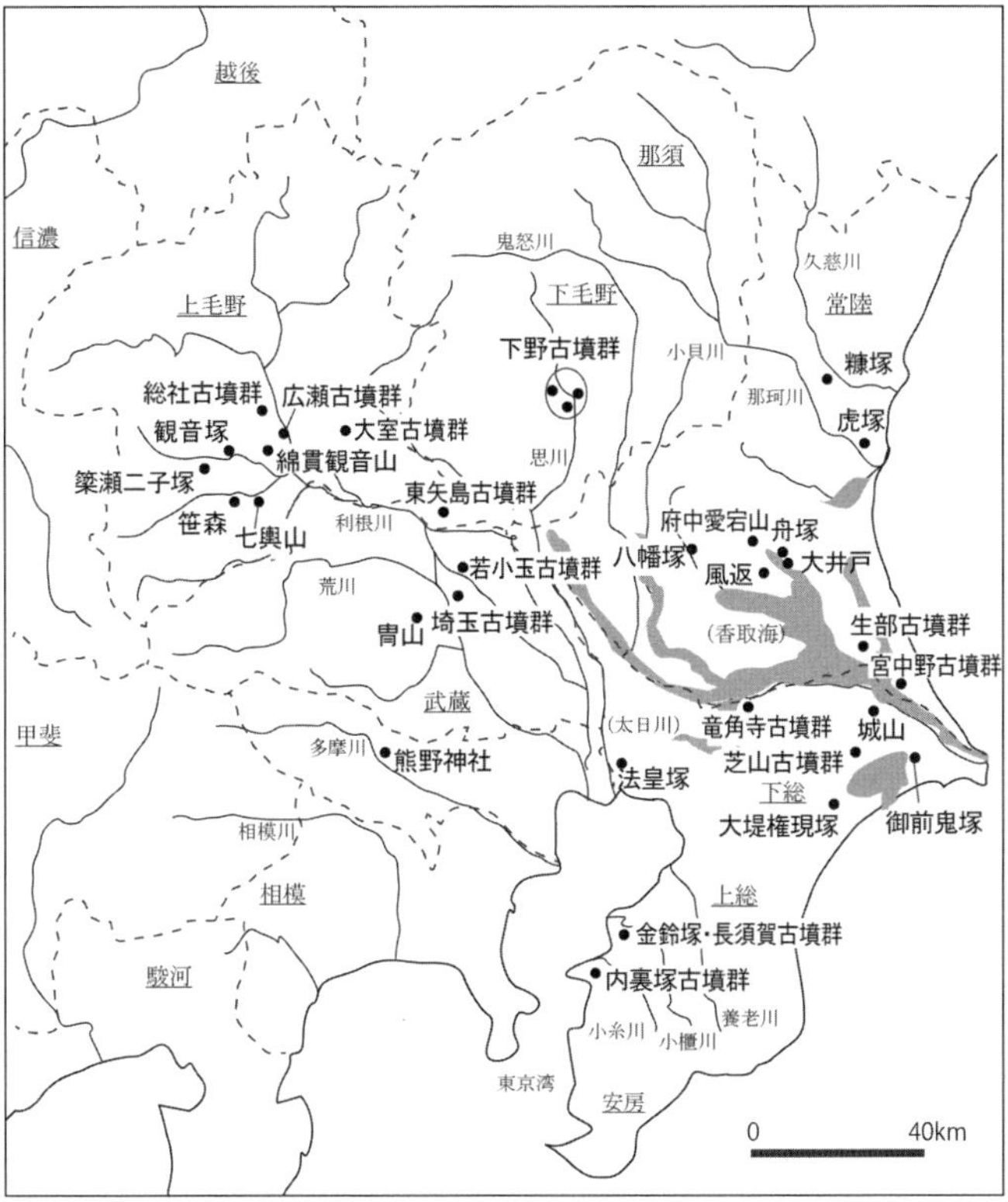

図3　関東における後期・終末期の主要古墳の分布

第Ⅰ部

埼玉二子山古墳の調査と歴史的意義

埼玉二子山古墳（埼玉県立さきたま史跡の博物館提供）

第一章　埼玉二子山古墳の意義

ナワビ矢麻

はじめに

埼玉《さきたま》古墳群では、昭和四二（一九六七）年以来、継続的に二子山《ふたごやま》古墳をはじめとした古墳の発掘調査が進められ、多くの成果が蓄積されている。二子山古墳は埼玉古墳群のほぼ中央に位置する前方後円墳で、埼玉県内で最大の古墳ということで著名である。平成二五（二〇一三）年から平成三〇（二〇一九）年まで、埼玉県教育委員会が発掘調査を実施しており、令和四（二〇二二）年度には発掘調査報告書を刊行した。発掘調査により、埴輪や土器など数多くの遺物が出土し、墳丘の構造や埋葬施設についても重要な情報を得ることができた（埼玉県立さきたま史跡の博物館二〇二三）。本章では、二子山古墳の発掘調査の内容と成果を述べ、調査の意義について振り返りたい。

一　二子山古墳とは

（1）埼玉古墳群と二子山古墳

埼玉古墳群は、現在の埼玉県行田市に位置する古墳群である。古墳時代当時、行田市一帯は、埼玉県寄居町を扇頂とする荒川の扇状地に続く氾濫原であったと想定されている。古墳群の北側を東流する利根川も、江戸幕府による瀬替えにより現在の姿になる前までは流路が安定しておらず、複数回にわたり流路を変えていたとされる（魚水二〇二〇）。行田市の西方、熊谷市内から現在も流れる忍川や星川の両岸には、自然堤防状の微高地がところどころに存在し、その背後には後背湿地が広がっている。

埼玉県北部の利根川右岸の沖積低地には、行田市をはじめ、熊谷市、羽生市、加須市などで古墳群が確認されている。沖積層の堆積状況から利根川の氾濫原であることは明らかであり、古墳時代当時、大規模な低地開発が行われ、生産力の高い地域であった可能性が考えられる。

埼玉古墳群を含む一帯は、地形区分上では加須低地に属する。埼玉古墳群が位置するのは埋没ローム台地上であり、島状に独立した微高地上に存在する。埼玉古墳群が築かれた微高地は、古墳時代当時、低地から明確に高い位置であったとする見方もあるが、現在では関東造盆地運動の作用を受け地形の高低の判読は難しくなっている。

二子山古墳は特別史跡埼玉古墳群に指定されている範囲のほぼ中央部に位置している（図1－1）。埼玉古墳群は、狭い範囲に大きな古墳が密集して造られているという特徴があるが、二子山古墳においてもすぐ西側には愛宕山《あたごやま》古墳が、県道を挟んで南側には瓦塚《かわらづか》古墳が近接して築かれている。二子山古墳の墳丘規模は全長一三二・二㍍と古墳群の中で最大であり、埼玉県下、旧武蔵国において最も大きな前方後円墳として有名である。後円部径は六七㍍、前方部幅は八三・二㍍、くびれ部の幅は四六㍍であり、いずれも古墳群内で最大規模である。主軸方位は南北軸から東に約四〇度傾いており、この角度は同古墳郡内の稲荷山《いなりやま》古墳、鉄砲山《てっぽうやま》古墳と近く、三古墳の主軸はおおむね一致している。

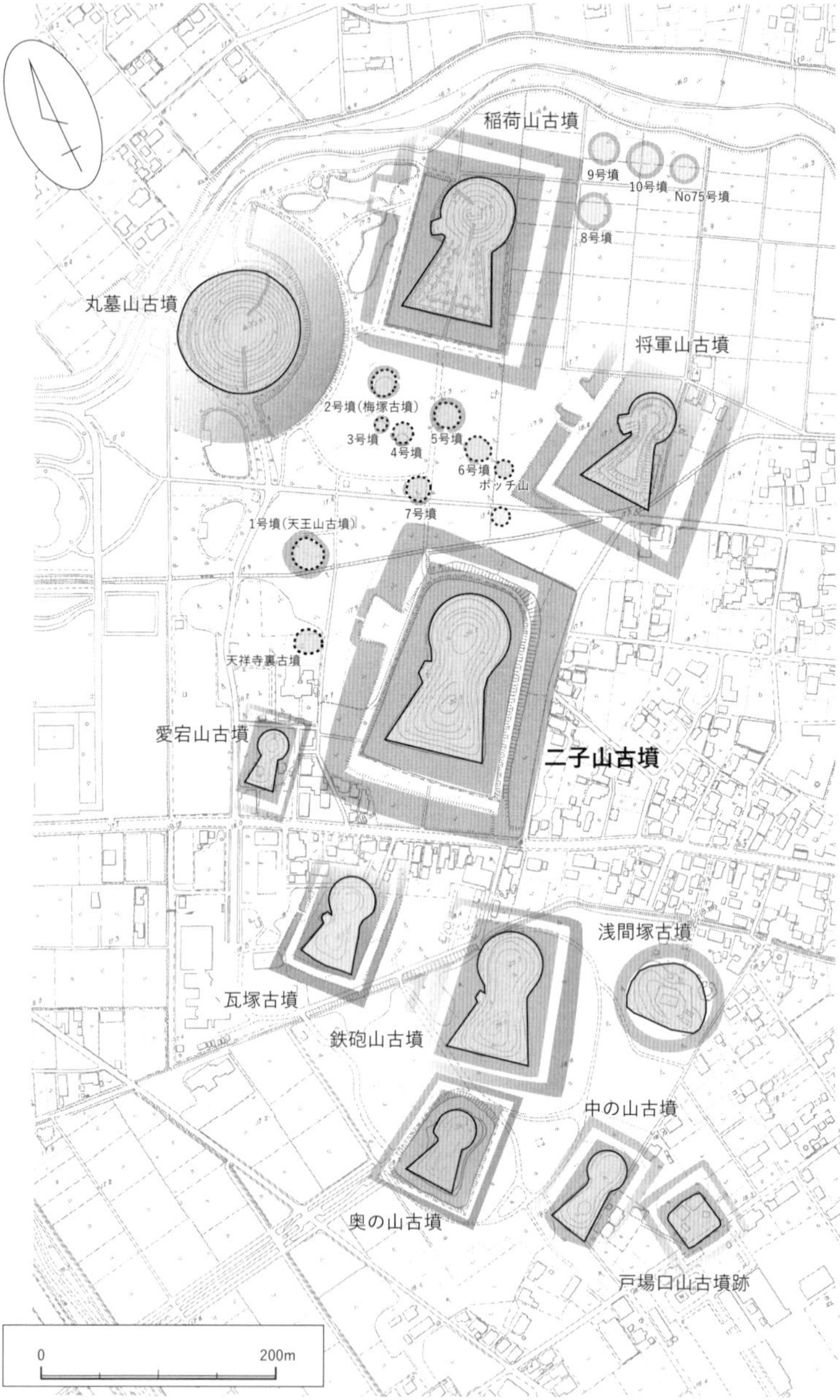
稲荷山古墳
9号墳
10号墳
No75号墳
8号墳
丸墓山古墳
将軍山古墳
2号墳（梅塚古墳）
3号墳
4号墳
5号墳
6号墳
ボッチ山
7号墳
1号墳（天王山古墳）
天祥寺裏古墳
愛宕山古墳
二子山古墳
浅間塚古墳
瓦塚古墳
鉄砲山古墳
中の山古墳
奥の山古墳
戸場口山古墳跡
0
200m

図１－１　埼玉古墳群全図

古墳の立面の構造については、平成二五（二〇一三）年度以前は墳丘の発掘はほぼ行われておらず、不明点が多かった。前方部に平坦面があることから三段の構造をもつとされることもあったが、後世の改変も多く明確な証拠は見つかっていなかった。古墳の東側くびれ部（後円部と前方部がぶつかる箇所）には広い平坦面があり、墳頂にかけて急斜面となっている。ここにはかつて観音寺という寺院が建っていたとされ、近世瓦の散布も確認されている。地籍図からも墳丘東側くびれ部付近の内堀は、周辺の地目と異なり畑地となっており、付近に観音寺の存在を推定できる。

埋葬施設は、未発掘であり不明である。後円部墳頂に盗掘孔と考えられる円形のくぼみがあるが、周辺に石や埋葬施設に関連する遺物の散布は確認されていない。今回の調査前までは、被葬者が眠る埋葬施設の位置や構造、副葬品などの情報は皆無であった。

墳丘の周りに掘られる周堀は二重に巡り、昭和四三（一九六六）年度の工事で内堀は盾形に外堀は方形に復原された。しかし、昭和四九（一九七四）年度、平成二七（二〇一五）年度の発掘調査により、内堀の形状は盾形ではなく方形となることが明らかになった。内堀は主軸長で一七六㍍を測り、後円部にかけて狭くなる台形状である。内堀の堀底の標高は一六・五㍍であり、古墳時代当時の地表面（旧表土）からの深さは約一・六㍍である。外堀の堀底の標高は一六・五〜一六・八㍍であり、内堀と比較して外堀が浅い造りであったことが分かる。外堀の平面形態については、墳丘の主軸に対し非対称な方形である。西側に中堤造出しが設けられているが、この付近では外堀の幅が広くなっている。昭和五五・五九（一九八〇・一九八四）年度の調査の際、堀に堆積した土をサンプルに花粉分析と珪藻分析を実施しており、その結果、周堀は常時滞水しておらず、湿地帯のような景観であったと推定されている。

内堀と外堀の間には中堤が存在し、現在は園路として整備されている。昭和四三（一九六八）年度の整備により現況では目立たないが、中堤盛土が一部残存している。中堤盛土の遺存は埼玉古墳群中で唯一であり、整備で堀が復原される前には長さ四〇㍍、幅約一五㍍の高まりとして存在していた。なお、この中堤盛土は、昭和一三（一九三八）年の国史跡指定の際、墳丘と合わせて指定されている。平成二（一九九〇）年度に中堤盛土で発掘調査が行われ、盛土直下の古墳時代当時の地表面（旧表土）の標高は一七・六㍍と記録されている。墳丘下で確認された古墳時代当時の地表面（旧表土）と比較するとやや低いが、盛土の上面の標高が約一八・六㍍であるため、この地点では少なくとも一㍍以上の盛土で中堤が構築されたと考えられる。中堤の西側には中堤造出しと呼ばれる方形の張り出しをもつ。外側に向かって約二八㍍突き出しており、外に向かうにつれ撥《ばち》状に広がる。中堤造出しの付け根の幅は約三一㍍、外側端部の幅は約四三㍍と大規模である。中堤造出しには、稲荷山古墳と同様、外堀の一部が幅約一㍍ほど掘り残された、ブリッジ状の施設が設けられる。

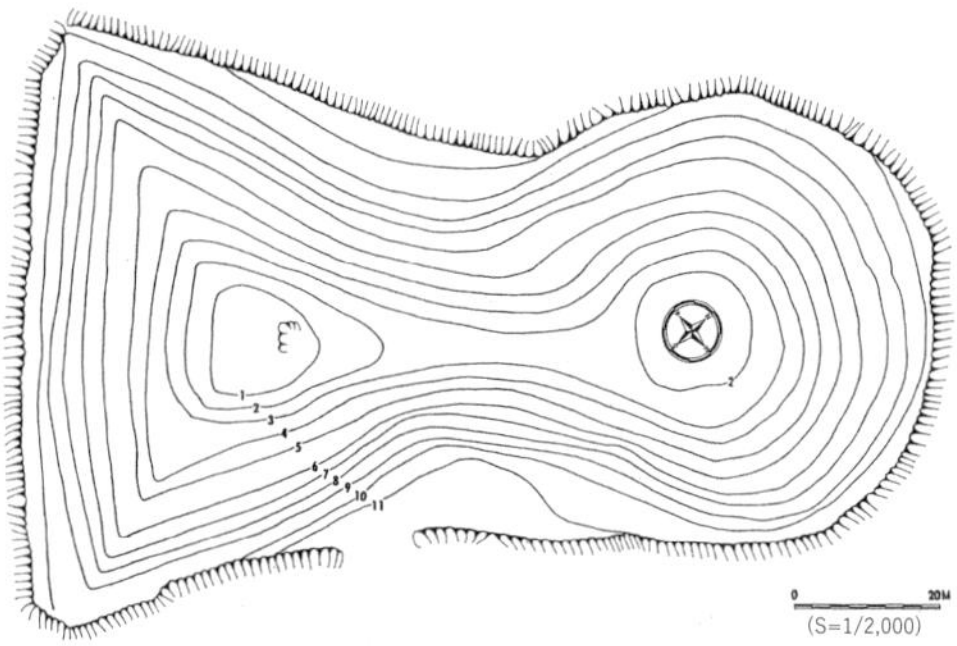

図１－２　昭和12年の測量図

二子山古墳が現れる最古の記録は江戸時代『五街道分間延絵図《ごかいどうぶんけんのべえず》（五海道其外分間見取延絵図）』内の「館林道」であるとされる。「観音寺」に隣接して「水塚」の表現があり、これが二子山古墳を指すと考えられる。文字記録では、旧忍村在住の郷土史家、清水雪翁が記した『北武八志』内に以下の記述があり、三段築成と認識されていたことがわかる（清水一九〇七）。

> 両子山　仝村にあり又観音寺山とも云ふ高さ五丈位周圍七八町是は唯に本村の巳ならず殆ど本國中の大塚にして之を望むに天然の丘陵の如く車塚の制にして前方後圓壇三成儼然として其形を存せり。

『史蹟埼玉』には下記の記述が見られ、中堤盛土や観音寺の存在についても触れられている（高木一九三六）。

丸墓山の南方約三百九米の處に在って、本村に於ける前方後圓墳の最大なるものである。周湟ありしも今は田となる。湟外西部に壘址を有することは、この古墳に於いてのみ見る特徴とする。東麓に畑地があり、昔時観音寺ありし址なりといふ、観音寺山の稱ある所以である。

測量図は昭和一二（一九三七）年に後藤守一、三木文雄らによって初めて作成された（図1－2）。これが二子山古墳で行われた最初の学術的調査であったともいえる。等高線間隔一㍍で作成されたこの測量図からは、前方部が後円部よりも一㍍近く高い点、東側のくびれ部付近の墳裾が大きくえぐられている点などが見て取れる。

(2)二子山古墳の過去の調査と整備

埼玉古墳群における整備は、単純な環境整備ではなく、発掘調査成果に基づいた史跡整備という形で実施している。二子山古墳における発掘調査は、「さきたま風土記の丘整備事業」に伴う昭和四二（一九六七）年度の発掘に端を発する。この時の調査は、周堀の形態や墳丘規模の把握が目的であり、古墳を取り囲むように四〇以上の調査区が設定された。この時の発掘調査報告書には、二子山古墳が二重の周堀をもつことや、墳丘西側くびれ部に造出しをもつこと、周堀に挟まれた中堤に、ステージ状に突出した中堤造出しをもつことなどが確認されたと書かれている。翌四三（一九六八）年度には、発掘調査結果をもとに、内堀は角が丸みを帯びた盾形に近い形に、外堀は長方形に整備された。内堀については深く掘削し、水をたたえた堀として整備された。堀に挟まれた中堤は園路として全体を盛土され、墳丘も盛土による造成を受けたことが知られている。

昭和四九（一九七四）年度には、後円部北側の外堀及び中堤造出し周辺で調査が行われた。この調査により、中堤造出しとその外側とを結ぶブリッジ状の施設を検出したほか、周堀の平面形が方形である可能性が指摘された。その後も、主に周堀部分を対象として昭和五五・五六・五九・平成二年度に発掘調査が実施され、各調査の報告書が刊行されている。

これまでの調査で遺物も多く出土しており、その年代や生産地に関して検討が加えられている。須恵器は提瓶、甕、器台などの器種が出土したが、いずれも破片で出土数は少ない。墳丘西側の造出し周辺に多いという特徴的な分布もこの時には確認され、報告されている。

円筒埴輪は橙褐色系統・赤褐色系統の出土が確認されていた（城倉二〇一二）。橙褐色系統の埴輪は、桜山《さくらやま》遺跡9号窯の焼台、諏訪山《すわやま》7号墳、毛塚《けつか》32号墳（いずれも埼玉県東松山市）の個体と刷毛目が一致し、比企周辺の窯で焼かれた可能性が指摘された。一方、赤褐色系統は生出塚《おいねづか》埴輪窯（埼玉県鴻巣市）DE8C類、M6B類と刷毛目が一致したことにより、埼玉古墳群内での埴輪供給の前後関係も整理された。なお瓦塚古墳からは、二子山古墳の円筒埴輪から条数を一段減らして製作された円筒埴輪が確認されている。形象埴輪は人物埴輪（顔面や腕）、馬形埴輪（鏡板、鈴）、器財埴輪（盾、蓋、靭）が確認され、中堤造出し周辺の外堀で多く検出される傾向も示された。

(3)古墳の埋立工事と調査に至る経緯

二子山古墳の水堀整備の完了後約四〇年が経過し、水位の変動による墳裾の崩落が確認されるようになった。季節の変化に伴う水位の変動は激しく、平成一九（二〇〇七）年～二二（二〇一〇）年には、墳丘の一部で立て続けに崩落が確認されたため、平成二四（二〇一二）年度より内堀の埋立工事を実施した。この工事以前は内堀の滞水のために難しかった墳丘や内堀の発掘調査が、実施できるようになったのである。発掘調査は埋立工事と並行して実施された。発掘調査は平成二五年度から行われ、昭和四三（一九六八）年度の公園整備工事での水堀掘削による周堀・墳裾・墳丘下方の遺存状況の確認と、水位変化による墳丘・中堤の崩落状況の把握を目的に行われた。

最終的に調査は平成二五年度から一時中断をはさみ五か年で実施され、土器や埴輪などの多くの遺物とともに、当初の目的以上の調査成果を得ることができた。整理作業は令和二（二〇二〇）年度から本格的に行われ、令和四（二〇二二）年度末に成果をまとめた発掘調査報告書が刊行された。

二　発掘調査成果から

(1)明らかになった古墳の構造

平成二五年度からの発掘調査で、墳丘や周堀の構造に関してこれまでの認識とは異なる新たな事実が判明している。二子山古墳の後円部と前方部の主軸上に設定したトレンチによって、墳裾の位置が確定し、墳丘全長は一三二・二㍍であることが明らかになった。これまでは一三五㍍または一三八㍍とされてきたが、これは昭和四三年度の整備の結果、内堀が掘削され墳裾が厚い造成を受けたためである。本調査において、主軸付近での墳裾の検出により、見かけではなく、内堀法尻での墳丘全長が明らかになったのである。裏を返せば、昭和四三年度の造成土によって、墳裾の消失を免れたという見方もできる。

また、後円部の墳丘主軸上で平坦面（＝テラス面）が確認され、段築構造は二段存在することが判明した。通常テラス面には円筒埴輪などの埴輪が樹立されることが多く、同じ埼玉古墳群内の将軍山《しょうぐんやま》古墳や鉄砲山古墳などでは樹立状況が確認されている。二子山古墳においては発掘でテラス面の埴輪の樹立状況は確認できていないものの、テラス面下部から円筒埴輪の大型の破片が出土しており、テラス面への樹立が想定できる。同じ調査トレンチの墳丘下位でも緩斜面を検出しており、二段以上の段築となる可能性も否定できないが、後円部の墳丘上部まで調査したトレンチは一か所であるため、今後の更なる調査・検討が必要である。

一方前方部の調査では墳丘の上部までトレンチを設定したが、明確なテラス面や埴輪列の検出には至らなかった。調査により、板碑や高温で焼かれた骨片を伴う土壙（穴）が検出され、中世以降に大きく改変を受けていることがわかった。現況で墳丘の中腹に平坦面が存在するが、これは古墳築造時の構造ではなく、中世以降墓地として使われた痕跡によるものと確認された。二子山古墳の墳丘東側が切り立っているが、これはかつて観音寺が建っていたためだと言われている。お寺と関連して、前方部の一部に墓が造られた可能性もある。

前方後円墳の、後円部と前方部が接続する箇所は、一般的にくびれ部と呼ばれている。埼玉古墳群の前方後円墳は八基あるが、そのうち六基でくびれ部付近に造出しがあることが確認されている。二子山古墳でもその存在は昭和四二年度の発掘で明らかになっていた。今回の発掘では、造出しの本来の形状と残存状況について明らかにする目的のもと、調査が行われた。結果、墳丘造出しは、先端と北側が削平されているものの、上下二段から成る点、上段は方形となる点が判明した（図1－3）。墳丘造出しの南側では削平を受けていない墳裾が検出された。また、墳丘造出しの上段の縁に沿うように、樹立した状態の円筒埴輪列が確認された。墳丘造出しの上段、円筒埴輪列の内側からは土師器の高坏、須恵器の坏（身・蓋）を主体とする土器がまとまって大量に出土した。土器が原位置を保っているかは不明であるが、古墳が造られた当時の面のほぼ直上から出土した個体も存在するため、大きく動いた可能性は低いと考えてよいだろう。ただし、墳丘の更に高い箇所に置かれたものが転落し流れ込んだ可能性も考えられるため、すべてが造出し上に置かれていたとは限らないので注意が必要である。造出しの平面形状については、後世の溝で削平を受けているものの上段の残存状況は比較的良好であり、上段の平面形状から推測するに下段も方形であった可能性が高いと考えられる。なお、埼玉古墳群内で半円形の墳丘造出しをもつ前方後円墳は確認されていない。

図1－3　墳丘造出し（西から）

内堀・中堤・外堀は昭和四三年度の整備により大きく形を変えているが、本発掘調査の成果により、推定復元が可能となった（図1－4・1－5）。内堀の形状は盾形に近い形状に整備されていたが、今回の調査で長方形に近い台形を呈することがわかった。平成二七年度の調査区で内堀北側の隅角が検出されたため、整備された隅丸の形状とは異なっていることが確認された。

外堀についても、昭和四三年度に整備された形とは異なる形状であることが明らかになった。墳丘西側の中堤には、外堀（西）に向かって突出するステージ状の中堤造出しが存在する。中堤造出しの平面形が外側に向かってばち状に広がる台形である点や、中堤造出しの前端部から外堀の外側に向かって、ブリッジ状に掘り残された土橋をもつ点は以前から知られていた。今回新たにわかった点は、中堤造出し周辺の外堀の形状である。現在は、外堀の外側立ち上がりについて中堤造出し部分を膨らませて直線的に整備しているが、本来の形状は中堤造出しに沿って屈曲することが明らかになった。

この中堤造出しに沿った外堀の屈曲は、稲荷山古墳、鉄砲山古墳と共通した特徴である。外堀の一部をブリッジ状に掘り残した構造も、

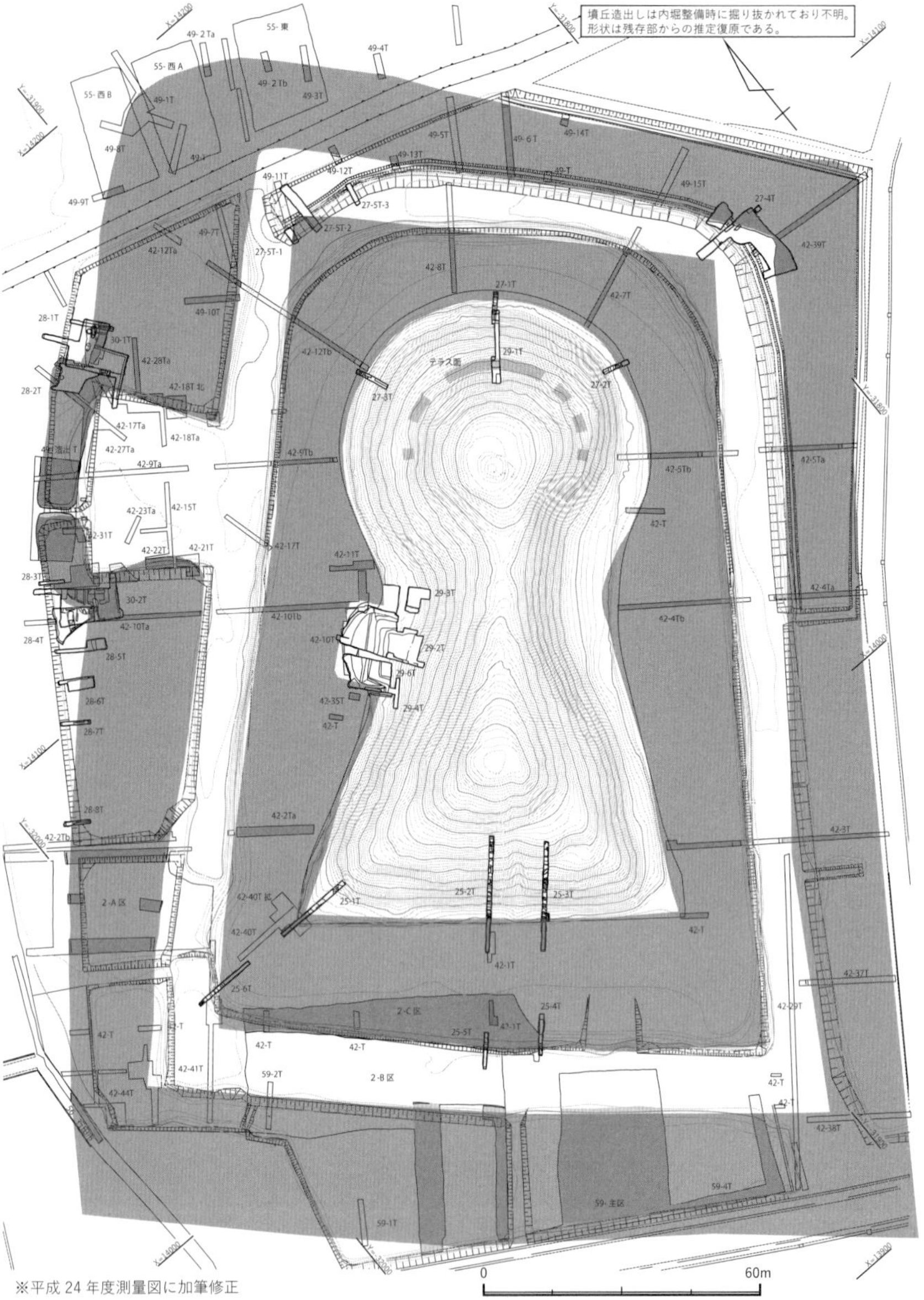

※平成24年度測量図に加筆修正

図1－4　調査成果のまとめ

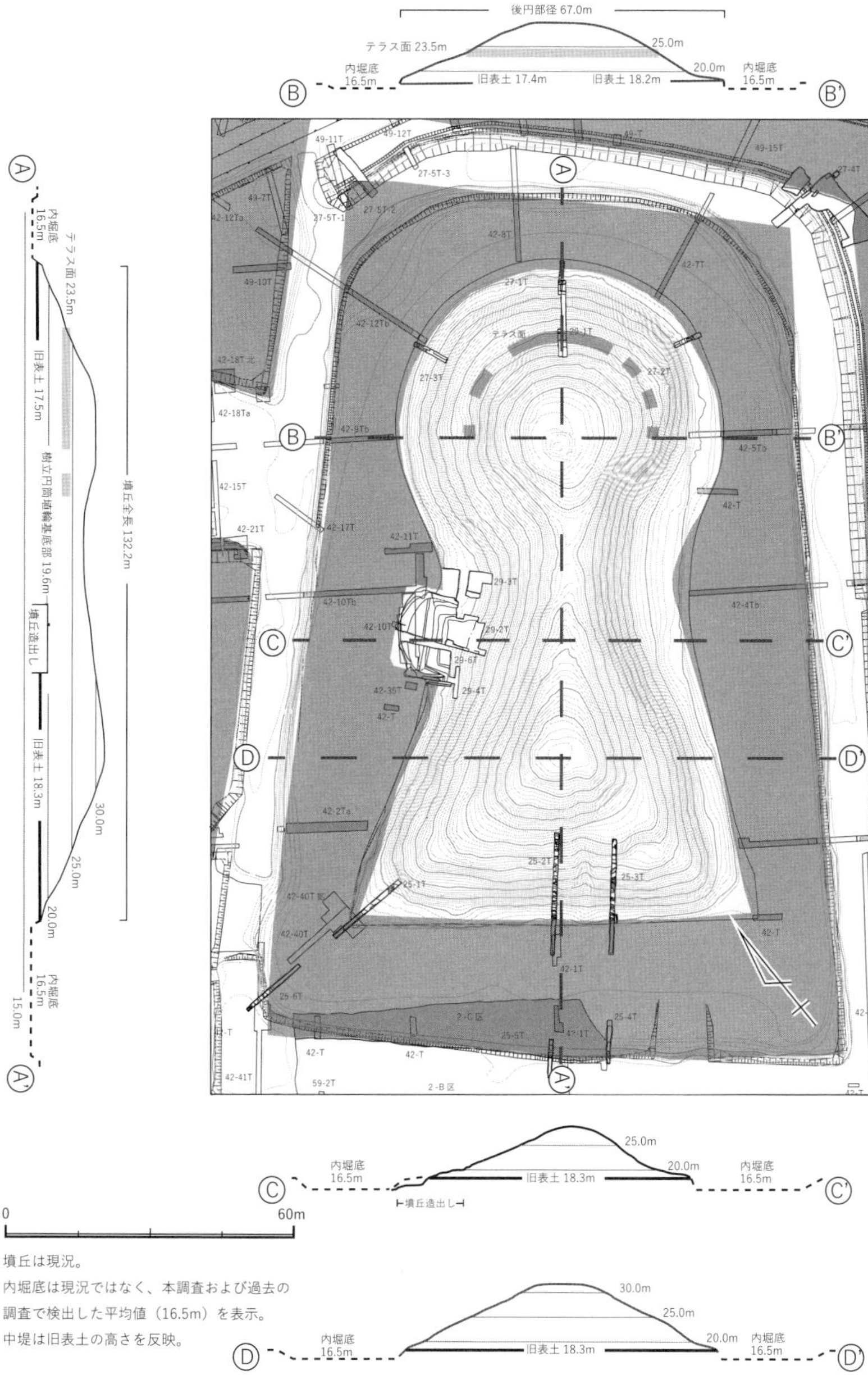

墳丘は現況。
内堀底は現況ではなく、本調査および過去の調査で検出した平均値（16.5m）を表示。
中堤は旧表土の高さを反映。

図１－５　古墳の横断図

埼玉古墳群の他の前方後円墳でも認められ、稲荷山古墳、鉄砲山古墳で同様の構造がみられるほか、将軍山古墳の中堤造出しは外堀の外側と接合しており、そのすぐ南側にもブリッジ状の構造が存在している。また、瓦塚古墳の西側外堀の一部もブリッジ状に掘り残されている。中堤と外堀とをつなぐ構造は、稲荷山古墳や奥の山古墳の中堤南西隅や小円墳にも認められ、古墳を造る際に中堤や墳丘へのアクセスが重要視されていたことを物語る。二子山古墳においては、現時点で確認されている外側から中堤への接続は前述した一か所である。

内堀・外堀の本来の深さは現在見えている姿より深いことも明らかになった。当時の地表面から約一・四㍍の深さである。後述するが、外堀の堆積土中から白色の粘土層を検出したことも重要な成果といえるであろう。なお、堀や墳丘の堆積物はサンプルを採取し土壌分析を行っており、その詳細は報告書に掲載している。

(2)テフラ分析について

二子山古墳の発掘調査地点では、サンプルを採取しテフラ分析を実施している。テフラとは、溶岩を除く火山噴出物を指し、火山灰やスコリア、軽石などが該当する。テフラ分析とは土壌に含まれる鉱物の種類・状態から、既知のテフラと同定することにより、その土層が堆積した年代を得るものである。本調査では墳丘部、内堀部、外堀部、中堤部でサンプルを採取し分析を行っている。

分析の結果、二子山古墳墳丘盛土直下で榛名山二ッ岳火山灰（Hr－FA）に由来するとみられる層が検出され、内堀覆土で浅間B火山灰（As－B）が検出された。榛名山二ッ岳火山灰（Hr－FA）は六世紀初頭、浅間B火山灰（As－B）は一一〇八年に降灰したテフラである。すなわち、二子山古墳の層位は、Hr－FAより新しく、As－Bより下位である。つまり、FA降灰後、六世紀初頭より後に二子山古墳の築造が開始された点が明らかになった。

堀に堆積した土壌からも新たな事実が明らかになった。外堀内に堆積した白色粘土の層が火山灰由来の層ではなく、水成堆積物（洪水など水の作用による堆積物）であることが判明したのである。調査前までは、二子山古墳を稲荷山古墳の直後（五世紀後半）の築造と位置づける見方もあった。その根拠の一つが昭和四二年度の調査の際、「外堀覆土に白色の火山灰の堆積があった」という所見であったが、これは科学的な分析により得られた結果ではなく、調査者の観察によるものであった。今回のテフラ分析により水成堆積物と結果が出た白色堆積物の層を、火山灰の堆積と認識した可能性がある。粘性の強いこの白色の層はこれより上層でも薄い堆積が認められており、いずれの層も古墳時代以降の河川の氾濫などで堆積した層と考えられる。二子山古墳の堀では数度にわたり洪水による滞水が起きていたと想定できるのである。

(3)出土した埴輪

今回の調査では多くの遺物が出土したが、ほとんどが埴輪であった。出土した埴輪の中でも九割以上が「円筒埴輪」と呼ばれる土管状の埴輪で、馬や人、家などの物を象った「形象埴輪」はいずれも破片であり、少量であった。本発掘調査で出土した円筒埴輪は、すべて五条の突帯をもつ六段構成であると考えてよい。「突帯」とは円筒埴輪などに巻かれたひも状の粘土で、大型の埴輪ほど突帯が多くなる傾向にある。

二子山古墳では、過去の調査により黄白色系統・橙褐色系統・赤褐色系統の三系統が確認されており、今回の発掘でもこの三系統が確認できた。ただし、稲荷山古墳で確認されている黄白色系統は、小破片が確認されるのみで、数は非常に少なかった。主体を占める橙褐色系統と赤褐色系統の個体数の割合はおおむね一：一であった（図1－6）。赤褐色系統は鴻巣市生出塚埴輪窯から、橙褐色系統は比企周辺の窯で焼かれたと考えられている。生出塚埴輪

図1－6　円筒埴輪(左:赤褐色系統／右:橙褐色系統)

窯の埴輪が埼玉古墳群に本格的に供給されるようになるのが二子山古墳からであり、埴輪供給体制が大きく変化したことがわかる。生出塚埴輪窯は二子山古墳への埴輪の供給を契機に本格的に稼働し、鉄砲山古墳の段階まで埼玉古墳群に埴輪を供給し続けたとみられている。

形象埴輪は墳丘西側、中堤造出し周辺から多く出土した。完形に復元された資料はなかったが、過去の調査で確認された資料も含めると、人物埴輪の腕や刀の柄頭、髷《まげ》、馬形埴輪の鈴や鞍《くら》、障泥《あおり》、円形《えんけい》杏葉《ぎょうよう》、家形埴輪の破片、器財埴輪の蓋《きぬがさ》・盾・靫《ゆぎ》などがある。これらの種類の形象埴輪が中堤造出しに集中して立て並べられていたと推定される。稲荷山古墳や鉄砲山古墳も中堤造出しから多くの形象埴輪が見つかっており、中堤造出しにおける埴輪祭式が行われていた可能性を示す分布状況である。福岡県八女市・岩戸山古墳における「別区」や、大阪府高槻市・今城塚古墳における中堤張り出し部と近い役割が与えられていたと想像するのは難しくないであろう。

(4)線刻をもつ円筒埴輪

円筒埴輪のうち、表面に線刻が施された個体が多く見つかった。線刻をもつ埴輪の出土は、墳丘造出し周辺に集中しており、他の地点からの出土はなかった。この出土状況から線刻をもつ埴輪は、意図的に墳丘造出しという場を選んで置かれた可能性が高い。埼玉県内において円筒埴輪へ線刻を施す例は、五世紀中頃～後半に盛行するが、六世紀に入るとあまり見られなくなる。生出塚埴輪窯産の円筒埴輪に斜格子などのヘラ記号が内面に施される例はあるが、二子山古墳で見られるような外面への線刻は少なく、絵画に近いものはみられない。

図1－7　鹿と×印の線刻をもつ円筒埴輪

Ｅ０３３（図1－7）は口縁部最上段に鹿の線刻とその上から×印をつけられた円筒埴輪であり、関東地方では四例目となる鹿が描かれた埴輪である。鹿と×印の組み合わせは、さいたま市東宮下出土の人物埴輪の腰部にも表現されることが知られている。鹿の線刻の上から×印が施される理由は想像の域を出ないが、埴輪の胎土がまだ動く段階、十分に乾燥していない段階に施されていることから、一度描いた鹿の線刻をナデ消す意図ではないと考えられる。鹿の線刻の出土例は、大阪府や京都府、岡山県など西日本に集中しており、関東地方における事例は非常に珍しい。関東地方では、栃木県塚山《つかやま》古墳・塚山西古墳の円筒埴輪、群馬県剣崎長瀞《けんざきながとろ》3号墳の円筒埴輪、先述したさいたま市東宮下出土の人物埴輪に例がある。

線刻の多くは外面に描かれており、ヘラ記号のように埴輪製作の工程上の理由から付けられたものではなく、外からの視認性を意識して描かれたことは確実である。ただし、遠くからでも形が

図1－8　墳丘造出しから出土した土器

視認可能な形象埴輪と異なり、数十㍍離れた位置からは線刻は視認できず通常の円筒埴輪として視認されるであろう。線刻をもつ円筒埴輪が墳丘造出しという場所を選んで配置された意図は不明であるが、この特徴的な分布は墳丘造出しという場所の特殊性を物語る。

(5)墳丘造出しに置かれた大量の土器

昭和四二年度の調査で、二子山古墳の墳丘西側くびれ部付近に造出しがあることは明らかになっていた。平成二九年度には、この墳丘造出しの形態や残存状況などの確認のために調査区を設定し発掘が行われた。その結果、墳丘造出しの遺構面付近から大量の土器が発見された。見つかった土器の主体は須恵器の蓋坏と土師器の高坏である。出土した状況からは、整然と並んでいたのではなく、まとめて片付けられていたかのような印象を受ける（図1－8）。

須恵器の器種は、坏（身・蓋）、提瓶《さげべ》、横瓶《よこべ》、甕、大型器台、𤭯《はそう》などがある。出土した坏の中には、底部や天井部に力を加え、焼成後の土器に意図的に穴をあける例がある。埼玉古墳群の他の前方後円墳の造出しの調査ではいずれも土器が出土しており、墳丘の大きさによらず、造出しという場で土器を使用した儀礼が行われていたとされる。時期によって器種の構成が変化する点が指摘されており、二子山古墳に先行する稲荷山古墳では、属人的な器（属人具）とされる有蓋高坏が主体である。有蓋高坏は二子山古墳では見つかっておらず、提瓶や大型器台など新たな器種が登場するが、主体は属人具である坏蓋・坏身である。一方で、二子山古墳では甕や提瓶などの貯蔵具も導入されており、ほぼ同時期に造られたとされる瓦塚古墳や後続する奥の山古墳でも見られる器種である。更に時期が新しい将軍山古墳段階になると大型器台がなくなり、甕などの貯蔵具が主体を占めることになる。

墳丘造出しで集中して発見された土器は須恵器だけではない。土師器も須恵器と混在するように発見されており、主体となる器種は須恵器の坏に対して高坏であった。製作技法や特徴の違いから大きく二グループ（赤色・白色）に分けられ、異なる製作集団の存在が推定された。少なくとも白色系が二二個体、赤色系が一七個体置かれており、破片の量から考慮しても同数ずつ置かれていた可能性もある。なお、須恵器の坏についての個数は、少なくとも蓋が二三個体、身が一九個体であった。それぞれの属人具の個数が近似する点は、墳丘造出しで土器を使用して行われた儀礼について考えるうえで興味深い。

三　測量・レーダー探査の成果

(1)古墳を掘らずに調査する方法

二子山古墳の発掘調査期間中に、早稲田大学文学部考古学コース・早稲田大学高等研究所と埼玉県立さきたま史跡の博物館が協同で、墳丘や堀、中堤の規模や形態、埋葬施設の状況の把握を目的に、測量調査・地中レーダー探査を実施した（平成二九・三〇年度）。地中レーダー探査とは、地中に電磁波を発信し、地中の構造物からの反射の強度や時間を解析することで、地面を掘ることなく地下の状況を把握する方法である。土の含水率の違いに反応することか

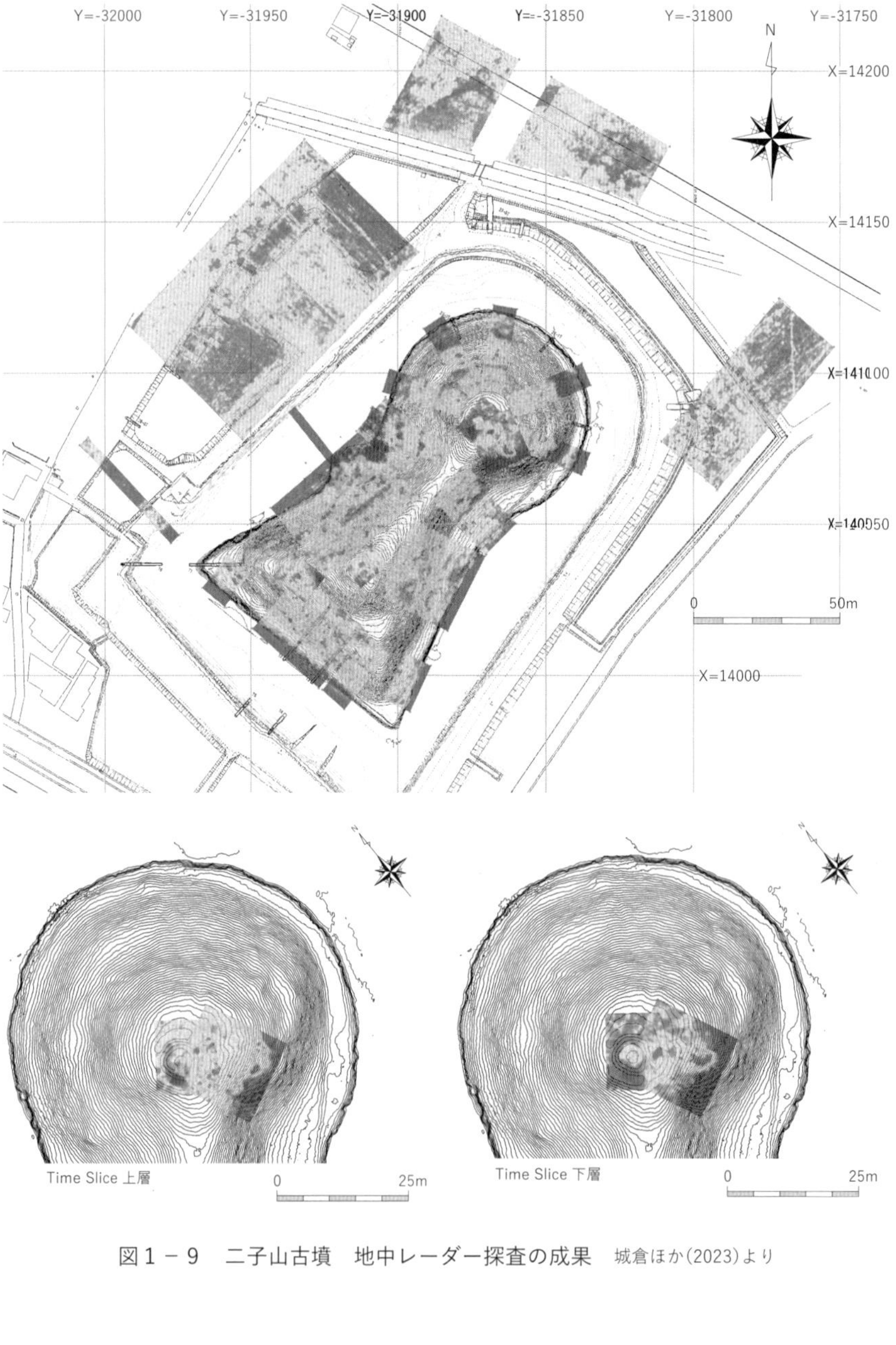

図１－９　二子山古墳　地中レーダー探査の成果　城倉ほか(2023)より

ら、石で構築された埋葬施設や大規模な周堀をもつ、古墳の地下情報を明らかにするのに適した手法といえる。

(2)測量・地中レーダー探査で明らかになったこと

レーダー探査の結果、後円部の東側くびれ部に向かう形で強い反応を検出した（図1－9）。反応の位置や深度、強度から解釈すると、石室の反応である可能性が高く、後円部東側に開口する横穴式石室の存在が想定された（城倉他二〇二三）。

その他、前方部墳頂に竪穴系の埋葬施設が存在する可能性は低い点や中堤造出しの突出に沿って外堀も同様の形状をもつ可能性が高い点が指摘された。中堤造出しの外堀や、本来の墳裾が見かけより内側に存在し、墳丘の大きさが現状見えている規模より小さくなる点など、その後の発掘調査で確認できた要素も存在する。

おわりに──埼玉古墳群の中の二子山古墳──

(1)埼玉古墳群の築造順序

平成二五年度からの五年次にわたる発掘調査や測量・地中レーダー探査により、二子山古墳の多くの情報が明らかになった。埼玉古墳群の成立や消長を考える上で、古墳の造られた順序の整理は非常に重要な意味をもつ。「二子山古墳が丸墓山《まるはかやま》古墳とともに、稲荷山古墳より新しく造られた」という点については研究者間で概ね一致しているが、丸墓山と二子山の造られた順番については、様々な意見が存在していた。

埼玉古墳群では、古墳から出土した円筒埴輪の分析によって編年が行われている。雷電山古墳（埼玉県東松山市）

に系譜をもつとされる三稜突帯と呼ばれる珍しい突帯をもつ円筒埴輪が、稲荷山古墳とともに丸墓山古墳からも見つかっていることから、稲荷山古墳→丸墓山古墳→二子山古墳の順序が考えられた。また、二子山古墳以降、生出塚埴輪窯から埴輪が本格的に供給されるが、窯跡の精緻な発掘調査と埴輪の表面に付けられた調整痕である刷毛目の分析によって、埴輪が焼かれた窯と、窯の前後関係が明らかになった（図1－10）。丸墓山古墳段階では生出塚埴輪窯は本格稼働しておらず、埼玉古墳群の築造順序は以下の順序であると整理された（城倉二〇一一）。

一方、昭和四二年度の調査で二子山周堀底に榛名山二ッ岳火山灰（Hr－FA）が堆積していたとする調査所見（先述）や、過去の調査で見つかった方形の透かし穴をもつ円筒埴輪の存在から、二子山古墳の築造時期を丸墓山古墳より古く位置付ける見方もあった。

今回の発掘調査の成果として強調されるのは、二子山古墳の築造時期が六世紀前半であると確定し、埼玉古墳群の墳丘の築造順序が確定した点である。二子山古墳の周堀に堆積した白色粘土の層をHr－FAと認識したため、二子山古墳は火山灰降灰前の築造とされ、丸墓山古墳以前の築造とされる見方も存在したが、周堀の発掘調査とテフラ分析により、この白色粘土層が火山灰に由来するものではないと判明し、墳丘盛土直下付近から榛名山二ッ岳火山灰（Hr－FA）の可能性が高い層の存在が明らかになったため、Hr－FA降灰後の二子山古墳築造が確実となった。

また墳丘造出しから大量に出土した須恵器により、新たな知見が得られている。今回の調査前までは、二子山古墳から出土する須恵器はMT15型式まで遡るとされてきた。今回出土した須恵器坏は、稜が甘いものや受部が緩いものもあるが概ね立ち上がりが高く、TK10型式古相とみられる。埼玉古墳群の中で、TK10（古）に位置づけられている瓦塚古墳との併行期に当たる（藤野二〇一九）ことから、円筒埴輪で示された編年とも整合する。

更に、レーダー探査によって後円部の東側から横穴式石室と考えられる反応を捉えている。埼玉古墳群の埋葬施設

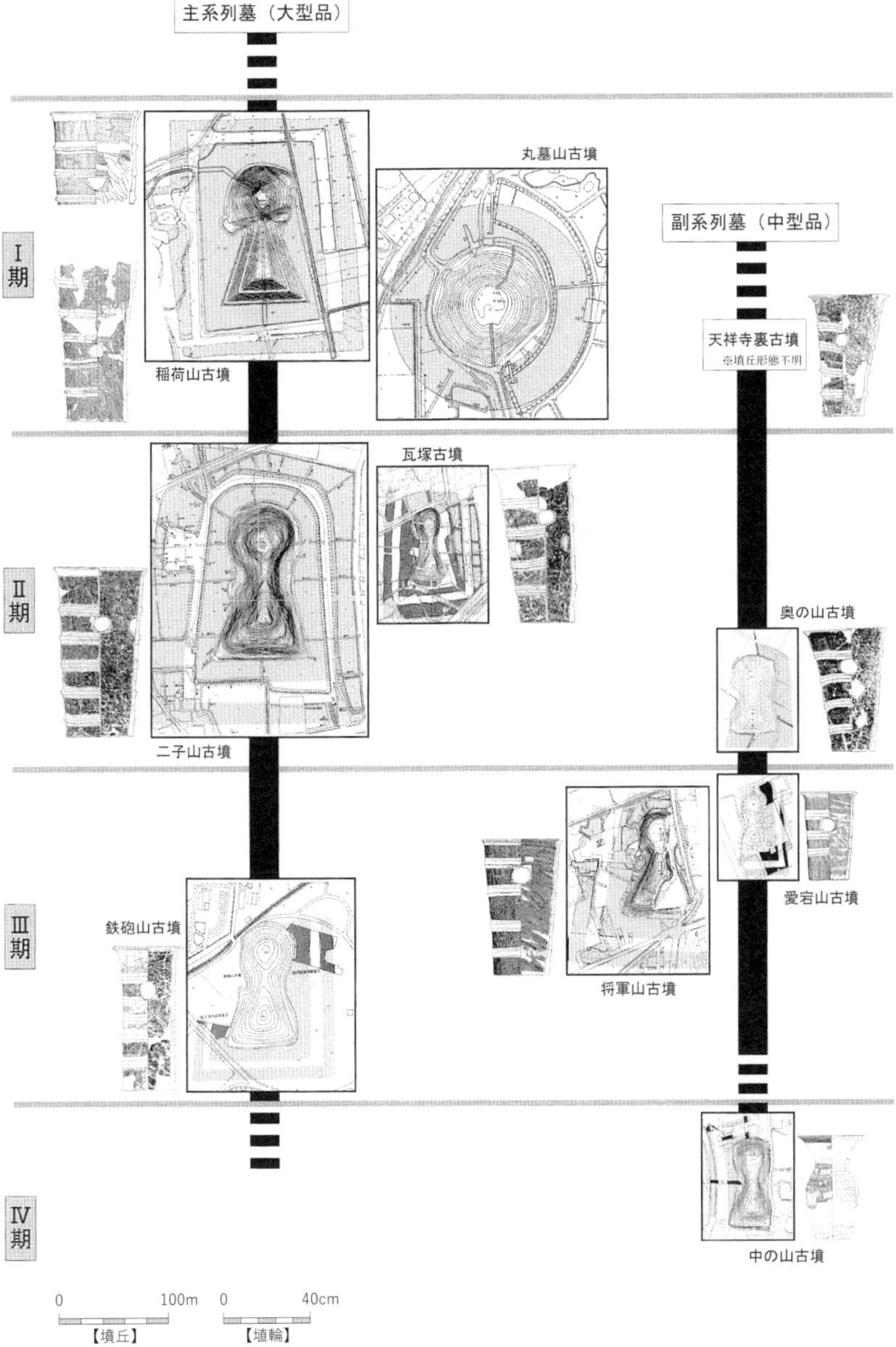

図１－10　埴輪から見た埼玉古墳群編年図　城倉（2011）を一部改変

について振り返れば、稲荷山古墳からは礫槨・粘土槨といった竪穴式の埋葬施設が見つかっており、将軍山古墳、鉄砲山古墳からは後円部の東側に開口する形で横穴式石室が造られている。このことから二子山古墳を画期として、埼玉古墳群に横穴式石室が導入されたと考えて差し支えないであろう。

(2)埴輪生産と埼玉古墳群

今回の調査結果は、埴輪の編年によって組み立てられた編年を、発掘調査によって追証した形となった。埼玉古墳群の古墳の造られた順序を考えるうえで、埴輪の生産体制の変化を考える必要がある。埼玉古墳群では、まず初めに稲荷山古墳が造られ、北武蔵地域において大型で多条の突帯をもつ円筒埴輪が現れるようになった。この大型多条突帯は、大王墓と比較しても遜色ない規模といえる。埼玉古墳群において五条以上の突帯をもつ円筒埴輪は、稲荷山古墳、二子山古墳、鉄砲山古墳の三古墳のみである。この三古墳は埼玉古墳群の中でも規模が大きく、主系列（＝国造墓か）とされており、そこに三・四条の突帯をもつ円筒埴輪が並べられた古墳が、副系列として整理されている（城倉二〇一二）。

埼玉古墳群の最初の古墳である稲荷山古墳からは、三稜突帯という珍しい突帯をもつ埴輪が配置されている。三稜突帯の埴輪は丸墓山古墳からも破片が見つかっており、雷電山古墳《らいでんやま》との関連性が指摘されている。雷電山古墳は時期や系譜を求めにくい古墳ではあるものの、埼玉県内で最古の埴輪とされ、古墳時代中期の初めに位置づけられる。三稜突帯をもつ埴輪の存在から、稲荷山古墳、丸墓山古墳は古く位置づけられてきた。

埼玉古墳群で見つかった埴輪は、形態や色、胎土、含有物、製作技術から以下の三つの系統が確認されている。各系統は明らかに異なる工人集団の手によるものであるとされる。

①黄白色系（五世紀末〜六世紀初　武蔵地域）→利根川中流域の系譜
②橙褐色系（比企・大里）
③赤褐色系（生出塚埴輪窯）

稲荷山古墳が造られた段階では黄白色系は半円形の透かし孔やB種ヨコハケという技法で調整された大型品として現れ、橙褐色系の中に雷電山で見られる三稜突帯（古い形式）が見られる。赤褐色系も登場するが、この頃は生出塚ではなく、橙褐色から分かれた生出塚の祖型グループであると考えられている。二子山古墳段階になると黄白色系は数を減らし、橙褐色系と赤褐色系がほぼ半々になる。二子山古墳の赤褐色系の埴輪は生出塚埴輪窯のＤＥ８Ｃ類型、Ｍ６Ｂ類型とされ、瓦塚古墳でも条数を減らしたＤＥ８Ｃ類型の円筒埴輪が見つかっている。生出塚埴輪窯は二子山古墳、瓦塚古墳への埴輪の供給を画期に北支台での生産を開始し、大規模な生産を開始したものとみられる。他に、橙褐色系統の方形透かし孔の円筒埴輪は、桜山遺跡9号窯の焼台、諏訪山7号墳の周溝、毛塚32号墳出土の円筒埴輪との一致が判明しており（桜山Ｇ）、いわゆる「プレ桜山」に属することがわかっている（城倉二〇一一）。生出塚埴輪窯は二子山古墳段階から本格的に操業し、鉄砲山古墳段階になると、埼玉古墳群へ供給される埴輪はほとんど生出塚産になるのである。

(3)埼玉古墳群の中の二子山古墳

埼玉古墳群は、長方形の二重周堀や概ね向きを揃えた主軸、西側の造出しなど、明確な造墓規範の基に築造されていたと考えられる。その中でも稲荷山―二子山―鉄砲山の主系列墓に目を向ければ、五条以上の大型円筒埴輪の樹立や方形の大規模な中堤造出しと形象埴輪列の存在の可能性など、共通した特徴を備えている。

一方で、二子山古墳の段階になって埼玉古墳群にもたらされた要素もある。まずは埋葬施設である。埼玉古墳群では発掘調査によって埋葬施設の形態がわかっている古墳が三基ある。稲荷山古墳では竪穴系が、将軍山古墳、鉄砲山古墳では横穴式石室が採用されている。横穴式石室は六世紀以降主流になっていく石室の形態であり、それ以前は竪穴系の埋葬施設が主流であった。レーダーの反応から想定される二子山古墳の埋葬施設については、将軍山や鉄砲山と同じ後円部の東側に存在すると想定され、テラス面に開口する横穴式石室である可能性が高いと考えられる。おそらく二子山古墳は、埼玉古墳群で横穴式石室が採用された最初期の前方後円墳であったのであろう。

続いて埴輪の生産体制についてである。二子山、瓦塚への供給を契機に、生出塚埴輪窯が本格的に稼働を開始したと考えられるが、これは単純な供給元の変更ではなく、埴輪の供給体制の整備が行われたと考えられる。生出塚埴輪窯が拠点化する前は、比企地方のプレ桜山が広域に影響力をもっていた。生出塚埴輪窯は二子山古墳段階で本格稼働を開始し、埼玉古墳群を主要供給先として、鉄砲山古墳（六世紀後半）の段階まで機能し続けたとみられる。

とはいえ、この時期に生出塚以外の窯が稼働していなかったわけではない。「生出塚」埴輪窯を拠点生産地と位置づけ、近縁の「馬室」「和名」「桜山」「姥ヶ沢」「権現坂」を衛星拠点地と位置付けることで、埼玉古墳群を頂点とする階層秩序の中で、「拠点・衛星二重構造体制」を確立したとみられている（城倉二〇一一）。この体制の確立と二子山古墳の成立とが大きく関わっている可能性が想定できるのである。

古墳群における横穴式石室の導入や生出塚埴輪窯の本格操業など、埼玉古墳群における画期として位置づけられる一方で、長方形の二重の周堀が巡る点や主軸が概ね南北にそろう点は、埼玉古墳群の前方後円墳に共通してみられる特徴である。二子山古墳が、稲荷山古墳からの伝統、主系列墓の伝統を受け継ぎながら、埼玉古墳群に新たな要素をもたらした古墳であることが、この調査で明確になったといえる。

〈参考文献〉

井上尚明　二〇〇九「二子山古墳の内堀護岸整備について」『埼玉県立史跡の博物館紀要』3　埼玉県立さきたま史跡の博物館

魚水　環　二〇二〇「加須低地における分析成果から考える利根川の氾濫と流路」『研究紀要』34　公益財団法人埼玉県埋蔵文化財調査事業団

大谷　徹　二〇二〇「埼玉県における埴輪の受容と展開」『研究紀要』34　公益財団法人埼玉県埋蔵文化財調査事業団

埼玉県教育委員会　一九八七『二子山古墳』（埼玉古墳群発掘調査報告書5）

埼玉県教育委員会　一九九二『二子山古墳 瓦塚古墳』（埼玉古墳群発掘調査報告書8）

埼玉県教育委員会　二〇二三『特別史跡埼玉古墳群 二子山古墳発掘調査報告書』

酒井清治　二〇一八「埼玉古墳群出土の須恵器について」『史跡埼玉古墳群総括報告書Ⅰ』埼玉県教育委員会

清水雪翁　一九〇七『北武八志』川島書店

城倉正祥　二〇一一『北武蔵の埴輪生産と埼玉古墳群』独立行政法人国立文化財機構奈良文化財研究所

城倉正祥編・馬場匡浩・山田琴子・ナワビ矢麻・有水祥真・鬼海啓英・梶原悠登　二〇二三『埼玉県行田市 埼玉二子山古墳の測量・GPR調査』（早稲田大学東アジア都城・シルクロード考古学研究所デジタル調査概報6）早稲田大学東アジア都城・シルクロード考古学研究所

高木豊三郎　一九三六『史蹟埼玉』埼玉村教育会

藤野一之　二〇一九『古墳時代の須恵器と地域社会』六一書房

第二章　六世紀の葬送儀礼用土器様式と埼玉二子山古墳

藤野一之

はじめに――土器を用いた葬送儀礼を考える視点――

(1)検討の視点

古墳から出土する土器について、考古学ではこれまでの研究により一部の事例を除いて葬送やその後の追悼・鎮魂にかかわる儀礼の場面で使用されたものと考えるのが一般的となっている。埼玉県行田市二子山《ふたごやま》古墳では、発掘調査によって墳丘造り出しから数多くの須恵器と土師器が出土し、これらの土器群は当時の葬送儀礼を考えるうえで重要な資料となる。埼玉《さきたま》古墳群から出土した土器については、これまでにも総合的な研究が行われているが（岡本一九九七、藤野二〇一六、酒井二〇一八）、二子山古墳については断片的にしか扱えていなかった。そこで、二子山古墳の墳丘造り出しから出土した土器の特徴を整理したうえで、埼玉古墳群内のほかの古墳や近畿地方における動向と比較し、六世紀の葬送儀礼用土器様式について考察する。

二子山古墳から出土した土器をもとに当時の葬送儀礼を考えるため、土器の種類と構成にくわえ飲食用器の器種（杯蓋・杯身や高杯）についても着目する。蓋杯（杯蓋と杯身）と高杯は両者とも飲食用器であるが、蓋杯は手持飲食用器、高杯は置食用器として区分され、食事方法や内容物が異なるという重要な指摘がある（内山一九九七）。さらに近畿地方の場合、埋葬施設である横穴式石室内から出土した飲食用器の構成は、蓋杯主体と有蓋高杯主体の類型が認められ、この違いは石室内での土器の配置場所の違いにも相関し、さらに前者は淀川流域、後者は大和川水系を中心に分布していることから、飲食用器の器種の違いは葬送儀礼の規範の差異や地域性に起因する可能性が示されている（森本二〇一二a、二〇一二b）。このように、飲食用器の器種は当時の葬送儀礼の内容や作法、地域性を考えるうえで重要な要素になると考えられる。

(2)造り出し出土土器と土器を用いた葬送儀礼の内容

墳丘造り出しは、中・後期古墳に設けられた墳丘の付随施設の一つであり、土器や埴輪などが出土することから葬送儀礼のなかで利用された場であったと考えられている。造り出しから出土する土器の性格としては、これまでの研究により共飲共食儀礼や食物供献儀礼、土器供献などに関連するものとする説にくわえ、土器の埴輪化（仮器化）（日高二〇一二）など複数の見解が示されている。この点については、使用された土器の器種構成と儀礼の内容に相関関係があると考えられており（山田二〇一四）、今後は古墳時代前期の様相や墳丘・横穴式石室内から出土する土器をはじめとして多面的に検討する必要がある。現状では、複数種類（場面）の儀礼において土器が使用されたものと考えられ、一つに限ることはできず個別的に検証しなければならない。なお、共飲共食儀礼と食物供献儀礼の判断は困難な場合があり、どのような根拠をもとに解釈するかが課題となる。

一　二子山古墳から出土した土器の特徴

二子山古墳では、墳丘造り出し・内堀・中堤造り出し・外堀などの各所において土器の出土が認められることから、墳丘・墳丘造り出し・中堤造り出しなどに土器が配置されていたと考えられる。中でも、墳丘造り出しから多量の須恵器と土師器が出土している点は注目される。埼玉古墳群をはじめ、六世紀代の大型前方後円墳に墳丘造り出しが設けられる事例は各地で確認されているものの調査事例が少ないため、二子山古墳の事例は当時の葬送儀礼を考えるうえで貴重である。平成二九年度の発掘調査によって、墳丘造り出しから出土した土器の種類と個体数は次のとおりである（［］内は個体数を示す）。

須恵器：杯蓋［二四］、杯身［一九］、高杯脚部片［一］、𤭯《はそう》［三］、提瓶《さげべ》［三〜四］、横瓶《よこべ》［一］、壺蓋［一］、高杯形器台［三以上］、中甕［六程度］、大甕［四程度］、また壺と推測される破片も一点ある。なお、高杯脚部片と𤭯は形態的特徴から蓋杯などと比べ新しい時期に位置づけられるため、今回の検討からは除外する。

土師器：杯［二］、高杯［三九程度、うち白色系二二・赤褐色系一七］、直口壺［二］。

このほか、内堀から土師器甕、中堤造り出しから須恵器高杯脚部・甕、外堀から須恵器甕が出土しているが、いずれも破片かつ出土点数も少ないため、主として墳丘造り出しに葬送儀礼で使用した土器が置かれたものと考えられる。

墳丘造り出しでは、土器は墳丘造り出しの上段中央付近から集中して出土したが、大部分は堆積土中からの出土であり、儀礼終了時のままの状態は保っていないと考えられる。しかし、須恵器と土師器の出土位置は分布域が明確に

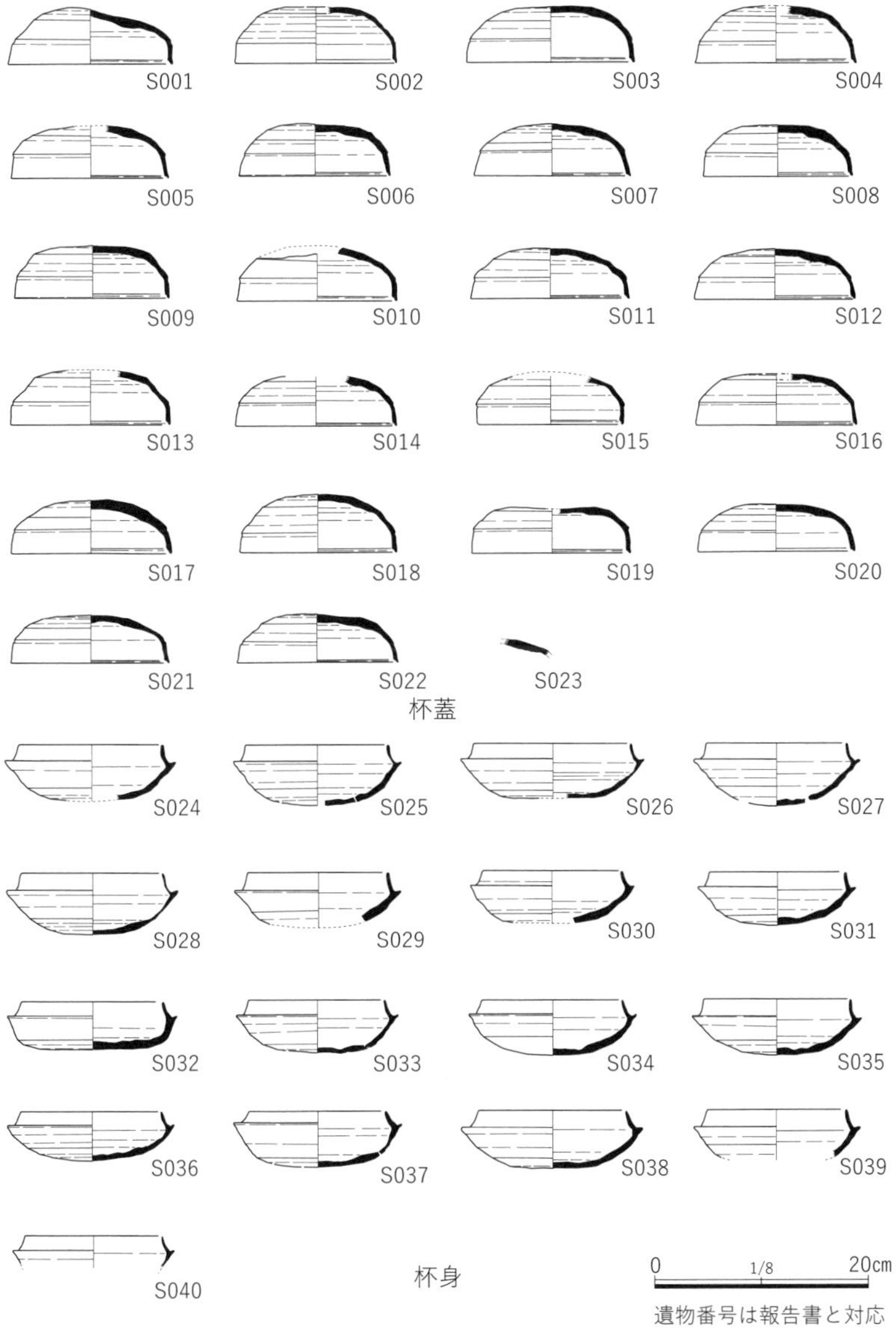

図２－１　二子山古墳墳丘造り出し出土須恵器１（平成29年度調査）　埼玉県教育委員会(2023)

分かれていないため、これらの土器はほぼ同じ位置に置かれていたものと判断される。墳丘造り出しから出土した土器の特徴については、次のとおり整理することができる。

［特徴1］須恵器主体の器種構成であるが、土師器も多く出土している。

［特徴2］須恵器は杯蓋（手持飲食兼用器）・杯身（手持食用器）主体、土師器は高杯（置食用器）主体であり、どちらも飲食用器主体の構成であるが須恵器と土師器で器種が明確に異なる。

［特徴3］飲食用器以外では、須恵器は瓶類・高杯形器台・甕が、土師器は直口壺など液体容器やそれらを載せる役割の土器が出土している。

［特徴4］須恵器と土師器の時期は六世紀前半に位置づけられ、製作時期に大きな差が認められないため、これらの土器群は一回の葬送儀礼で使用されたものと考えられる。

［特徴5］須恵器は、胎土の特徴から大阪府南部の泉北丘陵に展開する陶邑《すえむら》窯跡群をはじめ、複数の生産地のものが認められる。また、土師器高杯も胎土の発色から白色系と赤褐色系の二群に大別することができ、いずれも埼玉古墳群の周辺で製作された可能性が高い。

二子山古墳のように、一回の葬送儀礼で使用された土器群に複数の生産地のものが認められる背景として、複数の集団が葬送儀礼に参加あるいは関与したなどと解釈することも可能である（藤野二〇一三）。二子山古墳に埋葬された被葬者に関連する葬送儀礼の内容については、共飲共食儀礼か飲食物供献儀礼かは断定できない。しかし、複数の集団が「共飲共食に参加もしくは関与」あるいは、「被葬者に対する飲食物供献儀礼に参加もしくは関与」という実態は復元できそうである。また、複数集団が儀礼で使用する飲食用器を持ち寄ったとすると、飲食用器の器種が共通していることから、儀礼で使用する土器の器種について共通の認識があったものと理解できる。そして、ここで課題と

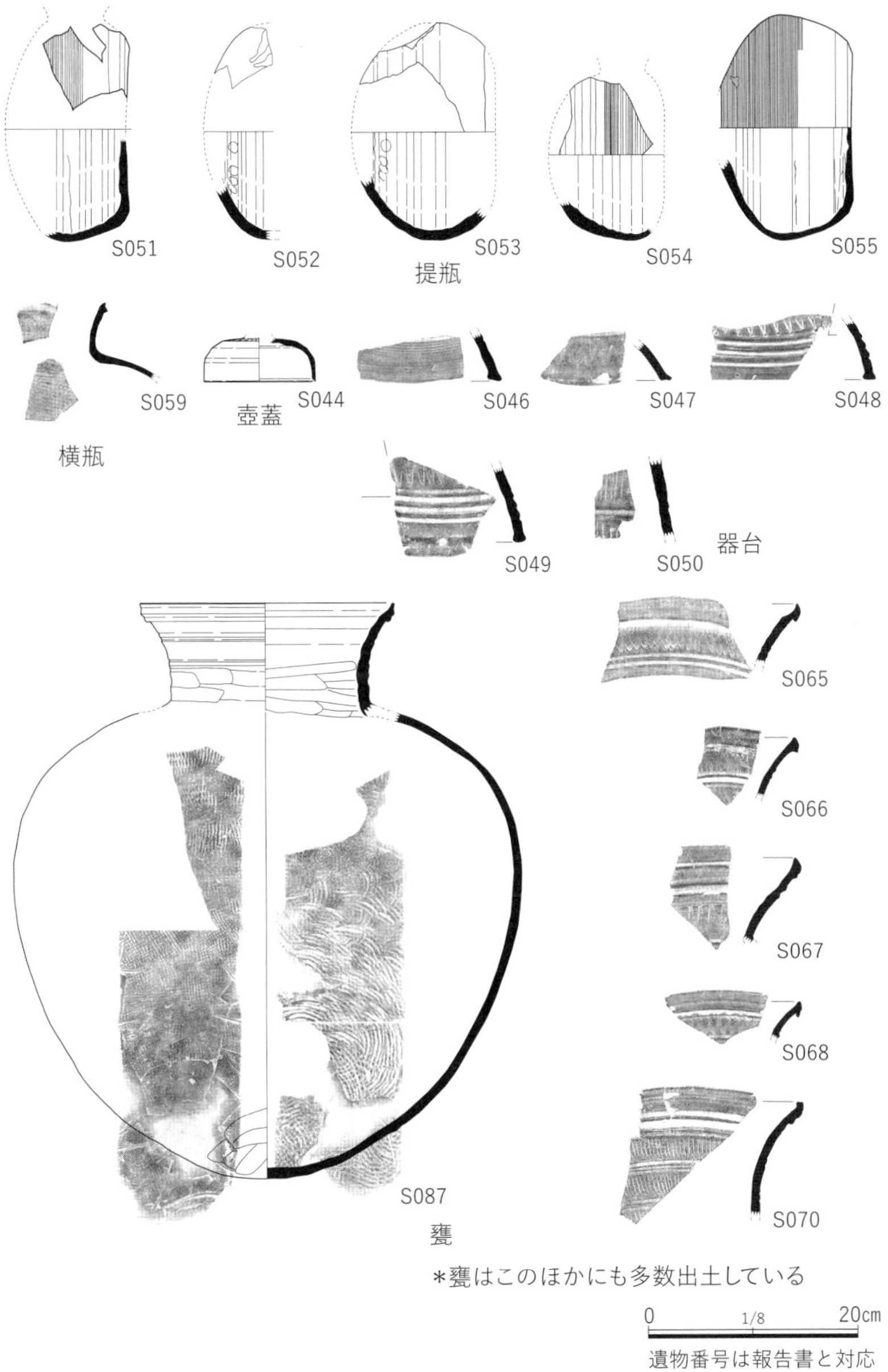

図２－２　二子山古墳墳丘造り出し出土須恵器２(平成29年度調査)　埼玉県教育委員会(2023)

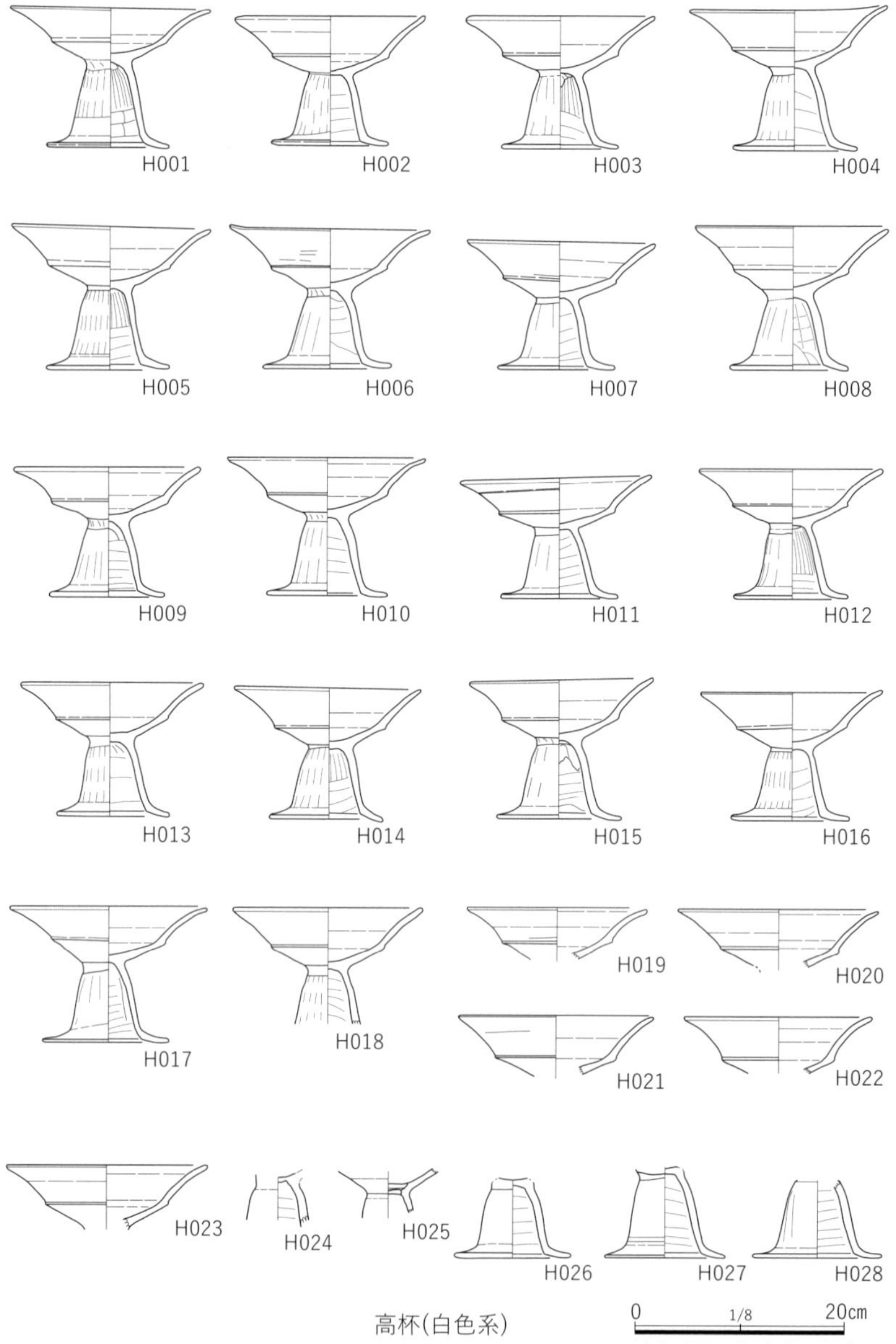

図2－3　二子山古墳墳丘造り出し出土土師器1(平成29年度調査)　埼玉県教育委員会(2023)

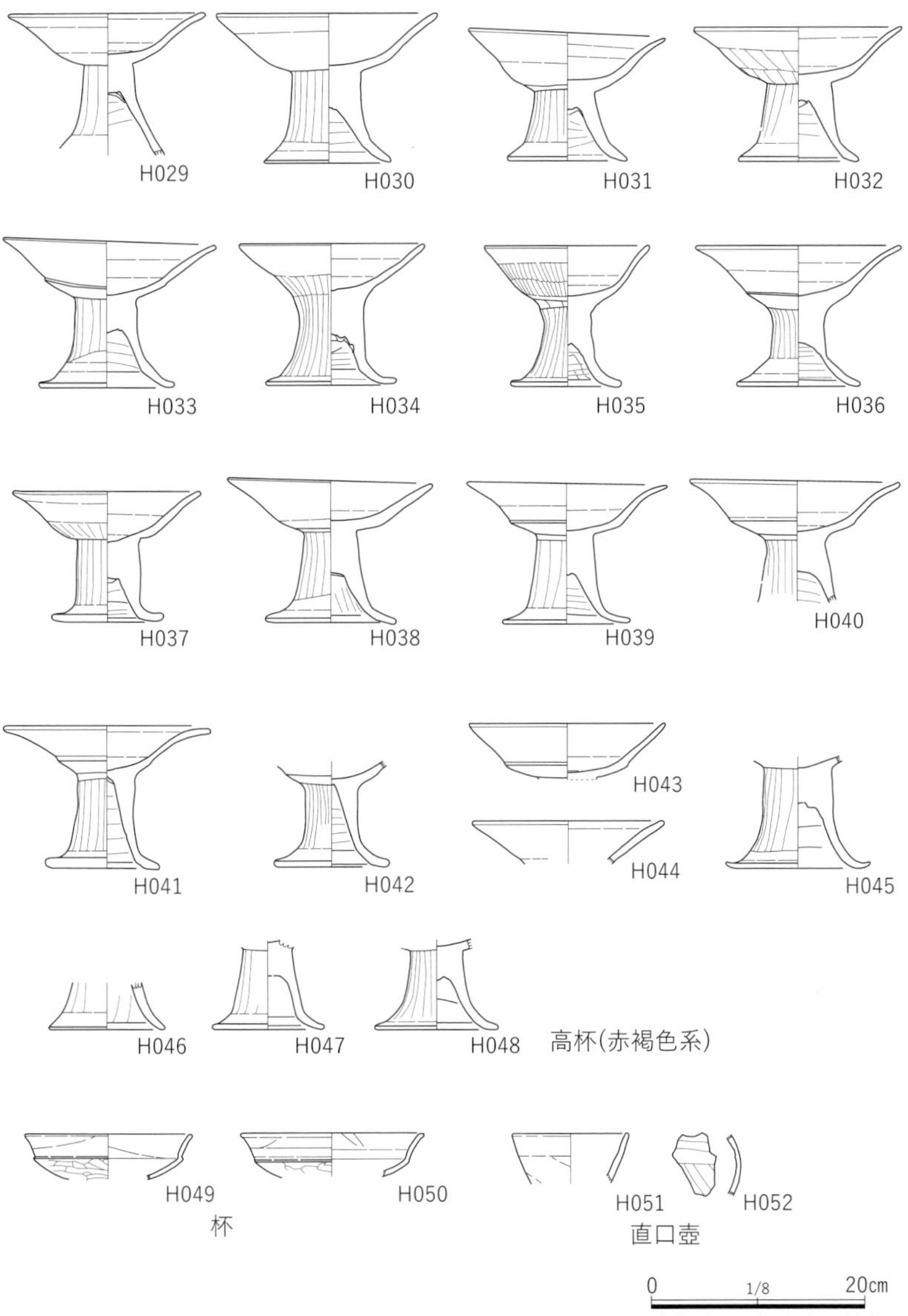

図２－４　二子山古墳墳丘造り出し出土土師器２(平成29年度調査)　埼玉県教育委員会(2023)

なるのが「どこで儀礼を執り行ったのか」という「場」の問題である。具体的には、（ア）墳丘造り出しで儀礼を行い、そこで使用した土器を墳丘造り出し上段に配置した、（イ）別の場所で儀礼を行い最終的に墳丘造り出し上段に集積した、などを想定できるが、この点については土器の出土状況のみで解明することは困難である。ただし、出土した蓋杯の一部には口縁部を意図的に打ち欠いたものや、天井部や底部を穿孔したものなどが認められるため、これらの飲食用器については墳丘造り出しで飲食物を供献するために用いられた可能性は低い。

二　埼玉古墳群における葬送儀礼用土器の構成

つぎに、埼玉古墳群内の前方後円墳の中で、墳丘造り出しから土器が出土した古墳に着目し、埼玉古墳群内での儀礼用土器様式について検討する。埼玉古墳群では、墳丘造り出しから土器が多く出土することや、古墳によって土器の器種構成が異なることはすでに指摘されているが（岡本一九九七、藤野二〇一六、酒井二〇一八）、二子山古墳を含めて改めて検討したい。埼玉古墳群では、発掘調査によって稲荷山《いなりやま》古墳・二子山古墳・瓦塚《かわらづか》古墳・奥《おく》の山《やま》古墳・将軍山《しょうぐんやま》古墳・鉄砲山《てっぽうやま》古墳・中《なか》の山《やま》古墳などの前方後円墳から土器が多く出土しているほか、円墳群からも土師器を中心とした土器が出土している。このうち、墳丘造り出しから多数の土器が出土したのは稲荷山古墳・二子山古墳・瓦塚古墳・奥の山古墳・将軍山古墳であり、五世紀後半から六世紀中葉までの時期に築造された古墳で認められることが特徴である。なお、鉄砲山古墳も墳丘造り出しが設けられているが、幕末に大きく削平されたため詳細を知ることができない。また、中の山古墳については墳丘造り出しの存在は不明であるものの、くびれ部付近から多数の須恵器甕が出土しているので今回の検討に含めた。各古墳の墳丘造り出しから出土した土器の特徴は、次のとおりとなる。

［共通点1］墳丘造り出しを設け、多数の土器を配置する。

［共通点2］須恵器主体の構成であるが、土師器も一定量出土している。

［共通点3］いずれの古墳でも、須恵器壺・甕などの液体容器が出土している一方、土師器煮炊具は出土していない。

［相違点1］須恵器主体だが、器種構成は大きく異なる。

［相違点2］古墳によって須恵器飲食用器の多寡が認められるほか、飲食用器の器種も古墳によって異なる。


また、須恵器食膳具は土師器食膳具に比べて祭祀・儀礼的な意味をより強くもつとの指摘があり（宇野一九九九）、須恵器主体の埼玉古墳群でもこの指摘を追認することができるが、二子山古墳や鉄砲山古墳からは土師器高杯が複数個体出土している点は注意しなければいけない。関東地方の傾向として、六世紀になると集落で使用される土器は土師器杯が主体となり、土師器高杯の出土は極端に減少するため、土師器高杯を使用する目的が転換した可能性も考えられる。

つぎに本章の検討視点となる須恵器飲食用器に着目すると、（一）多数の飲食用器とともに液体容器などで構成される稲荷山古墳と二子山古墳、（二）飲食用器が含まれない、あるいは非常に少なく液体容器主体の構成となる瓦塚古墳・奥の山古墳・将軍山古墳・中の山古墳に大別することができる。ただし、両者とも古墳によって器種が異なっている点は注意しなければならず、その点については後述する。

（一）と（二）に区分されるような器種構成の相違は、土器を用いた葬送儀礼の内容が異なっていたことに起因すると考えられ、（二）の器種構成では共飲共食儀礼を行った可能性は低い。また、（一）と（二）の相違の背景について以前は時期差と判断したが（藤野二〇一六）、二子山古墳の様相が明らかとなったことで、墳丘規模（一〇〇㍍以上と

						土　師　器					墳丘造り出し・周辺出土の形象埴輪の種類
壺	壺蓋	広口壺・装飾付壺	高杯形器台	中甕	大甕	杯	高杯	鉢	壺	甕	
脚付壺1	1			甕胴部片が複数点出土		2				1	人物
(1)	1		3以上	6程度	4程度	2	39程度		直口壺2		形象埴輪の樹立なし
		広口壺1	1	3	3程度	2		(1)	直口壺1		形象埴輪の樹立なし
3程度		装飾付壺3以上	5以上	甕胴部片が複数点出土							人物・馬・家・盾・翳
3				3程度	4程度	3					大刀・靫・盾
1			2	2	10						埴輪の樹立なし

るため、実態とは若干異なる可能性がある。
くはそれ以上のものと便宜的に区分する。
るため、表に記した個体数より若干増える可能性がある。
造り出しに配置されていたとは断言できない。
数の土器が出土したため表に掲載した。

表２－１　埼玉古墳群における墳丘造り出し出土土器の構成

古墳名	時期	須恵器						
		杯蓋	杯身	有蓋高杯	無蓋高杯	𤭯	提瓶	横瓶
稲荷山古墳 全長推定 120m	5世紀後半	2	2	蓋7 高杯 10	1	3		
二子山古墳 全長132.2m	6世紀前半	24	19				3～4	1
瓦塚古墳 全長73.4m	6世紀前半				1		1	
奥の山古墳 全長66.4m	6世紀前半		蓋1 杯身もしくは 有蓋高杯1		1程度	1	1	
将軍山古墳 全長90m	6世紀中葉					4	1	
中の山古墳 全長79m	6世紀末～ 7世紀初			脚部1				

() で表記したものは、器種が断定できず推定のものを指す。
個体数については、報告書に掲載されたものを実見したうえでカウントしてい
中甕は口径20 ～ 30cm・器高50cm程度、大甕は口径40cm・器高80cm程度もし
二子山古墳は、昭和の発掘調査においても高杯形器台や甕の破片が出土してい
奥の山古墳からは、４個体程度の甕の破片が出土しているが、小片のため墳丘
中の山古墳は、墳丘造り出しの存在が不明であるが、西側くびれ部付近から多

九〇㍍以下）という階層に起因すると解釈することも可能となった。埼玉古墳群における階層構造は、墳丘規模と各古墳から出土する円筒埴輪の規模の相関から述べられている（増田一九八七、城倉二〇一八）。この意見を参考にすると、葬送儀礼に使用された土器の構成、つまり葬送儀礼の内容も階層構造と何らかの関係があったとも考えられるが、鉄砲山古墳の様相が明らかにならないので確証を得ることができない。

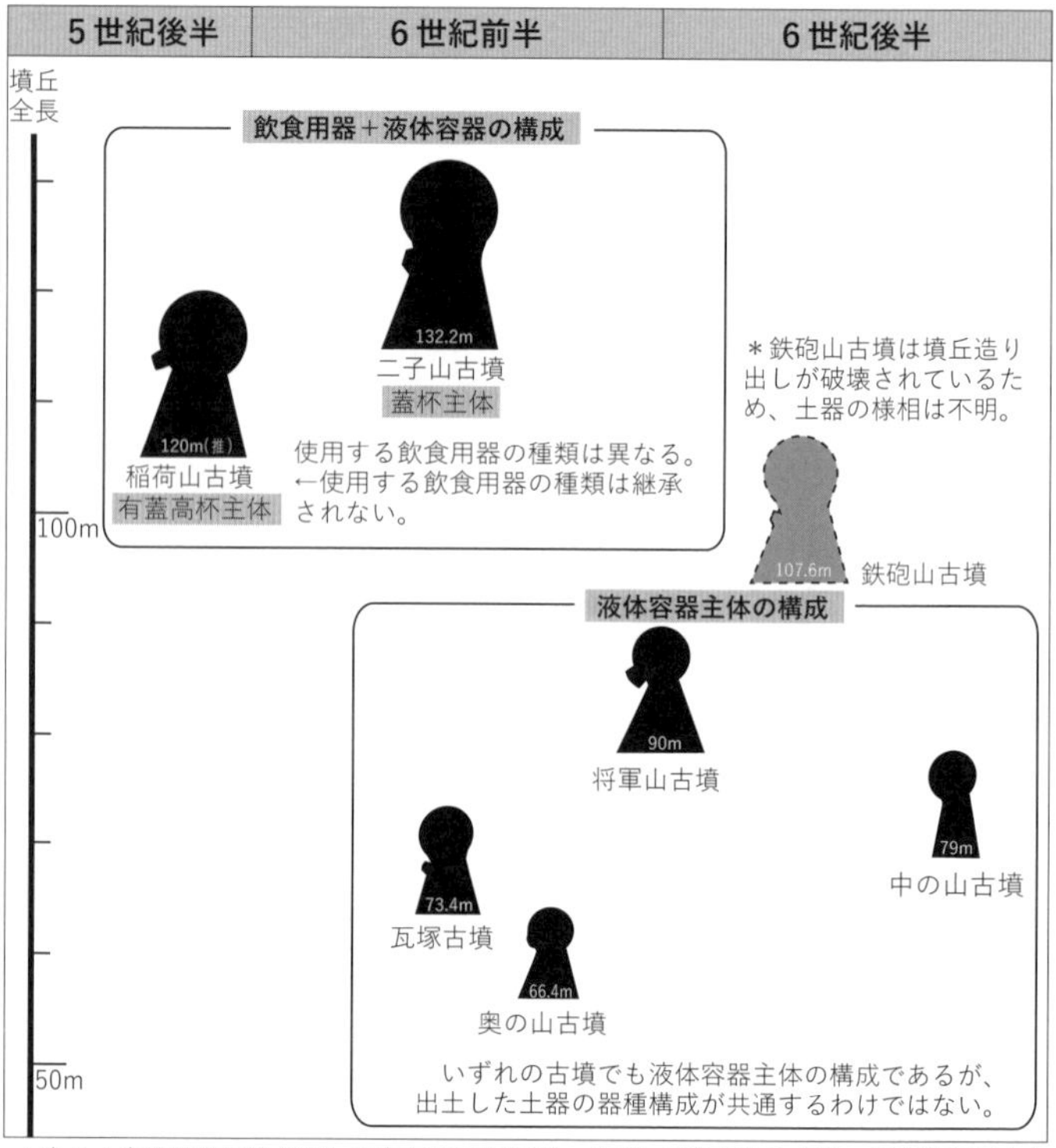

＊中の山古墳は墳丘造り出しの存在が不明だが、くびれ部付近から多数の須恵器甕が出土したため図中に含めた。

図２－５　埼玉古墳群における墳丘造り出し出土土器構成の特徴

飲食用器が多数出土した稲荷山古墳と二子山古墳については、稲荷山古墳では有蓋高杯主体となる一方、二子山古墳は蓋杯主体でありこの相違は食事方法や内容物に直接的に起因するため重要と考えている。なお、須恵器高杯には有蓋と無蓋の二種類があるが、稲荷山古墳の事例からもわかるように両者は出土する個体数が大きく異なる。このため、有蓋高杯と無蓋高杯は同じ高杯という器種でありながら、葬送儀礼では異なる使用目的であったと考えている。また、液体容器主体の瓦塚古墳・奥の山古墳・将軍山古墳・中の山古墳においても器種構成は異なる。このため、埼玉古墳群内では土器を用いた共通した内容の葬送儀礼が地域内で継承されることはなく、葬送儀礼で使用する土器の種類は外的要因や被葬者の性格によって選択されていたとも考えられる。

また、稲荷山古墳や奥の山古墳、将軍山古墳の墳丘造り出しでは形象埴輪の出土が確認でき、ここに樹立していたと考えられる。ただし、奥の山古墳では豊富な種類の形象埴輪が出土している一方で、稲荷山古墳や将軍山古墳では出土した形象埴輪は少なく種類にも相違がある。さらに、二子山古墳や瓦塚古墳では墳丘造り出しに形象埴輪が樹立されていた可能性は低いため、墳丘造り出しならびにその周辺から出土した形象埴輪の在り方についても、古墳間で相違が認められる。

三　六世紀における葬送儀礼用土器様式の相違

つぎに、稲荷山古墳と二子山古墳において認められた、有蓋高杯主体と蓋杯主体という飲食用器の器種構成の違いについて、当時の王権中枢部であった近畿地方の古墳の様相と比較し、その背景を考える。近畿地方では、五世紀後半から六世紀後半に位置づけられる横穴式石室内出土土器に、有蓋高杯主体と蓋杯主体という異なる器種構成が認められることがすでに指摘されており（森本二〇一二a・b）、他の地域では有蓋高杯と蓋杯の両者が出土する古墳も認められる（森本二〇一二b）。また、王権膝下で大規模に須恵器生産を行っていた陶邑窯跡群では、六世紀前半になると有蓋高杯の生産は低調であり、近畿地方の古墳においても出土量は減少傾向となる（岩越二〇一二）。このような研究状況を踏まえ、近畿地方の古墳出土土器に着目すると、五世紀後半から六世紀後半の葬送儀礼に使用した飲食用器の様相について、次のような特徴があげられる。

［特徴A］同時期の古墳であっても、飲食用器の器種構成が異なる事例がある。

［特徴B］六世紀前半では、有蓋高杯主体の器種構成は非常に少なく蓋杯主体が中心となる。

［特徴C］六世紀中葉以降になると、奈良県斑鳩町藤ノ木《ふじのき》古墳に代表されるように有蓋高杯主体の器種構成が増加す

る。

［特徴D］六世紀後半では、蓋杯主体の器種構成の古墳なかには大阪府茨木市海北塚《かいぼうづか》古墳など有力古墳も認められるため、器種構成の違いは階層性に相関しない場合もある。

近畿地方の様相については、今後も検討を進めて丁寧に整理する必要があるが、このような動向を踏まえ稲荷山古墳と二子山古墳での器種構成の相違について考えると、［特徴B］の内容と親和的である。このことから、二子山古墳の葬送儀礼にあたっては前代の稲荷山古墳での葬送儀礼に用いられた器種構成は継承せず、新たな観念（作法）が採用されたと理解することもできる。ただし、二子山古墳からは土師器高杯も多く出土しており、この点は近畿地方の様相と異なるので注意が必要である。なお、近畿地方においても有蓋高杯と蓋杯を併用する事例も一定数認められ、それぞれの器種をどのように使い分けしていたのか、検討の余地がある。

おわりに――二子山古墳以後の葬送儀礼と土器様式――

先述したとおり、近畿地方では六世中葉になると有蓋高杯の生産が活発化し古墳からも多く出土するようになるが、その要因については明らかになっていない。ただし、集落域から出土する飲食用器は須恵器蓋杯や土師器杯・高杯が中心で、須恵器有蓋高杯の出土は限定的であるため使用される場面は主に葬送儀礼であったと考えられる。二子山古墳以後の関東地方の様相を概観すると（表2―2）、栃木県足利市足利公園《あしかがこうえん》3号墳や埼玉県東松山市冑塚《かぶとづか》古墳・吉見町かぶと塚古墳、千葉県山武市駄ノ塚《だのつか》古墳などで有蓋高杯主体の器種構成が認められる。また、栃木県下野市甲塚《かぶとづか》古墳や千葉県木更津市金鈴塚《きんれいづか》古墳・松面《まつめん》古墳などでも多数の蓋杯と有蓋高杯が出土しているなど、比較的有

表２－２　葬送儀礼で使用する須恵器飲食用器の構成

飲食用器の構成	５世紀後半	６世紀前半	６世紀後半
有蓋高杯主体			
近畿地方 (横穴式石室内出土)	大阪・高井田山古墳 (円 22)	京都・芝１号墳 (前 32) 奈良・タキハラ５号墳 (円 12)	奈良・藤ノ木古墳 (円 48) 大阪・愛宕塚古墳 (円 22.5) 奈良・牧野古墳 (円 60)
	有蓋高杯主体の構成は、６世紀前半に低調となるが６世紀後半になると増加する。		
関東地方 (出土位置は横穴式石室に限らない)	埼玉・稲荷山古墳 (前 120) 千葉・烏山２号墳 (円 23)		栃木・足利公園３号墳 (前 34) 埼玉・冑塚古墳 (円 37) 埼玉・かぶと塚古墳 (円 28) 千葉・駄ノ塚古墳 (方 62)
蓋杯主体			
近畿地方 (横穴式石室内出土)	大阪・七ノ坪古墳 (前 24.4)	奈良・寺口忍海 E-21 号墳 (円 10) 大阪・南塚古墳 (前 50) 奈良・市尾墓山古墳 (前 63)	兵庫・勝福寺古墳第２石室 (前 41) 大阪・海北塚古墳 (円 規模不明) 奈良・烏土塚古墳 (前 60.5)
関東地方 (出土位置は横穴式石室に限らない)	埼玉・梅塚古墳 (円 23.5)	群馬・簗瀬二子塚古墳 (前 80) 埼玉・二子山古墳 (前 132.2) 群馬・少林山台 12 号墳 (円 24)	群馬・富岡５号古墳 (円 30) 群馬・綿貫観音山古墳 (前 97.2) 千葉・城山１号墳 (前 68)
有蓋高杯・蓋杯併用			
近畿地方 (出土位置は横穴式石室に限らない)	大阪・梶原 A-3 号墳 (方 10) 奈良・稲葉車瀬遺跡１号墳 (方 8.6)	奈良・南阿田大塚山古墳 (帆 23.5)	奈良・平林古墳 (前 55)
関東地方 (出土位置は横穴式石室に限らない)			栃木・甲塚古墳 (前 80) 千葉・金鈴塚古墳 (前 90) 千葉・松面古墳 (方 45)

前：前方後円墳　帆：帆立貝形古墳
円：円墳　方：方墳
墳形・規模は推定のものも含まれる。

力な古墳において行われた葬送儀礼では有蓋高杯が使用されていたことが指摘できる。このことから、六世紀後半において新たな葬送儀礼の作法が近畿地方の諸勢力からもたらされたと評価できる。なお、愛知県名古屋市域やその周辺地域では、有蓋高杯の使用は六世紀中頃以降になると非常に低調となる特徴があり（藤野二〇二四）、群馬県域では五・六世紀を通して有蓋高杯の出土が少ないなど、多様な様相が認められる。群馬県域では、六世紀前半における横穴式石室の受容に伴い葬送儀礼にも変革が生じたが、墓制と葬制の両者が完全に一致するものではなく、実際には複雑な経過を経ていたとする土生田純之の見解（土生田一九九六）は重要である。

このように、当時の葬送儀礼では使用する飲食用器に強い規制はなく、地域や集団によって選択されていたと考えられる。また、多くの地域で七世紀になると有蓋高杯の出土量が非常に少なくなる現象は、有蓋高杯の使用目的を考えるうえで注目すべき点となる。

〈参考文献〉

岩越陽平　二〇二二「南阿田大塚山古墳出土須恵器についての考察」『南阿田大塚山古墳』（奈良県文化財調査報告書第190）奈良県立橿原考古学研究所

内山敏行　一九九七「手持食器考―日本的食器使用法の成立―」『ＨＯＭＩＮＩＤＳ』１　ＣＲＡ

宇野隆夫　一九九九「古墳時代中・後期における食器・調理法の革新―律令制的食器様式の確立過程―」『日本考古学』７　日本考古学協会

岡本健一　一九九七「確認調査のまとめ」『将軍山古墳《史跡埼玉古墳群整備事業報告書》確認調査編・付編』　埼玉県教育委員会

酒井清治　二〇一八「埼玉古墳群出土の須恵器について」『史跡埼玉古墳群総括報告書Ⅰ』　埼玉県教育委員会

城倉正祥　二〇一八「埼玉古墳群出土の円筒埴輪の特徴と編年的位置づけ」『史跡埼玉古墳群総括報告書Ⅰ』　埼玉県教育委員会
土生田純之　一九九六「葬送墓制の伝来をめぐって―北関東における事例を中心に―」『古代文化』48―1　古代学協会
日高　慎　二〇一二「葬送儀礼」『古墳時代研究の現状と課題』上　同成社
藤野一之　二〇一九『古墳時代の須恵器と地域社会』六一書房に所収）
藤野一之　二〇二三「関東地方における後期前方後円墳の土器配置」『駒澤考古』48　駒澤大学考古学研究室
藤野一之　二〇二四「尾張地域における古墳時代後期の喪葬儀礼と土器様式」『東谷山古墳群の時代と須恵器研究』しだみの里守グループ
増田逸朗　一九八七「埼玉政権と埴輪」『埼玉の考古学』新人物往来社
森本　徹　二〇一二a「横穴式石室と土器」『莵原Ⅱ』莵原刊行会
森本　徹　二〇一二b「儀礼からみた畿内横穴式石室の特質」『ヒストリア』235　大阪歴史学会
森本　徹　二〇二〇「横穴式石室の儀礼と古墳の儀礼」『横穴式石室の研究』同成社
山田俊輔　二〇一四「須恵器を中心とする土器祭式の系譜」『古代』133　早稲田大学考古学会

第三章　埼玉二子山古墳の墳丘と武蔵国造

城倉正祥

はじめに

墳丘長一三二・二㍍を測る埼玉二子山《さきたまふたごやま》古墳は、古墳時代後期の東国では上毛野の七輿山《ななこしやま》古墳に次ぐ規模を誇る前方後円墳である。東国最大の七輿山古墳（墳丘長一四五㍍）に関しては、今城塚《いましろづか》古墳（墳丘長一八一㍍）・断夫山《だんぷさん》古墳（墳丘長一五〇㍍）と同じ墳丘「規格」（若狭二〇一七）という指摘もある。若狭徹は、上記古墳に筑紫君磐井《つくしのきみいわい》の墓に比定される岩戸山《いわとやま》古墳を加えた五基を継体大王に関連する古墳と位置付けて、その歴史的背景に言及している（若狭二〇二一）。文献史料の記載に基づき、今城塚古墳（継体大王）・断夫山古墳（尾張連草香）・岩戸山古墳（筑紫君磐井）・七輿山古墳（上毛野君小熊）・埼玉二子山古墳（笠原直使主）のように各古墳の被葬者を想定する説は魅力的かもしれないが、考古学的には検証すべき課題も多い。しかし、いずれも国指定史跡（特別史跡）である上記古墳の内容把握に関しては限界もあり、三次元測量による墳丘の正確な情報の取得、あるいは地中レーダー探査による埋葬施設の把握などが、有力な調査方法として注目できる（城倉編二〇二〇・二〇二三、愛知県埋蔵文化財センター編二〇二四など）。

埼玉古墳群の二子山古墳に関しては、一九六七年から発掘調査が継続されてきたが、二〇二三年に造り出しの発掘成果を含む報告書が刊行された。年代の指標となる土師器・須恵器・埴輪も出土し、墳丘内で検出された火山灰層の科学的分析も実施されるなど、重要な成果が報告された（埼玉県教育委員会二〇二三）。しかし、墳丘構造を正確に位置付ける際には、発掘と測量・地中レーダー探査の成果（城倉編二〇二三）を踏まえた総合的な分析が不可欠である。二子山古墳の墳丘の詳細な分析に関しては、既にシンポジウム予稿集に論文として掲載している（城倉二〇二三）が、本章ではその成果を出来るだけ分かりやすく整理するとともに、墳丘・横穴式石室、および埴輪からみた二子山古墳の位置を総括し、武蔵国造争乱の伝承（城倉二〇一一a）との関係性についても言及してみたい。

一　埼玉二子山古墳の墳丘に関する調査・研究史と課題

(1)墳丘の位置付けに関する研究史

二子山古墳の墳丘に関しては、早い時期から大仙陵《だいせんりょう》古墳との共通性が認識されており、最初の報告段階で上田宏範B'型式、宮川渉8区画型、椚国男Ⅶ型と一致する「仁徳陵《にんとくりょう》古墳型の平面形」と位置付けられていた（埼玉県教育委員会一九八七）。この視点を踏まえて、塚田良道は「半身比較法」による分析から、稲荷山・二子山・鉄砲山古墳を「大仙古墳の築造規格」と位置付け（図3−1）、愛宕山《あたごやま》・瓦塚・中《なか》の山《やま》古墳も同様に位置付けた（塚田ほか一九九七・塚田二〇〇二）。岡本健一も「稲荷山型」と呼称してこの類型を追認し、将軍山古墳のみ後円部径が小さい「将軍山型」で、千葉県内裏塚《だいりづか》古墳群中の古塚・三条塚・稲荷山古墳に一致するとした（岡本一九九七）。近年では、杉崎茂樹が「輪郭線を抽出せずに比較操作」する半身比較を批判して平面外形を再検討し、稲荷山古墳の祖型を百舌鳥《もず》古墳群の土師《はぜ》ニサンザイ古墳とし、その墳形が埼玉古墳群内で継承された点を指摘した（杉崎二〇二三）。

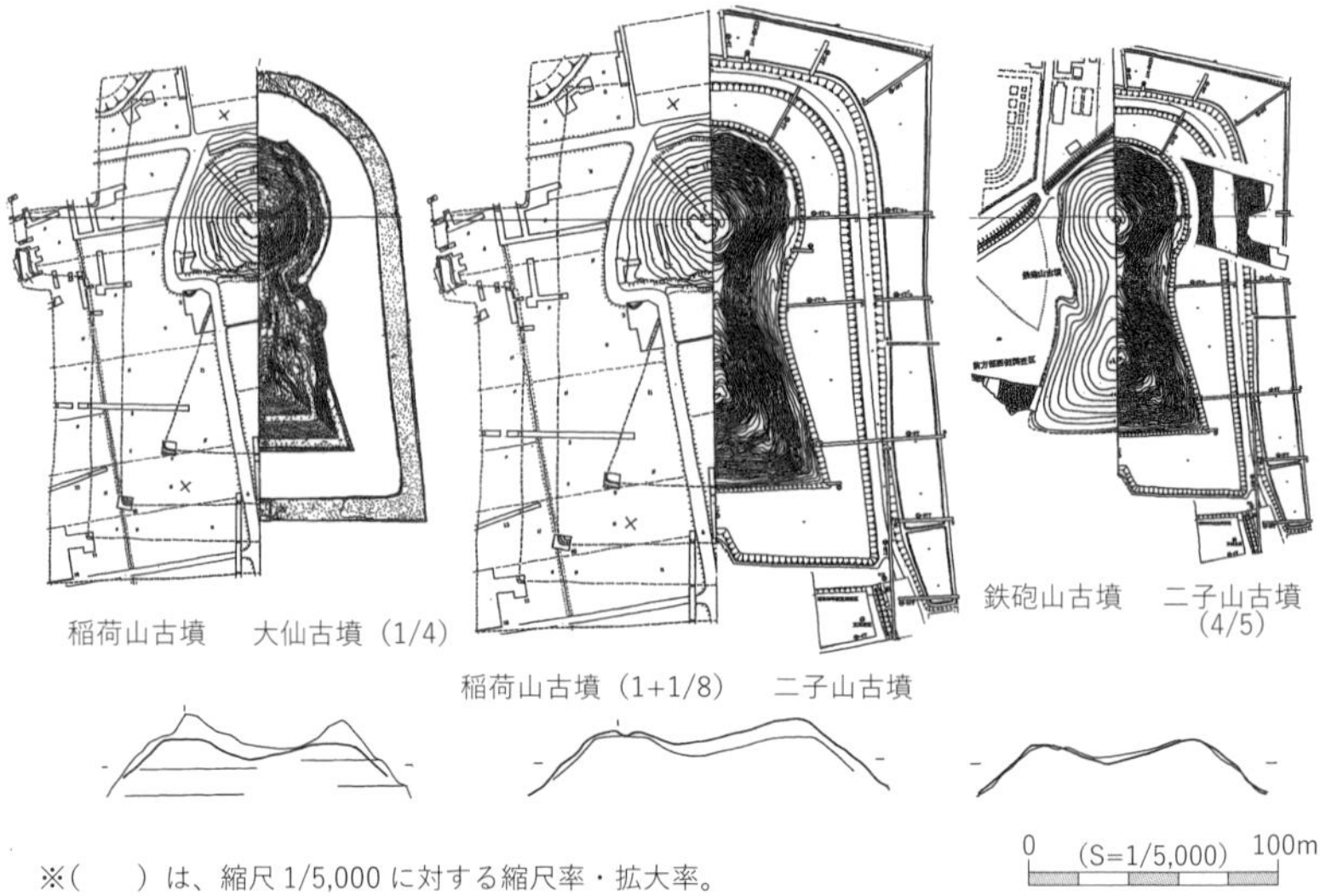

※（　　）は、縮尺1/5,000に対する縮尺率・拡大率。

図３－１　塚田良道による埼玉古墳群の墳丘（主系列墓）の分析成果　塚田（2002）より

以上のように、既往の研究は墳丘の平面外形が分析の中心であり、立体構造に関する分析は進んでいない。しかし、現在の墳丘研究では立体構造の復原とその比較が重要になっており（城倉二〇一八aなど）、埼玉古墳群においても測量・発掘調査の成果を踏まえて立体構造の分析を進める必要がある。

（2）測量・発掘の調査研究史

二子山古墳の調査研究史は、報告書（埼玉県教育委員会二〇二三）の中で整理されているため、ここでは重要な調査成果のみ簡単に言及する。二子山古墳の調査の重要な画期は、一九六七年の発掘調査で、一九六八年にはその成果を踏まえて「水堀」として復原整備された。図３－２の航空写真には墳丘の外周に盛土の計画線と思われる痕跡を確認できるが、この際に墳裾部に盛土が行われ、周溝堆積土の浚渫も行われた点が判明している。その後、何回かの発掘調査が実施されるが、復原工事により滞水した「内堀」によって墳裾・中堤の崩落の危険性が出てきたため、二〇

図３－２　埼玉二子山古墳の航空写真（1967 年調査時）　埼玉県教育委員会（2023）より

一二〜二〇一四年に再度工事が実施され、現在の「空堀」となった。

二〇一三〜二〇一八年には、墳丘・中堤の造り出しを中心に発掘が実施され、最新の測量図と共に、墳丘各部の計測値も示された。すなわち、墳丘長一三二・二㍍、後円部径六七㍍、前方部最大幅八三・二㍍、後円部高一一・九㍍、前方部高一三・九㍍（高さは旧表土の平均一七・九㍍からの計測値）である。既に削平されている前方部隅角からの推定復原である前方部幅を除けば、発掘に基づくこれらの数値は非常に精度が高く、復原のための重要な数値が取得されたことになる。また、早稲田大学は二〇一七〜二〇一八年に墳丘の三次元測量・地中レーダー探査を実施し、高精度測量図を提示すると同時に、後円部東側テラス面に開口する横穴式石室の存在を指摘した（城倉編二〇二三）。

このように二子山古墳の墳丘・周溝に関して

は、一九六八年の復原整備によって元々の墳丘の形が改変されているため、立体構造の復原に難しさが存在していたものの、近年の調査成果によって高さに関する多くの情報が取得されており、新しい視点での分析が可能となっている。

(3)墳丘研究の課題

二子山古墳の墳丘に関する位置付け、および調査研究史に関して簡単に整理した。まず、二子山古墳に関しては、大仙陵古墳(埼玉県教育委員会一九八七・岡本一九九七・塚田二〇〇二)、土師ニサンザイ古墳(杉崎二〇二三)との「外形」の共通性が指摘されている。これは、二子山古墳と「外形」が同一とされ、埼玉古墳群の主系列墓の初出である稲荷山古墳の祖型を畿内のどの古墳に求めるか、という議論である。しかし、段築《だんちく》(大王墓は三段、地方は二段)という立体構造の根幹が異なる墳丘を「外形」のみで比較する方法論は適切なのだろうか。確かに、立体構造も含めた直接的な設計の伝播が想定される前期・中期では、畿内の墳丘との比較は有効な手段だが、後期の各地では既に独自の論理に基づく設計が採用されており、中央の大型古墳を対象とした「祖型探し」が必ずしも有効な方法とは思えない。後期の東国の各地を見ると、中期前半〜中葉に成立した大型古墳の祖型を引く形で墳丘の地域性が生まれている場合が多く、中央の大型古墳に「外形」の近い墳丘が存在したとしても、それが直接的な系譜を示すものとは限らない。後期の墳丘の分析に際しては、地域で維持・継承される立体的な設計を丁寧に検証し、その設計自体を畿内も含む他地域と比較する作業によって、設計の根底にある原理を追及する作業が重要だと考える。すなわち、各地域における多様性に富む「流儀」を検討して系統を整理し、その根幹にある原理を比較していく方法論である。「外形」という見えやすい要素による単純な比較から、立体構造を生み出す原理の比較へと研究を進めるべきと考える。

以上の視点からすると、古墳時代後期を通じて「武蔵国造」の奥津城として首長系譜が追える埼玉古墳群は、稀有な分析対象といえる。特に、前述したように二子山古墳は新しい発掘・測量調査によって、立体構造の復原に必要な高さの情報が蓄積されており、同じ主系列墓として前後の稲荷山・鉄砲山古墳との比較も可能である。本論では、まず二子山古墳の立体構造の復原案を示した後に、稲荷山・鉄砲山古墳との比較を行う。以上の作業を通じて、二子山古墳の墳丘を位置付けるとともに、埼玉古墳群内における二子山古墳の歴史的位置について考えてみたい。

二　埼玉二子山古墳の墳丘に関する分析

(1)発掘成果からみた墳丘各部の「高さ」の情報

まず、最新の発掘調査の成果（埼玉県教育委員会二〇二三）から、二子山古墳の各部の高さについてまとめておく。二子山古墳は、検出されている旧表土が標高一七・四〜一八・三㍍と若干の起伏が見られるものの、比較的平らな地形上に幅広の内溝、および外溝を掘削して墳丘・中堤に盛土することで構築されている。旧表土の平均標高一七・九㍍から、後円部高一一・九㍍、前方部高一三・九㍍とされており、その土量はかなり大きいことがわかる。

発掘調査によって検出した墳裾の標高を見てみると、後円部北側で一六・七〜一六・八㍍、西側くびれ部付近の造り出しで一七・〇㍍、前方部前面で一七㍍弱であり、旧表土から内溝を掘削した際の変換点である墳裾は、一六・七〜一七㍍と墳丘各部で一定している点から、構築時の測量技術の高さをうかがうことができる。なお、テラス面は後円部後端のトレンチで検出されており、標高二三・三〜二三・六㍍付近で、幅一・五㍍である。最後に、測量調査で明らかになった後円部墳頂の標高は二九・八㍍、前方部墳頂の標高は三一・八㍍である。

以上、主に発掘調査で検出した高さの情報が、二子山古墳の立体構造の復原の基礎データとなる。

(2)測量・地中レーダー探査の成果

次に、早稲田大学が実施した測量・地中レーダー探査の成果（城倉編二〇二三）を簡単に整理しておく。二子山古墳は、墳丘東側全体が近世の観音寺の影響と思われる改変を受けている点、一九六八年の周溝浚渫と墳裾への盛土で改変を受けている点を除けば、全体はよく残存している。前方部墳頂は後円部墳頂よりも二㍍高く、推定の前方部幅も後円部径に比べて一六㍍も広い、すなわち、前方部が非常に発達した墳形が特徴である。後円部中腹では標高二二〜二三㍍付近、前方部前面の中腹では標高二四〜二五㍍付近にテラスの痕跡と思われる緩斜面が観察でき、後円部から前方部前面に向かってテラスが「尻上り」に傾斜していた点もうかがわれる。前方部が発達した古墳時代後期に特徴的な二段築成の前方後円墳である。

埋葬施設に関しては、後円部墳頂の竪穴系埋葬施設の可能性が考えられてきたが、地中レーダー探査によって後円部東側のテラス面に開口する横穴式石室の可能性が高い点を確認している。その軸線は明らかに墳丘の主軸に直交しており、奥壁部分は主軸とほぼ一致している。テラス面から墳丘に深く入り込む前庭部と長めの羨道をもつ、導入期の横穴式石室の可能性が高い。後述するように二子山古墳の横穴式石室の位置は、上毛野地域の前方後円墳の初期横穴式石室と共通しており、藤岡市七輿山古墳（城倉編二〇二〇）・安中市簗瀬二子塚《やなせふたごづか》古墳（安中市教育委員会二〇二三）・前橋市前二子《まえふたご》古墳（前橋市教育委員会一九九三）などが類似例として挙げられる。

以上、測量・地中レーダー探査によって、墳丘・埋葬施設の全体像を把握することができた。

（3）墳丘における立体構造の復原

最後に、二子山古墳の発掘、測量・地中レーダー探査の成果に基づいて、墳丘の立体構造の復原案を示す。

二子山古墳、および後述する稲荷山・鉄砲山古墳の各部計測値と想定される歩数を表3に示した。研究史上も指摘されてきた通り、古墳時代後期の造営尺は晋尺である。一尺長は〇・二四五㍍（藪田一九六九）で、六尺一歩を基本として設計している。二子山古墳は発掘によって、後円部と前方部前面の墳裾を確認しているため、現状の計測値は非常に精度が高い。報告書で示された墳丘長一三二・二㍍を九〇歩と考えると、一歩は一・四六八㍍で、六尺であれば一尺長は〇・二四五㍍の晋尺と合致する。後円部径六七㍍も半分の四五歩（六六・二㍍）と考えれば、ほぼ近似値である。前方部幅は推定になるが八三・二㍍は後円部径に一〇歩を加えた五五歩（八〇・九㍍）と想定しておく。

続いて三次元測量のデータに基づいて高さの分析結果を示したのが、図3－3である。後円部北西斜面（図3－3上）、前方部西南隅角（図3－3下）の点群のヒストグラムを示したが、後円部・前方部ともに上下段高が一：一の関係であることがわかる。後円部は上下段のそれぞれの高さが四・五歩（六・六㍍）、前方部前面は上下段のそれぞれの高さが五歩（七・四㍍）と推定できる。この定量的な高さの分析を踏まえて、平面の復原線を描いたのが図3－4上である。後円部の円弧の中心と前方部の主軸はズレており、後円部と前方部が別々に設計されていた可能性を示唆している。後円部の基本単位であるテラス幅は一・五歩と推定でき、テラス幅と後円部上下段の高さの比率は、一：三：三となる。以上を踏まえて後円部の段築構造の比率を示したのが、図3－4下の左である。上段斜面が二割勾配、下段斜面が一割五分勾配に近い傾斜となる。基本単位であるテラス幅と上下各段の高さの比率は一：三、直径とは一：三〇の関係となる。一方、前方部前面のテラス幅は二・五歩で、上下各段との高さの比率は一：二：二と想定できる。図3－4下右に示したように、上段の傾斜は二割勾配、下段の傾斜は一割五分で、後円部の傾斜とほぼ合致

表３　埼玉古墳群における主系列墓の墳丘各部計測値

要素＼古墳		稲荷山古墳	二子山古墳	鉄砲山古墳
墳丘長		120m（80歩/117.6m）	132.2m（90歩/132.3m）	107.6m（75歩/110.3m）
後円部直径		60m（40歩/58.8m）	67.0m（45歩/66.2m）	49.7m（35歩/51.5m）
前方部幅		80m（55歩/80.9m）	83.2m（55歩/80.9）	68.1m（45歩/66.2m）
後円部	テラス幅	2.2m（1.5歩/2.2m）	1.5m（1.5歩/2.2m）	4.0m（2.5歩/3.7m）
	上段高	6.6m（4.5歩/6.6m）	6.8m（4.5歩/6.6m）	5.8m（4歩/5.9m）
	下段高	6.5m（4.5歩/6.6m）	6.3m（4.5歩/6.6m）	4.0m（2.5歩/3.7m）
（墳丘長：後円部径）		（2：1）	（2：1）	（15：7）
（墳丘長：前方部幅）		（16：11）	(18:11)	（15：9）
（上段高：下段高）		（1：1）	（1：1）	（4：2.5）

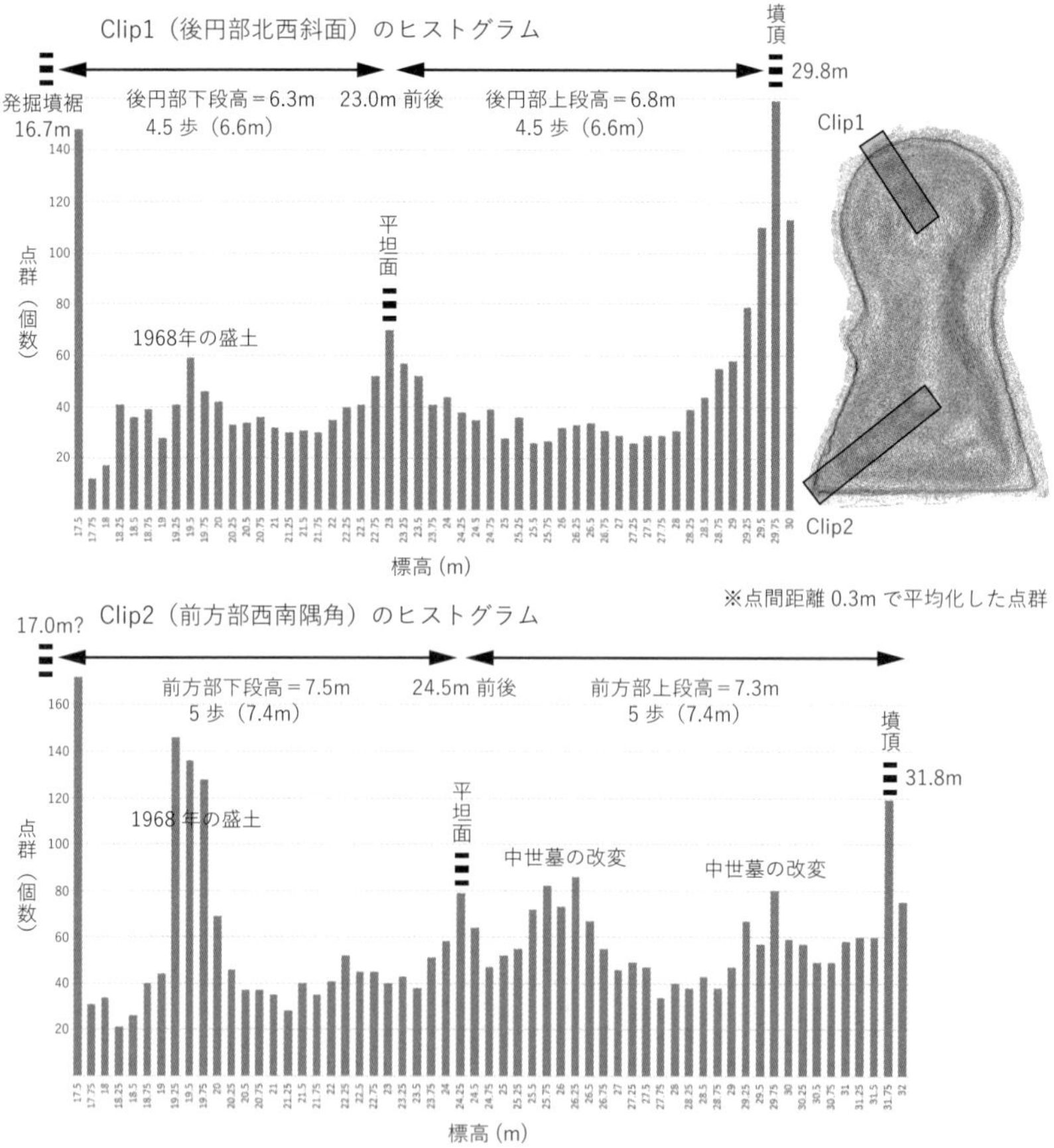

図３－３　埼玉二子山古墳における墳丘点群のヒストグラム

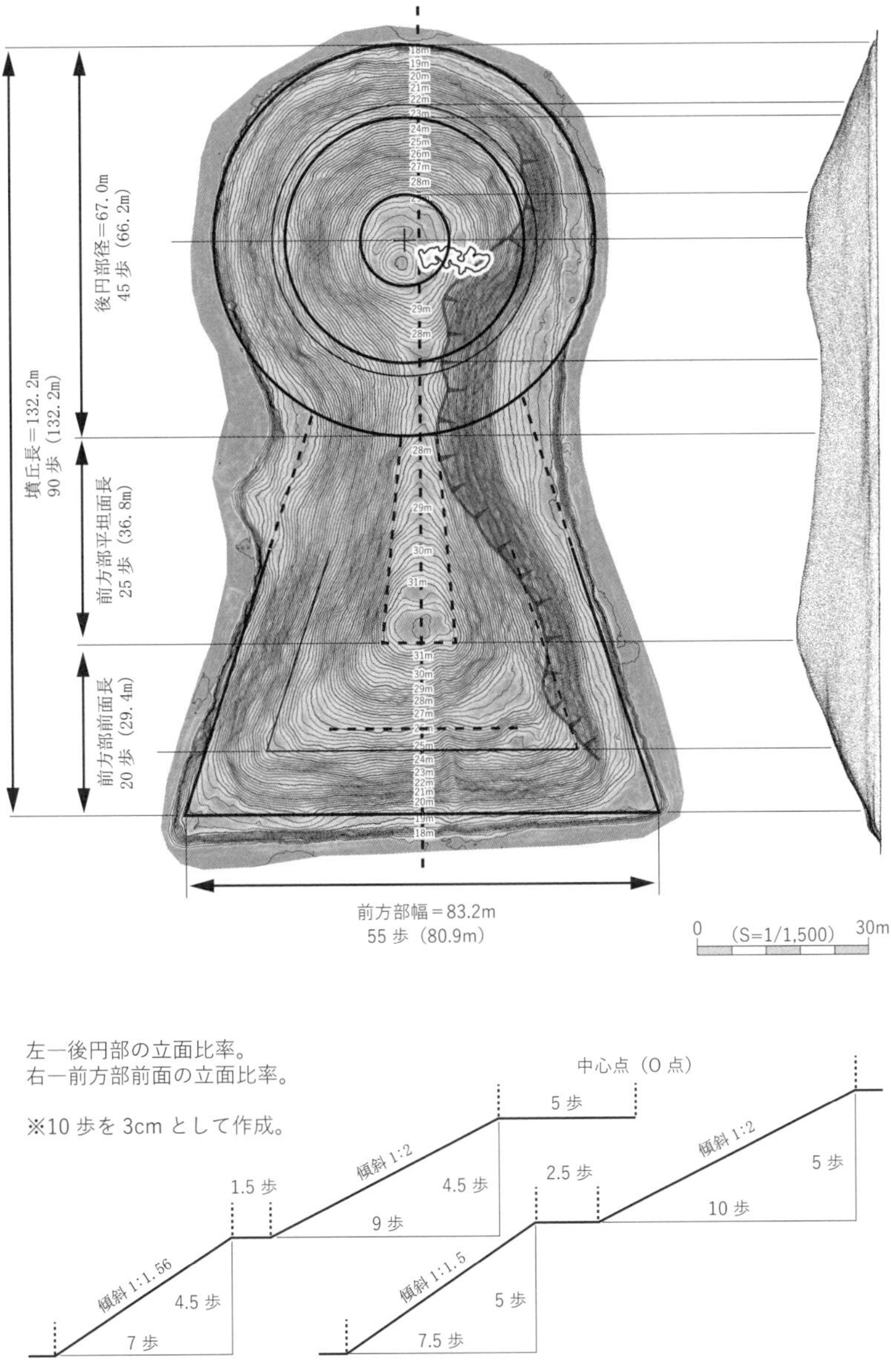

図３－４　埼玉二子山古墳の平面と立面構造の復原案

する。前方部はテラス幅二・五歩が基本単位となり、前方部前面上下各段の高さとの比率は一：二、前面水平距離長とは一：八の関係となる。

以上まとめると、二子山古墳では、後円部と前方部前面は異なる基本単位によって割り付けられており、後円部の中心と前方部主軸はズレている。後円部と前方部は、総高で一歩、各段で〇・五歩の比高があるものの、各段の傾斜が近い勾配で設定されており、前方部側面を通じて異なる設計が連接された点が推定できる。墳丘全体の比率でみると、墳丘長九〇歩に対して、後円部径四五歩、前方部平坦長二五歩、前方部前面長二〇歩、前方部幅五五歩と五歩刻みで各部が割り付けられている可能性が高い点も確認できる。

三　埼玉稲荷山・鉄砲山古墳の墳丘との比較

(1)稲荷山古墳の墳丘と立体情報

後円部墳頂の礫槨から出土した辛亥銘鉄剣で著名な稲荷山古墳は、一九三五年の測量調査の段階では墳丘全体が残存していたが、一九三八年までに土取りによって前方部が消失した。一九六八年の後円部墳頂の埋葬施設の発掘後、一九九七～一九九九年に墳丘・周溝の再発掘が行われ、平面形状は明らかになっている（埼玉県教育委員会二〇〇七）。図3－5には、発掘成果を踏まえた墳丘規模と高さの情報を整理した。テラス幅は一・五歩と思われる二・二㍍、後円部後端を基準にすると、上段高は六・六㍍、下段高は六・五㍍でそれぞれ四・五歩の可能性が高い。テラス幅：上下各段の高さは、二子山古墳の後円部と全く同じ一：三：三である。墳丘全体を見ると、墳丘長八〇歩、後円部径四〇歩、前方部幅五五歩と想定でき、理論値と実測値はかなり近い数値を示す。なお、埼玉古墳群では墳裾付近

墳丘長 120m（80 歩 /117.6m）	上段の高さ　6.6m（4.5 歩 /6.6m）
後円部径 60m（40 歩 /58.8m）	下段の高さ　6.5m（4.5 歩 /6.6m）
前方部幅 80m（55 歩 /80.9m）	テラス幅　2.2m（1.5 歩 /2.2m）
※晋尺 0.245m × 6 尺＝1 歩 1.47m	

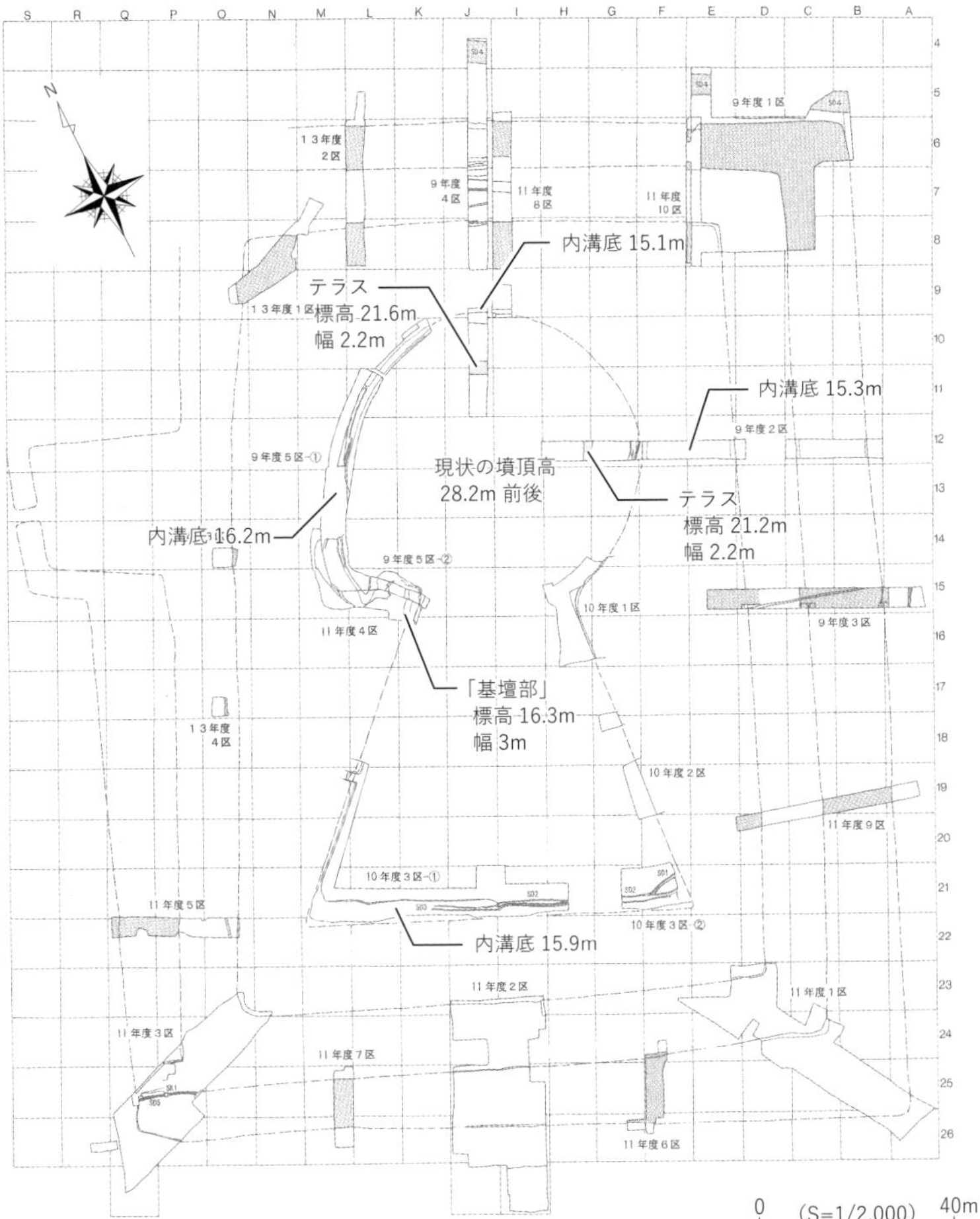

図３－５　埼玉稲荷山古墳の規模と高さの情報

埼玉県教育委員会（2007）および報告書の記載より

に緩斜面をもつ古墳が報告されており、「下段テラス」（埼玉県教育委員会二〇一八）、「基壇部」（埼玉県教育委員会二〇〇七）などと呼称されるが、墳丘の段構造はあくまでも二段である。

以上、稲荷山古墳の後円部はテラス幅：上下段高が一：三：三で完全に二子山古墳の立体構造と一致する。二子山古墳が稲荷山古墳の立面設計を直接継承した点がわかる。また、墳丘長：後円部径の二：一、および墳丘長：前方部幅のおよそ三：二という比率は、稲荷山・二子山・鉄砲山古墳で共通しており、埼玉古墳群の代々の主系列墓で墳丘各部のシンプルな比率が継承されたことにより、類似した外形が現出した点が読み取れる。

（2）鉄砲山古墳の墳丘と立体情報

鉄砲山古墳は、近年の発掘調査で横穴式石室の前庭部が調査され、出土遺物などから年代も把握できるようになった（埼玉県教育委員会二〇二〇）。図3―6には、発掘成果を踏まえた墳丘規模と高さの情報を整理したが、鉄砲山古墳の各部の数値は発掘範囲が広くバラつきが大きいのに加えて、稲荷山・二子山古墳に比べて理論値と実測値の差が大きく、設計・施工の精度が崩れている点が読み取れる。まず、テラス幅は二・六〜五・四㍍と場所によってかなり異なるが、平均値の四㍍を二・五歩と想定しておく。後円部の上段は五・八㍍、下段は四・〇㍍で、それぞれ四歩と二・五歩と想定できる。上下段の高さの比率が、上段：下段＝四：二・五となる。なお、墳丘全体に関しては、理論値と実測値の差が大きいものの、墳丘長七五歩、後円部径三五歩、前方部幅四五歩と想定しておく。

以上、鉄砲山古墳の後円部は、稲荷山・二子山古墳の上下段高が一：一であったのに対して、四：二・五とかなり下段が低い点が特徴である。テラス幅も一歩以上は広くなっており、墳丘への大型形象埴輪の樹立、石室前庭部の祭祀空間の拡充などにより、墳丘の立体構造が大きく変化している点が読み取れる。一方で、外形に関しては、墳丘

墳丘長 107.6m （75 歩 /110.3m）	上段の高さ 5.8m（4 歩 /5.9m）
後円部径 49.7m（35 歩 /51.5m）	下段の高さ 4.0m（2.5 歩 /3.7m）
前方部幅 68.1m（45 歩 /66.2m）	テラス幅 4.0m（2.5 歩 /3.7m）
※晋尺 0.245m× 6 尺 = 1 歩 1.47m	

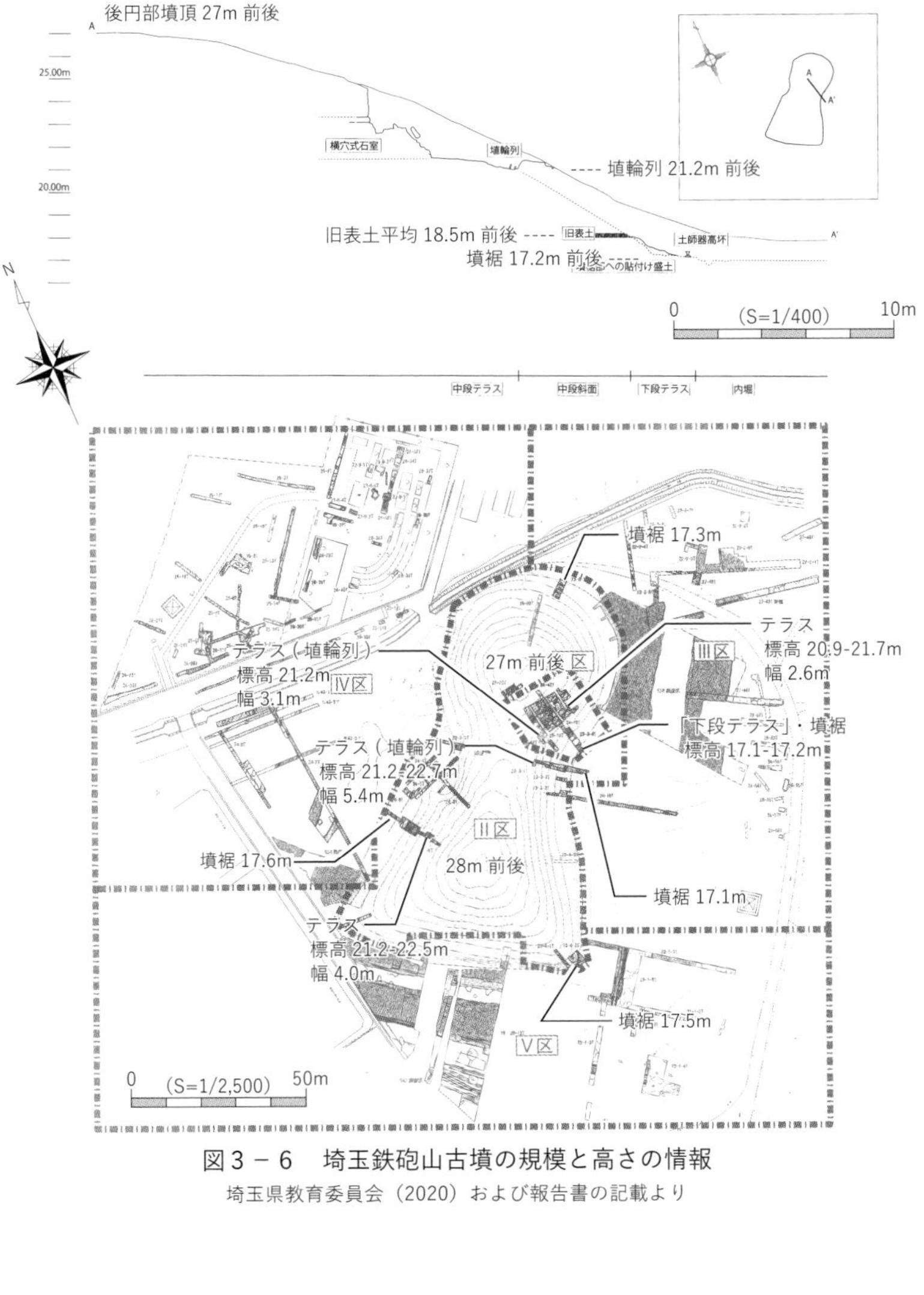

図３－６ 埼玉鉄砲山古墳の規模と高さの情報

埼玉県教育委員会（2020）および報告書の記載より

長：後円部径＝二：一、墳丘長：前方部幅＝三：二という稲荷山・二子山古墳に近い数値を示し、立体構造が大きく変わったとしても、主系列墓で墳丘各部のシンプルな比率が継承された点が推定できる。

(3)埼玉古墳群内における二子山古墳の墳丘とその意義

本章では二子山古墳の発掘・測量・地中レーダー探査の成果から、今まで検討されてこなかった墳丘の立体構造について分析を加え、稲荷山・鉄砲山古墳との比較を試みた。埼玉古墳群の主系列墓（稲荷山・二子山・鉄砲山古墳）に、共通の外形が継承された点は先行研究を追認したが、その外形の継承には五歩（三〇尺）を一単位とする墳丘各部のシンプルな比率が基本となった点、外形は継承しつつも、立体構造は鉄砲山古墳段階までに大きく変化した点を指摘した。最後に、埼玉古墳群内における二子山古墳の墳丘の位置とその意義を整理してみる。

表3に整理したように、三古墳は晋尺に基づいて設計された可能性が極めて高い。関義則は鉄砲山古墳の報告書の考察部分で、一尺〇・二四㍍の晋尺の使用を指摘し、稲荷山（五〇〇尺）・二子山（五五〇尺）・鉄砲山（四五〇尺）の墳丘長を想定した（埼玉県教育委員会二〇二〇）。しかし、墳丘の設計が歩を単位としていた点は、先行研究でも明らかになっている通りで、墳丘長を尺数で換算するならば基本は六の倍数と想定できる。六尺一歩（一尺長〇・二四五㍍）を基準に考えると、稲荷山（八〇歩＝四八〇尺）・二子山（九〇歩＝五四〇尺）・鉄砲山（七五歩＝四五〇尺）と想定でき、各墳丘は五歩（三〇尺）刻みの格差付けが行われた可能性が高い。また、三古墳の墳丘外形が「共通」するのは、稲荷山古墳における墳丘長：後円部径＝二：一、墳丘長：前方部幅＝三：二などのシンプルな比率が継承されつつ、実際の施工段階で細部比率が調整された点に起因すると思われる。さらに、墳丘の立面構造に注目すると、稲荷山・二子山古墳において後円部の上下段高が一：一、各段高と基本単位となるテラス幅が三：一という共通の比率が

見られる。稲荷山・二子山古墳は平面形のみならず、立体構造においても極めて高い共通性をもつことがわかる。前者は後円部墳頂の竪穴系埋葬施設、後者は後円部東側の横穴式石室を埋葬施設とするが、主体部の種類が墳丘の立体構造と必ずしも相関しない点は非常に興味深い。一方、鉄砲山古墳の上下段高は四：二・五とかなり下段が低く、立体構造が大きく異なる。テラス面が低くなり、テラス幅が広がる背景には、もともとは中堤造り出しに配置されていた大型人物埴輪の墳丘への樹立、石室前庭部における土師器・須恵器を用いた祭祀の盛行などが関連する可能性が高い。二子山古墳と鉄砲山古墳の間には、生出塚《おいねづか》埴輪窯の生産から見て、瓦塚・奥の山・愛宕山・将軍山古墳の四基の造営が挟まる点（城倉二〇一一b）から、これらの副系列墓の造営を通じて立体構造が徐々に変化していったものと推定できる。

以上、主系列墓三古墳の墳丘を比較すると、二子山古墳が埼玉古墳群中でも極めて突出した存在である点がわかる。すなわち、稲荷山古墳の設計原理を立体構造も含めて直接継承しながらも、墳丘長を一〇歩（五歩刻みの格差なので二段階）上回る規模で造営された特別な存在である。その墳丘長は、埼玉古墳群の造営勢力の故地と見られる比企の前期大型前方後円墳である野本将軍塚《のもとしょうぐんづか》古墳の九〇歩（漢尺＝一尺長〇・二三㍍／復原墳丘長一二四・二㍍）（城倉二〇一八a）を強く意識した可能性が高く、野本将軍塚古墳と並んで二子山古墳は、北武蔵地域で最高ランクの墳丘と認識されていたと思われる。また、墳丘の設計原理は稲荷山古墳を踏襲しながらも、同時期の上毛野地域の大型古墳で見られる横穴式石室を導入するなど、畿内も含めた最新の動向を踏まえて新しい埋葬施設（横穴式石室）の導入を積極的に試みている点も読み取れる。後述するように二子山古墳の造営は、「笠原」の地に営まれた生出塚埴輪窯の大量生産の契機でもあるが、墳丘・埋葬施設の検討からも、同古墳が埼玉古墳群の造営過程において最大の画期となっている点は明らかである。二子山古墳は、北武蔵地域における革新的な存在というだけでなく、まさに列島規模の大きな変革の中枢に位置する古墳（城倉二〇一一a）といえる。

四　埼玉二子山古墳の墳丘と武蔵国造

(1)二子山古墳の年代

ここまで二子山古墳の墳丘の分析成果を示し、埼玉古墳群内での位置をまとめた。最後に、墳丘・横穴式石室・埴輪という墳墓の基本要素からみた二子山古墳の歴史的位置を整理し、『日本書紀』安閑紀に記載のある反乱伝承＝武蔵国造争乱との関係性について、若干言及しておきたい。

まず、二子山古墳の年代について整理する。二子山古墳の年代論に関しては、既に言及している（城倉二〇二四）ので省略するが、ＦＡ降下前の五世紀と位置付けられていた。そのため、稲荷山→丸墓山《まるはかやま》→二子山の前後関係を示した埴輪編年（城倉二〇一一b）に対しても発表当初は痛烈な批判を受けた。しかし、早稲田大学が実施した地中レーダー探査で横穴式石室の可能性が高い点が判明（城倉編二〇二三）し、埼玉県教育委員会の発掘調査でも墳丘盛土直下でＦＡとされる層が検出され、造り出し周辺で出土した須恵器もＴＫ10型式とされるなど六世紀前半と考えられるようになった（埼玉県教育委員会二〇二三）。埼玉古墳群の編年については、既に埴輪の分析から、稲荷山→丸墓山→天祥寺裏→二子山→瓦塚→奥の山→愛宕山→将軍山→鉄砲山→中の山の順序を示している（城倉二〇一一b）が、鉄砲山・二子山古墳の調査の進展により、相対編年の確度は高まりつつある。

なお、二子山古墳が埼玉古墳群で最初に横穴式石室が導入された主系列墓という点も、その年代を考える上で非常に重要である。上毛野地域では須恵器のＭＴ15型式期とされる六世紀初頭に西部地域を中心に横穴式石室が現れるが、安閑二年（五三五年）の緑野屯倉《みどののみやけ》の設置と関連づけられて六世紀第2四半期の年代が想定されている七輿山古墳（右島二〇二三）でも、後円部中段の二子山古墳と同じ位置に横穴式石室を地中レーダー探査によって確認している（城倉編二〇二〇）。右島和夫が指摘するように、上毛野西部の「初源期横穴式石室」は墳丘における構築位置などが畿内の大型前方後円墳と共通しており、伊那谷を経由するルートで出現した可能性が高い（右島二〇二三）。上毛野西部のＭＴ15型式期から始まる横穴式石室の導入が、ＴＫ10型式頃までに北武蔵に影響を与えると考えれば、年代的な整合性は高い。やはり、上毛野の七輿山古墳と北武蔵の埼玉二子山古墳の年代は非常に近いと想定でき、その出現は列島規模の史的動態の中で、連動する現象と考えることができる。

(2)墳丘・横穴式石室・埴輪からみた二子山古墳の革新性

ここでは、墳丘・横穴式石室・埴輪からみた二子山古墳の革新性について、整理しておく。

墳丘については、稲荷山古墳の立面構造も含めた設計を踏襲し、さらに墳丘長を一〇歩上回る規模を実現した点が特筆できる。墳丘長九〇歩は埼玉勢力の故地である比企の前期古墳：野本将軍塚古墳（城倉二〇一八ａ）を強く意識した規模と思われ、被葬者が北武蔵地域の最高首長の格式を掌中にした点を内外に示す目的があった可能性が高い。当然ながら、埴輪の年代から稲荷山古墳との間に入る日本最大級の円墳：丸墓山古墳を意識した墳丘形式・規模だった点も推測できる。なお、二〇一九年に早稲田大学が実施した丸墓山古墳の地中レーダー探査では、竪穴系埋葬施設の可能性が高い反応を確認しており、二子山古墳は埼玉古墳群中で最初に横穴式石室を導入した古墳と考えられる。竪穴系埋葬施設をもつ稲荷山古墳における墳丘の設計原理を完全に踏襲しながら、横穴式石室という最新の埋葬施設を導入するのに際しては、技術的な様々な困難があったと推測できるが、他地域からの技術者集団の招聘なども含めて、二子山古墳の被葬者が広域的なネットワークを保持していた点がうかがわれる。

横穴式石室については、墳丘主軸に直交し、後円部東側のテラス面に開口する可能性をレーダー探査の成果から指摘した。問題となるのは、その系譜である。右島和夫が整理している通り、近い時期の畿内には、奈良県の市尾墓山《いちおはかやま》古墳（奈良県立橿原考古学研究所一九八四）、東乗鞍《ひがしのりくら》古墳（小田木編二〇二二）など墳丘主軸を東西とし、前方部を西側に向ける二段築成の前方後円墳の後円部上段に、主軸と直交して南開口する（奥壁は主軸と合わせる）横穴式石室が存在している。これらの造営理念や構築技術を踏まえて上毛野西部に簗瀬二子塚《やなせふたごづか》古墳（安中市教育委員会二〇二三）、前二子古墳（前橋市教育委員会一九九三）などが成立したとみられる（右島二〇二三）。七輿山古墳も三段築成という地方では「破格」の構造をもつものの、地山を削りだした下段上面に横穴式石室を構築しており、畿内と共通した構築技術上の特徴をもっている。墳丘主軸に奥壁を合わせて直交する向きに構築される横穴式石室という点において、二子山古墳の事例は「初源期横穴式石室」の特徴をもつ点が明らかである。これらの動向を踏まえると、埼玉二子山古墳における横穴式石室の導入は、上毛野西部の諸勢力と旧利根川による水運を介したネットワークで北武蔵が結ばれていた点を示していると考えられ、畿内の動向も踏まえた上で新しい埋葬施設を、上毛野西部を通じて導入した可能性が高い。墳丘主軸が南北（石室は東西）である点、下段にも盛土した上で石室構築を行う点など、上毛野西部とは設計理念や構築技術も異なるようだが、この点は地域の伝統の上に新しい埋葬施設を積極的に導入した試行錯誤の痕跡と見ることもできる。

埴輪については、埼玉古墳群全体の中ですでにその位置を整理している（城倉二〇一一b）。何度も指摘しているように、生出塚系統の埴輪が稲荷山古墳で出土している比企系のＩＮ一類を直接の祖型として生まれている点から、埼玉の勢力が比企から大宮台地に進出してきた点は疑いない（城倉二〇一一a）。しかし、二子山古墳の段階では方形透孔をもつ「プレ桜山」に属する五条六段の円筒埴輪（伝田ほか二〇一一）が出土するなど、比企地域とのつながりは未だに強い点が想定される。一方、生出塚埴輪窯では、南支台三〇号窯から北支台AD群最初の二八号窯に拠点を移動してⅡ期の大量生産が始まるが、その契機となっているのは二子山古墳への埴輪供給プロジェクトである（城倉二〇二四）。この二子山古墳への供給を契機として、生出塚埴輪窯はⅡ期に爆発的に生産量を増加させ、鉄砲山古墳への供給を画期とするⅢ期に東京湾岸まで到達する遠距離供給を実現することになる。二子山古墳の次世代の主系列墓である鉄砲山古墳では、比企地域の衛星生産地（城倉二〇一一b）の製品はすでに供給されておらず、全て生出塚窯産埴輪で占められることになる。このように、比企の埴輪生産を継承して「笠原」の地で開窯された生出塚埴輪窯における大規模生産の開始の背景にあったのは、明らかに二子山古墳の造営事業である。すなわち、比企から生出塚へと埴輪生産の拠点が移動する直接的な契機は、二子山古墳の被葬者が生前に創出した北武蔵の新たな地域社会の体制に起因すると考えられるのである。

（3）武蔵国造争乱の伝承と二子山古墳

最後に武蔵国造《むさしこくぞう》争乱の伝承と二子山古墳の関係性について、簡単に言及しておく。甘粕健は、『日本書紀』安閑紀にある武蔵国造争乱を南北武蔵の対立構造と捉え、小杵に勝利した笠原直使主、すなわち「内乱に勝利した国造」の墓として埼玉二子山古墳を想定した（甘粕二〇〇四）。武蔵国造争乱に関しては、既に研究史の整理から結論を提示したことがある。すなわち、この時期の反乱伝承が継体朝による地方支配システムの刷新という列島規模の動態と連動している点、その対立構造は比企における前中期社会の成熟とその勢力の大宮台地への新出を背景とした比企勢力と埼玉勢力の「相克」にあった点、反乱の諸現象のすべての中心に埼玉二子山古墳が位置している点、を指摘した（城倉二〇一一a）。甘粕健の南北武蔵の対立構造に関しては、文献史研究者を中心に継承されてきた（仁藤二〇〇七）が、比企地域の前〜中期の様相が考古学的に判明する中で、武蔵国造争乱に関しても北武蔵を中心とする比企と埼玉勢力の争いと考える立場も、文献史研究者に受け入れられつつある（鈴木二〇二三）。

このような研究の動向を踏まえて、今回検討した二子山古墳の墳丘・横穴式石室、および埴輪の考古学的な分析から導きだされる被葬者像は、甘粕健が指摘した争乱で勝利し、「国造職」に就任した笠原直使主《かさはらのあたいおみ》の人物像に重なるようにみえる。なお、国造制の成立年代については、筑紫君磐井の乱を契機として六世紀中葉に西日本にほぼ一斉に施行され、崇峻二年（五八九年）段階に東日本にも一斉に施行されたという東西の時間差が指摘されてきた（篠川一九九六）が、近年では安閑紀における東国の武蔵国造争乱を史実と捉え、六世紀前半に東西日本でほぼ同時に導入されたと考える文献史研究の立場（鈴木二〇二三）もあり、埼玉二子山古墳の被葬者を「初代武蔵国造」と考えるのも無理な立論ではない。本論で整理したように、二子山古墳の被葬者は、稲荷山古墳の被葬者の正当な継承者、そして北武蔵地域の最高ランクの首長としての立場を、比企の野本将軍塚古墳を強く意識した墳丘長九〇歩の前方後円墳の造営によって内外に示すと同時に、畿内や上毛野西部との広域的ネットワークによって新しい埋葬施設（横穴式石室）を積極的に導入した。また、大宮台地の「笠原」に位置する生出塚窯での大規模な埴輪生産を主導し、六世紀後半に東京湾岸まで達する供給網の基礎を固めた。これらの二子山古墳で画期が認められる墳墓の諸要素は、この時期から後に急激に数を増やす副系列墓、そして最後の主系列墓である鉄砲山古墳へと順調に継承されることになる。これらの考古学的な現象を総合的に判断すれば、甘粕健が想定したように、埼玉二子山古墳は、内乱に勝利した「初代武蔵国造」の墳墓に相応しい要素をもつ革新的な存在といえるのではないだろうか。

おわりに

本論では、埼玉二子山古墳の最新の発掘成果（埼玉県教育委員会二〇二三）、および測量・地中レーダー探査の成果（城倉編二〇二三）に基づいて、その立体構造を復原すると同時に、埼玉稲荷山・鉄砲山古墳との比較を行った。その上で、墳丘・横穴式石室・埴輪の諸要素に注目し、埼玉古墳群内における二子山古墳の革新性を確認した。『日本書紀』安閑紀に記載のある反乱伝承は、継体朝に進展した地方支配システムの刷新の一部を構成する北武蔵を中心とした東国の出来事と想定できるが、その諸現象のすべての中心に二子山古墳が存在している点は考古学的に導きだされる結論である（城倉二〇一一a）。その被葬者を「初代武蔵国造」と考えるのは、あながち大きな論理の飛躍とはいえない（城倉二〇一八b　二二〇頁）とした所以である。

なお、残る最大の課題は、丸墓山古墳（直径一〇五㍍の円墳）の位置付けと被葬者像である。この点は、二〇一九年に早稲田大学が実施した丸墓山古墳の測量・地中レーダー探査の成果を踏まえて再論する予定である。この時期の埼玉古墳群に日本最大級の円墳が突如出現するのはなぜか、その系譜を継ぐ直径九〇㍍の大型円墳である甲山《かぶとやま》古墳が埼玉古墳群を造営した勢力の「故地」と想定される比企に存在する（城倉二〇一一a）のはなぜか。考古学的な現象を丁寧に整理しながら、文献史研究の成果と相互にフィードバックし、埼玉古墳群、あるいは武蔵国造争乱の歴史的意義を今後も考えていきたい。

〈参考文献〉

愛知県埋蔵文化財センター編　二〇二四『史跡　断夫山古墳』
甘粕　健　二〇〇四「古墳からみた武蔵国造の反乱」『前方後円墳の研究』同成社
安中市教育委員会　二〇二三『史跡　簗瀬二子塚古墳保存活用計画』
岡本健一　一九九七「確認調査のまとめ」『将軍山古墳』埼玉県教育委員会
小田木治太郎編　二〇二二『杣之内古墳群の研究Ⅱ』天理大学
埼玉県教育委員会　一九八七『二子山古墳』
埼玉県教育委員会　二〇〇七『武蔵埼玉　稲荷山古墳』
埼玉県教育委員会　二〇一八『史跡埼玉古墳群　奥の山古墳　発掘調査・保存整備事業報告書』
埼玉県教育委員会　二〇二〇『特別史跡埼玉古墳群　鉄砲山古墳』
埼玉県教育委員会　二〇二三『特別史跡埼玉古墳群　二子山古墳発掘調査報告書』
篠川　賢　一九九六『日本古代国造制の研究』吉川弘文館
城倉正祥　二〇一一a「武蔵国造争乱」『史観』165
城倉正祥　二〇一一b『北武蔵の埴輪生産と埼玉古墳群』奈良文化財研究所
城倉正祥　二〇一八a「野本将軍塚古墳の墳丘とその年代」『野本将軍塚古墳と東国の前期古墳』早稲田大学東都絹研
城倉正祥　二〇一八b「北武蔵の埴輪生産と埼玉古墳群」『史跡埼玉古墳群総括報告書Ⅰ』埼玉県教育委員会
城倉正祥編　二〇二〇『群馬県藤岡市　七輿山古墳の測量・ＧＰＲ調査』早稲田大学東都絹研
城倉正祥編　二〇二三『埼玉県行田市　埼玉二子山古墳の測量・ＧＰＲ調査』早稲田大学東都絹研
城倉正祥　二〇二三「埼玉二子山古墳の墳丘とその意義」『六世紀の東国史と埼玉二子山古墳』埼玉県立さきたま史跡の博物館
城倉正祥　二〇二四「埼玉奥の山・鉄砲山古墳出土埴輪の再検討」『ＷＡＳＥＤＡ ＲＩＬＡＳ ＪＯＵＲＮＡＬ』11

杉崎茂樹　二〇二三「墳丘外形規格からみた埼玉古墳群における前方後円墳の築造動態」『早稲田大学大学院文学研究科紀要』68
鈴木正信　二〇二三『日本古代の国造と地域支配』八木書店
塚田良道・中島洋一　一九九七「真名板高山古墳の再検討」『行田市郷土博物館研究報告』4
塚田良道　二〇〇二「関東地方における後期古墳の特質」『古代学研究』157
伝田郁夫・江原昌俊・城倉正祥　二〇一一「続　比企の埴輪」『埴輪研究会誌』
奈良県立橿原考古学研究所　一九八四『市尾墓山古墳』
仁藤敦史　二〇〇七「「辛亥」銘鉄剣と「武蔵国造の乱」」『武蔵と相模の古墳』（季刊考古学・別冊15）
前橋市教育委員会　一九九三『前二子古墳』
右島和夫　二〇二三「初期横穴式石室から見た畿内と東国」『考古學論攷』47
藪田嘉一郎　一九六九『中国古尺集説』綜芸社
若狭　徹　二〇一七『前方後円墳と東国社会』吉川弘文館
若狭　徹　二〇二一『古墳時代東国の地域経営』吉川弘文館

第II部

継体大王と地方豪族たち

今城塚古墳公園（高槻市観光協会提供）

第四章　継体大王墓・今城塚古墳の実像

今西康宏

はじめに

今城塚《いましろづか》古墳は大阪府高槻市に所在する六世紀前葉に築造された大型の前方後円墳である。江戸時代には塚や城砦跡として記録され、地域でもよく知られた存在であった。文久三（一八六三）年、『古事記』や『日本書紀』、『延喜式』に記載のある継体天皇の三嶋藍野陵《みしまあいののみささぎ》の治定には、今城塚古墳ではなく、西方約一・五キロにある太田茶臼山《おおだちゃうすやま》古墳が選ばれた。のちに所在地に関する歴史地理学の研究成果などにより、今城塚古墳が有力視されたが、治定は覆ることなく現在に至っている。

一方、今城塚古墳は学術上重要な遺跡として昭和三三（一九五八）年に国の史跡に指定され、高槻市の管理のもと着実な保存が図られることになった。平成に入ると、北西約一・二キロにある新池《しんいけ》遺跡で大規模開発に際して発掘調査が行われ、それまでわずかに埴輪窯の存在が知られるだけであったが、今城塚古墳の埴輪を生産した大規模な遺跡で、その年代が六世紀前葉頃であることが判明した。またこの埴輪生産遺跡がじつは太田茶臼山古墳の埴輪生産のために開窯されたのがはじまりで、その年代は今城塚古墳よりも古い五世紀中葉に遡ることが明らかになった。こうした成果から、今城塚古墳こそが六世紀前葉に築造された列島最大の古墳すなわち大王墓であり、三嶋藍野陵の所在地や年代と合致する唯一の古墳であることが学術的に確認されるに至った。

こうしたなかで、平成九（一九九七）年から高槻市が史跡整備のため、一〇年間に及ぶ今城塚古墳の発掘調査に着手した。大王墓の本格的な発掘調査は日本初のことで、墳丘の形態や構造、横穴式石室や家形石棺の採用、形象埴輪群の配置など膨大な情報が得られた。そして出土した埴輪や土器の年代から六世紀前葉に築造されたことが改めて確認された。今振り返れば陵墓の治定から外れたからこそ、発掘調査という科学的な手法に基づく調査が実施でき、古墳のもつ本質的な価値がより明確になったといえる。

本章では、埼玉古墳群の二子山古墳と同時期の大王墓である今城塚古墳について、発掘調査とその後の遺構や遺物の整理を通して明らかになりつつある実像を紹介する。あわせて近年の研究を参考に、継体大王の勢力基盤や列島各地の大首長との関係を探ってみたい。

一　今城塚古墳の位置

(1)琵琶湖・淀川水系

今城塚古墳は律令制下の摂津国嶋上《しまのかみ》郡に属する。嶋上郡は、平城宮跡出土の「三嶋上郡白髪部里」木簡にみえるように、もとは「三嶋（島）」と呼ばれ、都城に近い東半にあたる。この三島は淀川の北岸にあって、北を北摂山地、東を天王山、西を千里丘陵に囲まれており、淀川の舟運は重要な基幹交通路であった。

淀川は滋賀県の琵琶湖に発する宇治川（瀬田川）と三重・奈良県から注ぐ木津川、京都府の桂川などが合流して大

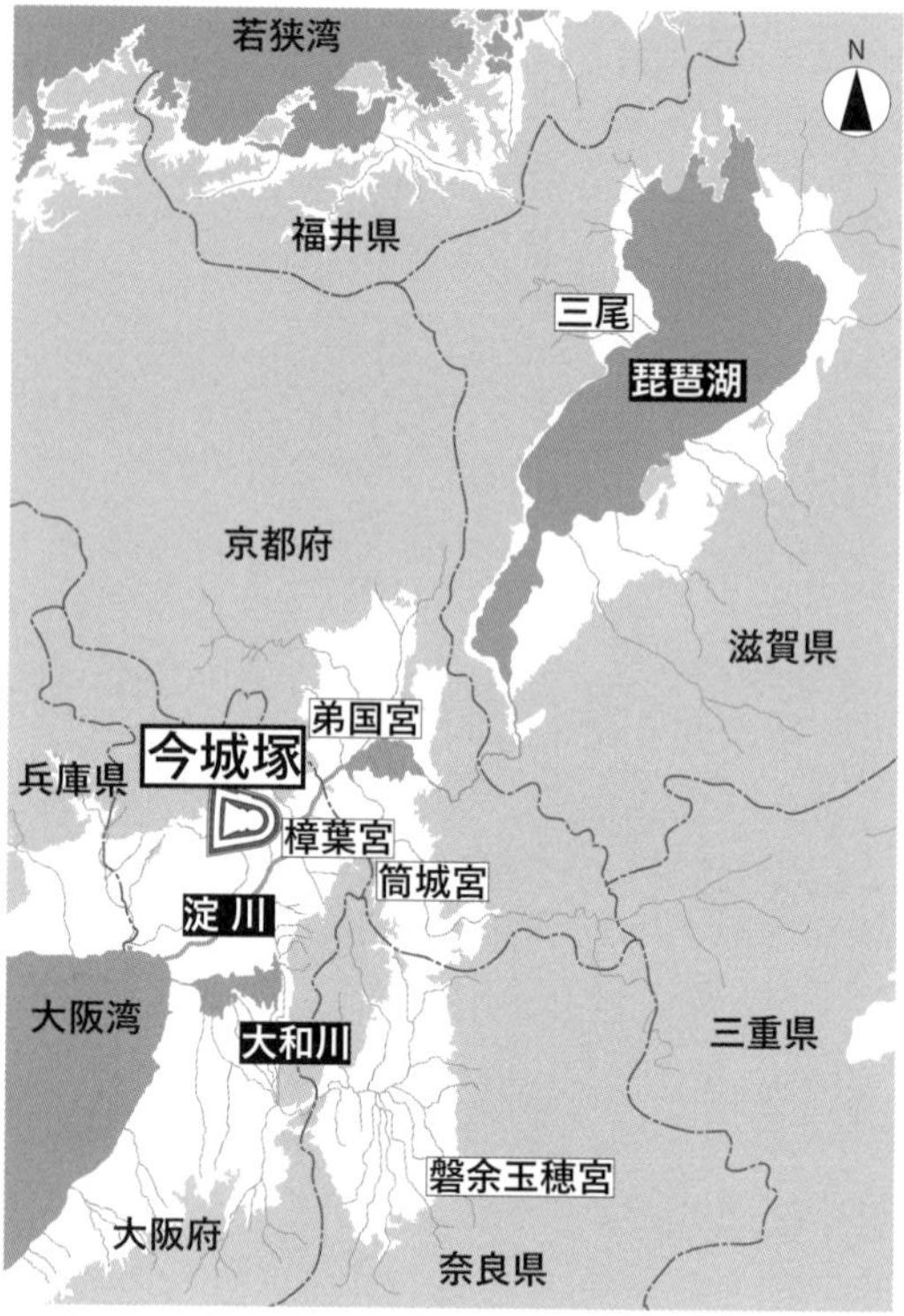

図4－1　今城塚古墳の位置

阪湾（河内湖）へ至る近畿最大の流域面積を誇る大河である（図4－1）。このような河川や湖沼は舟運により様々な地域を結び、人の往来、物資の流通、情報の伝達の要として機能してきた。なお本章では琵琶湖沿岸地域を含む用語であることを明確にしておくため「琵琶湖・淀川水系」と呼ぶ。

継体大王は『記』『紀』によると応神天皇の五世孫とされ、近江国高島の三尾出身で、晩年に大和の磐余玉穂宮《いわれのたまほのみや》を構えるまでに、琵琶湖・淀川水系に樟葉宮（大阪府枚方市）、筒城宮《つつきのみや》（京都府京田辺市）、弟国宮《おとくにのみや》（京都府長岡京市周辺）を営んだ。そして、その陵もやはり琵琶湖・淀川水系の三島だ。古墳時代の大王墓が一貫して大和・佐紀・古市・百舌鳥古墳群など大和川水系とその周辺に築かれたことを考えれば、継体大王は極めて特異に映る。とくに近年、継体大王の活躍した六世紀前葉やそれに続く六世紀中葉にかけて、琵琶湖・淀川水系において、大和川水系の有力首長墓にひけをとらない横穴式石室の規模や豪華な副葬品を有する有力首長墓の存在に注目が集まっている。

(2)三島の古墳時代

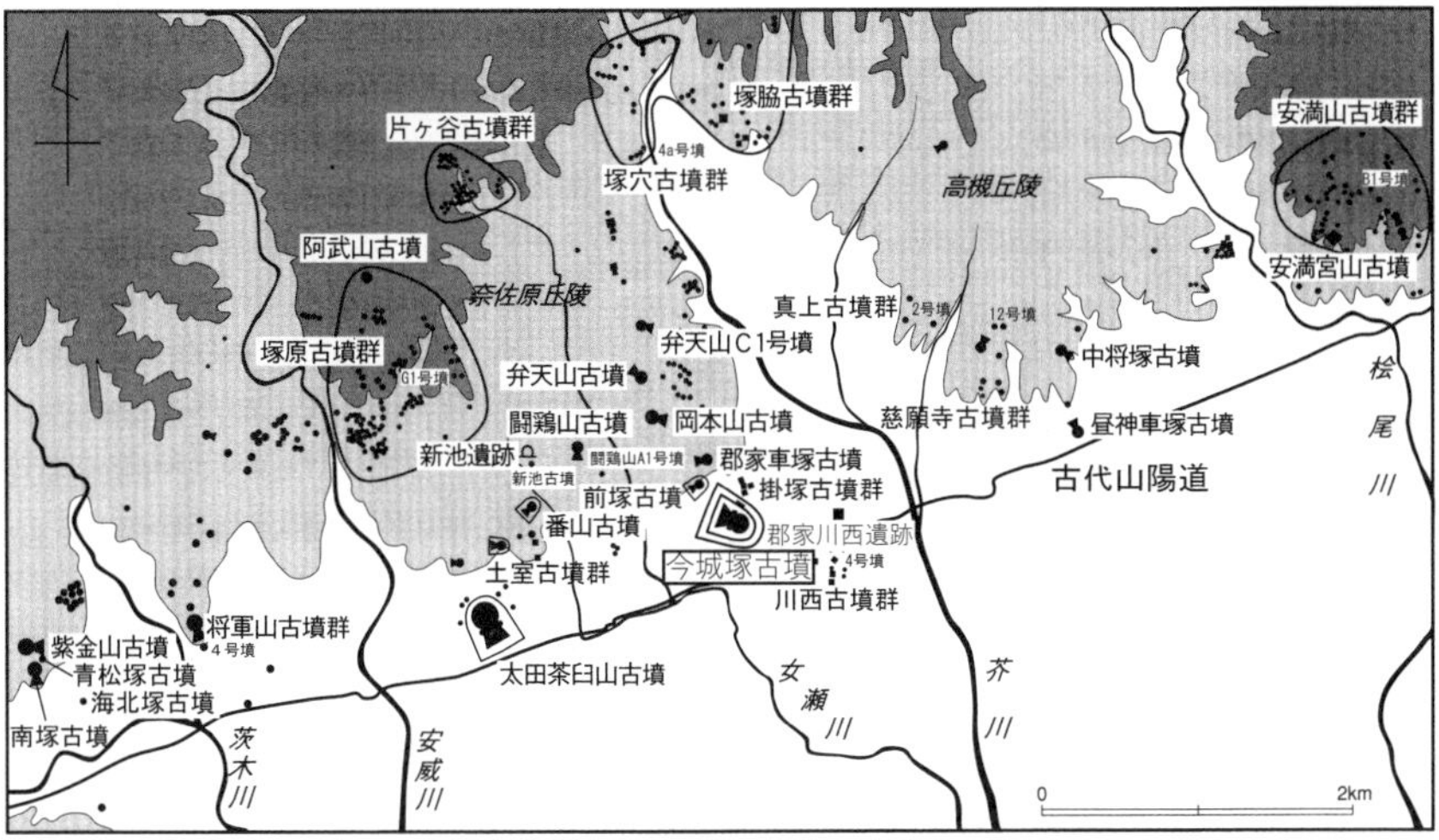

図4－2　三島地域の古墳分布図（森田2006を一部改変）

次に、三島における今城塚古墳の位置を見ておこう。

三島には古墳時代を通じて大小七〇〇基以上の古墳が築造されており、当地における首長層の活発な活動を反映している。その特徴は、四世紀頃に始まる安定的な有力首長墓の造営（弁天山《べんてんやま》古墳群）、五世紀中葉における巨大古墳を核とした階層構成型古墳群と最新の生産遺跡の出現（太田茶臼山古墳、土室《はむろ》古墳群、総持寺《そうじじ》古墳群、新池遺跡）、五世紀後葉の初期群集墳の伸長、六世紀前葉の大王墓の築造（今城塚古墳、新池遺跡）、六世紀中葉以降の大規模な群集墳の造営にある（図4－2）。

その中核となる古墳が、二〇〇㍍級の巨大前方後円墳である太田茶臼山古墳と今城塚古墳だ。太田茶臼山古墳は誉田御廟山《こんだごびょうやま》古墳（応神陵古墳）に相似した墳形で、墳丘長約二二六㍍を誇る。本格的な水濠と円筒埴輪、形象埴輪を樹立する堤を備え、三島で唯一、陪冢《ばいちょう》を伴う。その北東部には小型前方後円墳や円墳などからなる土室古墳群、南にやや離れて最初期の群集墳である総持寺古墳群が造営される。加えて、新池遺跡に三島で初めて埴輪窯を導入し、多量の埴輪を効率的に生産するなど三島地域で大きな画期となった古墳だ。

一方、今城塚古墳は同じ富田台地の南東端、三島の伝統的な有力首長の墓域である弁天山古墳群のほぼ真南に立地する。隣接する五世紀前葉の首長墓である前塚《まえづか》古墳は、かつて今城塚古墳の陪冢とされたこともある。東約〇・七キロには古墳時代の中核的な集落である郡家川西遺跡が所在し、のちに嶋上郡衙《しまがみぐんが》が整備される。さらに東に〇・三キロ行けば淀川に注ぐ芥川に至る。

今城塚古墳の埴輪生産を担った新池遺跡は、一八基の埴輪窯や工房、工人集落などが確認された全国有数の埴輪工房だ。出土した埴輪や土器の型式、埴輪窯の理化学的な年代測定などによって、五世紀中葉に太田茶臼山古墳の埴輪生産に伴い開窯し、休窯期間を経て、六世紀前葉に今城塚古墳の埴輪生産に際して再稼働したことが明らかになっている。今城塚古墳の築造に伴い再びこの地が選ばれたのは、窯作りに適した丘陵斜面、薪、粘土や水場などの埴輪生産に適した環境に加えて、巨大古墳の埴輪生産を担った五世紀の実績が決め手となったのだろう。

このように、三島における今城塚古墳の占地は、地域を代表する中核的な集落や淀川につながる河川に近いなどの物資の流通や運搬の便の良さ、実績のある埴輪生産拠点の存在、加えて地域の伝統的な墓域に造墓してその権力を誇示するとともに、五世紀の王権の楔とされる太田茶臼山古墳を継承、更新する意図もあったと考えられる。

二　今城塚古墳の調査

(1)墳丘形態と伏見地震

それでは、今城塚古墳の調査成果をみていこう。

古墳は南東に向けて傾斜する地形を巧みに利用し、墳丘の主軸を東西に置く。墳丘基底部の長さは約一九〇メートルで、

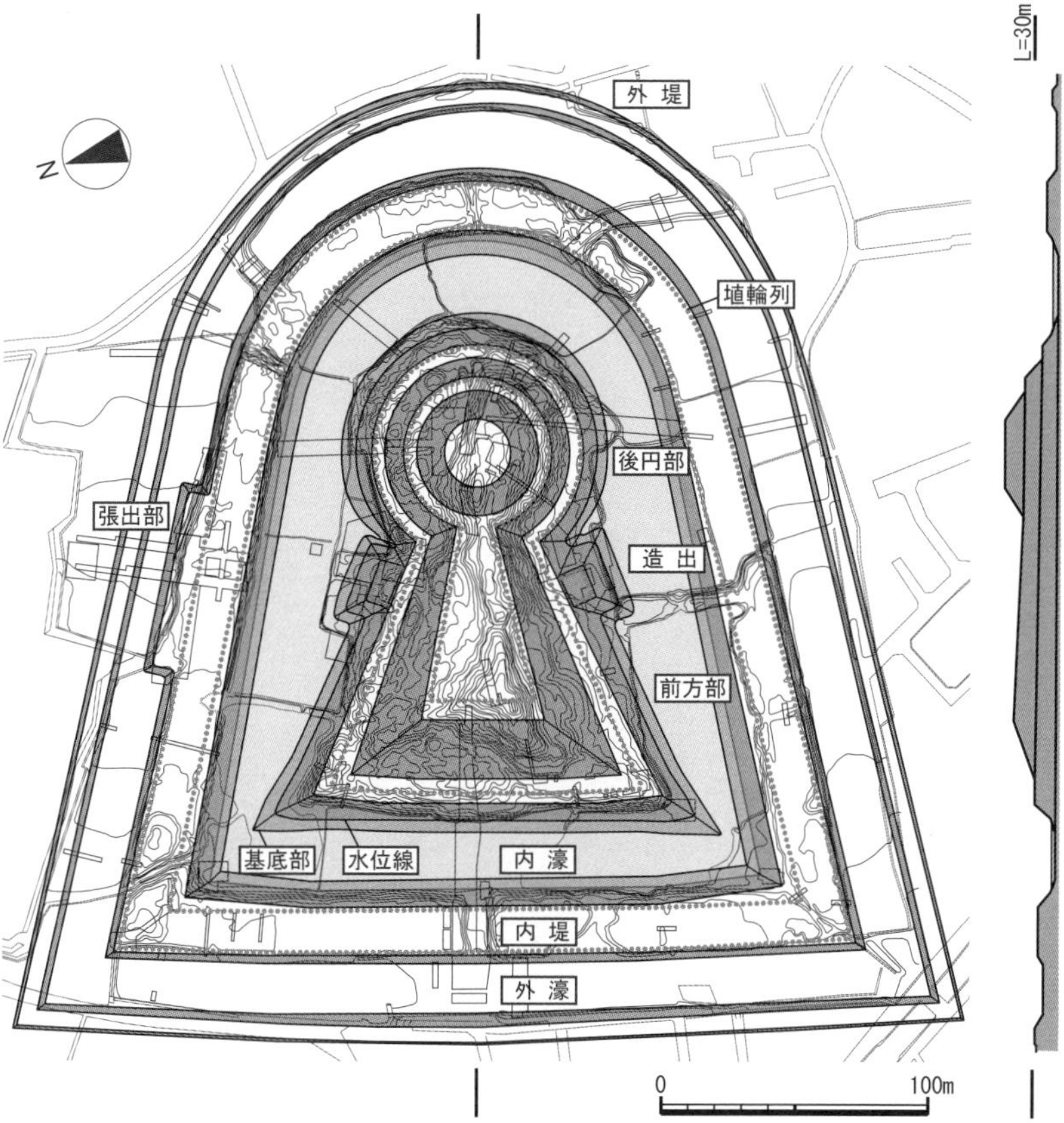

図４－３　今城塚古墳　墳丘復元図

くびれ部両側のやや前方部寄りに造出をそなえる（図４－３）。後円部は基底部の直径一〇〇㍍で三段に、前方部は基底部の幅一五八㍍で二段に築かれて発達した形態を示す。墳丘は盛土からなり、周濠の掘削で生じたブロック土を運搬し、上下反転して積み上げられていた。墳丘の周囲に盾形を呈する内外二重の周濠と堤を巡らせ、全長は三五四㍍にも及ぶ。内濠は水際に護岸列石を配して水を湛える一方、外濠は東西で約四㍍の高低差もあって滞水しない。なお内濠の水面から姿を表した墳丘長は一八一㍍と一回り小さくなる。また内堤の北辺には盛土造成された幅約一〇㍍、長さ六五㍍の張出部が付く。この上面からは夥しい量の形象埴輪が出土し、この張出部が形象埴輪を樹立するための専用施設であることが明らかになり、大変な注目を集めることになった。

かつて前方部の前面が突出した形態を示すことから剣菱形《けんびしがた》前方後円墳の一例とされたが、じつはこの突出部は古墳完成から千年後に発生した大地震により、墳丘の巨大な盛土塊が一気に内濠に崩落して形づくられたものだと判明した。直下の堆積層の遺物から、豊臣秀吉の晩年、文禄五（一五九六）年に発生した伏見地震によるものとされる。古墳周辺には有馬—高槻断層帯が走り、その活動によって墳丘主軸から放射状に盛土が崩落し、内濠を埋めるような格好になった。近年研究が進む地震考古学が明らかにした成果だ。

(2)横穴式石室

調査終盤の第十次調査で、現存する後円部二段目から北に崩落した状態で、横穴式石室の基礎構造物が見つかった。周囲を石組みで固め、内部に人頭大の石材を充填させた一辺約一七㍍に復元される構造物で、盛土でできた墳丘上に重い横穴式石室を構築する際に、荷重を分散させて不等沈下を防ぐ役割をもつ。奈良県市尾墓山《いちおはかやま》古墳や芝塚《しばづか》2号墳、京都府五ヶ庄二子塚《ごかしょうふたごづか》古墳など六世紀前葉の古墳で確認されており、盛土量の多い大型古墳に本格的な畿内型横穴式石室を導入するにあたり用いられた工法とされる。この発見により今城塚古墳が大王墓として初めて本格的な横穴式石室を導入したと考えられるようになった。

それでは基礎の上にあった石室本体はどこへ行ってしまったのだろうか。現在、後円部は二段目までしか残存せず、石室材と思しき石材もほとんど残されていない。つまり基礎より上の石室本体の石材やそれを覆う三段目の盛土は何らかの理由で失われたということになる。その手がかりは律令制崩壊後の古墳の履歴にある。鎌倉時代の正応元

（一二八八）年に「継体天皇摂津島上陵」の盗掘記事が『公衡公記《きんひらこうき》』にあり、この際に横穴式石室が盗掘を受けたとみられる。また戦国時代に城砦などとして利用されたことを裏付ける火縄銃の玉や土器類も出土しており、地震以前に改変を受けていたことは間違いない。また近年、近隣の集落で重さ二五〇キロもある今城塚古墳の石棺の一部が確認された。さらに二・五キロ離れた高槻城の江戸時代初頭まで機能した堀からも加工された石棺材とみられる石材が出土しており、今城塚古墳から転用された可能性がある。こうした点から鎌倉時代の盗掘以降、戦国時代の砦への改変や周辺の城郭などへ石材の転用が進み、石室石材をほとんど失った状態で伏見地震を迎えたと考えられる。

（3）家形石棺

石室の基礎上から副葬品の細片とともに多量の石棺片が見つかった。石材は熊本県宇土市産の馬門石《まかどいし》、奈良県と大阪府境にある二上山で産出する二上山白石《にじょうさんしろいし》、兵庫県高砂市周辺で産出する竜山石《たつやまいし》の三種類の凝灰岩である（図4―4）。これらの石材は六世紀の畿内で最も格式の高い家形石棺の材として知られている。家形石棺は、畿内では横穴式石室の採用に伴い、前代の舟形石棺を大型化、棺身の箱形化により成立したとされ、横穴式石室とともに用いられた。

このうち馬門石は刳抜式の家形石棺で、内面に赤色顔料を塗布し、棺の蓋と身の合わせ目に段をつけた印籠蓋で、密閉性を高める工夫がみられる。印籠蓋は畿内の五世紀の舟形石棺にみられ、横穴式石室に伴う刳抜式石棺では滋賀県鴨稲荷山《かもいなりやま》古墳が確認されているだけだ。家形石棺として古い特徴をもつのに加えて、地域性として残存した可能性がある。二上山白石は板状に加工されていることから組合式家形石棺である。時期的にみて大阪府南塚古墳のように棺蓋が屋根形ではなく、板石状の可能性がある。竜山石は出土点数や加工部位が少なく、石棺ではない可能性もあ

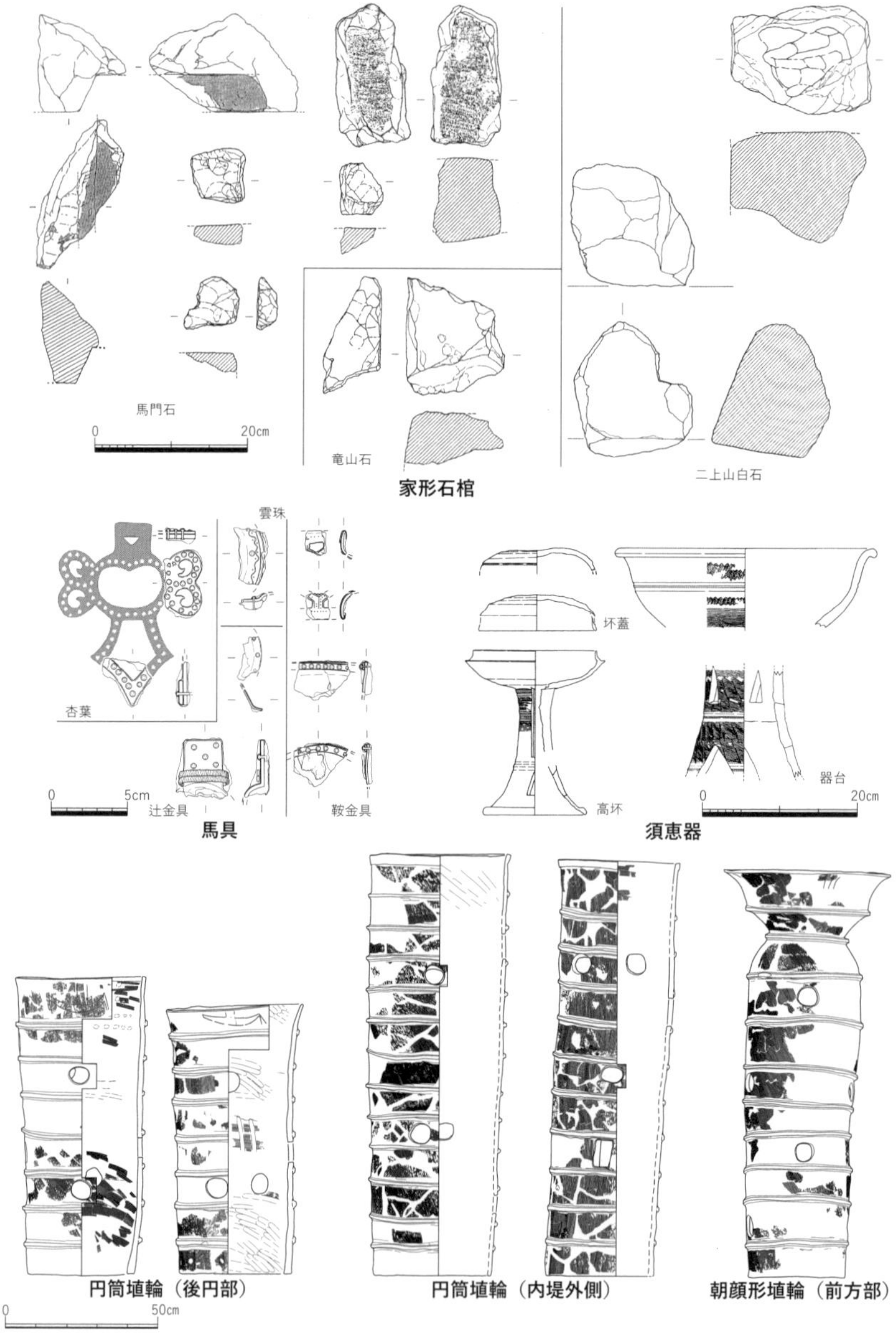

図4－4　今城塚古墳の出土品

る。

さて、このような石棺のセット関係は、馬門石の刳抜式家形石棺を初葬に、二上山白石の組合式家形石棺を追葬に用いる滋賀県円山《まるやま》古墳、奈良県東乗鞍《ひがしのりくら》古墳などと共通するもので、時期的にも近い。馬門石は五〇〇㌔を超える遠隔地から数トンもある石材を舟運で輸送するもので、操船技術や寄港地などの問題を含めて困難を極めただろう。入手ルートがいくつも存在したとは考え難く、馬門石の入手には継体大王が深く関わっていた可能性が高い。そして多くの時間と労力を費やしながら、大王の棺の運搬を民衆に見せつけたのだろう。竜山石の性格は検討を要するが、このような馬門石製の石棺に継体大王が葬られた蓋然性が最も高いと考えられる。

(4)副葬品

石室基礎の周辺で見つかった副葬品には、馬具、武具、武器、装身具がある。馬具では、金銅装の鞍金具や雲珠《うず》、辻金具のほかに、馬の胸繋《むながい》や尻繋《しりがい》から垂らす装飾の杏葉《ぎょうよう》があり、鐘形杏葉と左右に付いた耳のような部分に勾玉形の透しをあけた変形剣菱形杏葉がある。こうした金銅装馬具などの副葬品は威信財と呼ばれる文物で、海外から入手したものや技術水準の高い国内の特定工房で製作された希少なものだ。

武具の甲冑のうち冑は衝角付冑《しょうかくつきかぶと》で、顔を護る頬当てや首を護る小札錣《こざねしころ》が付属していたらしい。胴を護るのは小札《こざね》甲《よろい》で、多数の短冊状の薄い鉄板（小札）を、革紐や組紐で綴じる。脚部に膝甲《ひざよろい》や臑当《すねあて》も付属しており、騎馬用の甲冑の組み合わせだ。

武器には、鉄鏃と胡籙《ころく》（矢入れ）、大刀の柄頭や鞘尻金具の一部とみられる銀象嵌で文様を表した破片がある。鉄鏃は刃部の形状は片刃や柳葉、段違い逆刺などがあり、長頸鏃とみられる。とくに片刃の鏃は靫形埴輪の背板に描かれた鏃の形状とよく似ている。ほかには紺・水色・黄緑・黄色・不透明な赤色などの八〇〇点以上のガラス玉、装身具の一部とみられる金銅板などが出土したほか、鎌倉時代の盗掘時に鏡の出土が知られる。

(5)土器

墳丘の両造出では飲食物の供献に用いられた須恵器がまとまって見つかっている。広口壺や大型の器台、高坏、蓋坏、𤭯《はそう》、大型の甕などがあり、大型の器種が多く、数量も多い。また通有のものだけでなく、肩部に小型の壺を付けた広口壺や上端に鹿の小像を配した器台などの装飾付須恵器もみられる。六世紀に入ると狩猟埴輪と同様の情景が装飾付須恵器にみられるようになる。この鹿も狩猟の情景を表したものかもしれない。

これに加えて、形象埴輪が配置された内堤張出部でも、須恵器の蓋坏、高坏のほか、土師器の小型甕、長胴甕、羽釜、把手付鍋などが確認されている。とりわけ土師器が豊富に用いられていたことは注目される。ミニチュア品ではないこれらの土器が形象埴輪とどのような関係性をもって配置されたのか興味深い。

須恵器はTK10型式（古段階）に位置づけられるもので、実年代は六世紀第2四半期頃とみられる。残念ながら埋葬施設に伴う土器は明らかではない。

三　大王墓の埴輪

(1)円筒埴輪

円筒埴輪は全形が復元できたものが一〇本以上、底部などがよく残るものを含めると一〇〇本近い資料の蓄積がある。これらは発掘調査で古墳への設置状況が確認できたものが大半で資料的価値が高い。これほどの出土資料をもつ大王墓はほとんどないだろう。

樹立された位置は、墳丘では各段のテラスや造出の外縁で、浅く掘りくぼめた穴に立て隣同士が隙間なく並べられていた。内堤では内側と外側の二重に円筒埴輪列が樹立されていて、試算では墳丘に推定二〇〇〇本、内堤に推定四〇〇〇本の計六〇〇〇本もの円筒埴輪が樹立されたとみている。朝顔形埴輪は、後円部では円筒埴輪四本おきに一本が配置されていたが、前方部や内堤では前方部側の両隅に一本ずつ計八本が配置されていただけで、樹立本数が五世紀に比べて少なくなっているようだ。

円筒埴輪の直径は底部で三〇～四〇㌢と大きく、突帯は一〇・五㌢前後で線を引き印をつけて割り付けている。高さを基準に二つに分類することができるが、いずれも六世紀の埴輪では最大級の大きさのため、ここでは大型品と超大型品に分けて呼ぼう。

まず大型品は六条（突帯）七段構成から八条九段構成まであり、高さが八〇～九〇㌢の大きさだ。これを上回る超大型品は一〇条一一段構成や一二条一三段構成で、高さは一三〇㌢前後に達する。六世紀の古墳樹立品では最大と言って過言ではないだろう。この二種類の埴輪は樹立位置にも違いがあり、大型品はおもに墳丘に、超大型品は内堤の外側に樹立されていた。内堤外側の埴輪は古墳の最も外側を巡る円筒埴輪列で、ここに超大型品を使用したのは、外部から古墳を眺めた際の視覚的な効果を意識したものと考えられる。同様のことは五世紀前葉の大王墓である誉田御廟山古墳（応神陵古墳）の大型の円筒埴輪にみられるという。

大きさ以外の特徴として、口縁部に粘土帯を貼り付けた貼付口縁がみられ、超大型品に多い。また器壁の外面仕上げは一次調整のタテハケが主体だが、二次調整のヨコハケを施すものや方形透孔、一段に四方向の透孔をもつ例などの古い特徴をもつ埴輪が少数ながら存在する。加えて、最上段に一艘の船絵が線刻された円筒埴輪が、後円部に極めて高い割合でみられることは注目に値する。船体の中央から上にのびる二条の帆柱状の縦線と、右端から下方にのびる二条の縦線からなる船絵は、今城塚古墳と新池遺跡から二〇点以上が見つかっており、単純な記号ではなく船絵に対する強いこだわりが垣間見える。被葬者とみられる継体大王の事績は、舟運でつながった琵琶湖・淀川水系と切り離せないものであり、船絵がその象徴であったとすれば理解しやすい。

(2)形象埴輪

形象埴輪は墳丘と内堤北側の張出部に配置されていた。墳丘では後円部や造出から蓋と器台の二種類の器財埴輪のみが少量見つかっている。内堤張出部にも配置される種類だが、墳丘の蓋は笠部に肋木飾りの付いた豪奢な形状であることは特筆される。こうした形態は五世紀中葉以降の類例が乏しく、時間的なヒアタスが存在する。一方で、笠部の線刻や立飾部の文様表現はこの時期に応じた形骸化がみられる。大王墓などの限られた大型古墳で少数ずつ用いられてきたのか、伝統的な形態を求めて復古的に再現されたものかは、資料の増加を待って判断したい。

内堤張出部では家、門、柵などの建物、盾、大刀、靫、鞆、甲冑、蓋、器台、太鼓などの器財、巫女、武人、力士、鷹飼い、靫負、楽坐などの人物、馬、牛、鶏、水鳥、鵜、猿の動物など計約二三〇点もの埴輪が配置されたとみられる。五世紀後葉の大王墓の埴輪の構成や配置は不明だが、同じ頃の群馬県保渡田八幡塚《ほどたはちまんづか》古墳では内堤上に形象埴輪群が配置されている。今城塚古墳ではさらに外側に張出部を設けて形象埴輪を配置し、外部に見せることを強く意図した変化とされる。なお埴輪は固定のための明確な掘り込みがみられず、設置後、張出部上面に化粧土を敷きならして固定したようだ。

形象埴輪群の配置は、柵形埴輪列により張出部を東西四つの空間に分けて、各空間に数個体ずつ列を作って埴輪が配置される。柵列の中央に門があり東西につながった構造で、列状に配置された人物や馬、牛などが西を向くことから正面観は西向きとみられる。このことから東が奥となり、奥の空間から一区から四区の名称を付している。順に各区の様相を見ていこう（図4－5）。

まず一区は入母屋造の高床の家、片流れ造の家、寄棟造の家のほか、器台、蓋、鶏を配置する。捧げ物を表す器台を配置すること、人物が配置されないことに特徴がある。祭殿とみられる開放的な入母屋造の家は各区に置かれ、鶏が側に配置されている。珍しい片流れ造の家は開口部が少なく、出入口も鍵の手状で内部が見えない作りであるなど、他の家とは一線を画した特徴をもっている。出入口の形状や鋸歯状の屋根飾りをもつ点は、水祀りの場を遮蔽する囲形埴輪の出入口や板塀の表現を彷彿とさせる。

二区は入母屋造の高床の家が二棟、寄棟造の家、巫女、甲冑、大刀、鶏が配置されている。巫女が配置され、大刀が三区まで東西一連で並ぶこと、三区との間に扉のない門が配置されていることから、三区と共通性、一体性の高い空間と考えられる。

三区は埴輪の種類や量が最も多く、密集した配置を示す中心的な空間だ。四区との間に観音開きの扉をもつ門が配置されている。家は日本最大の高さ一七一チセンを誇る入母屋造の高床の家のほか、大小の入母屋造の平屋の家、切妻造の長屋風の家など各区で最も点数が多い。人物では巫女、楽坐、二山形の被り物を装着する男子がある。楽坐は敷物の上に足裏を合わせて座る男子で、楽器を演奏する際に安定する座り方とされる。二山形の被り物は縁のステッチの表現から革製とみられ、金銅製の二山式冠とは別物だろう。同種の被り物を装着する奈良県池田9号墳の靫負の男子と似た役割をもつ人物と推測される。動物では水鳥が南側に列状に並ぶほか、楽坐の近くに四脚の動物の脚部が二体

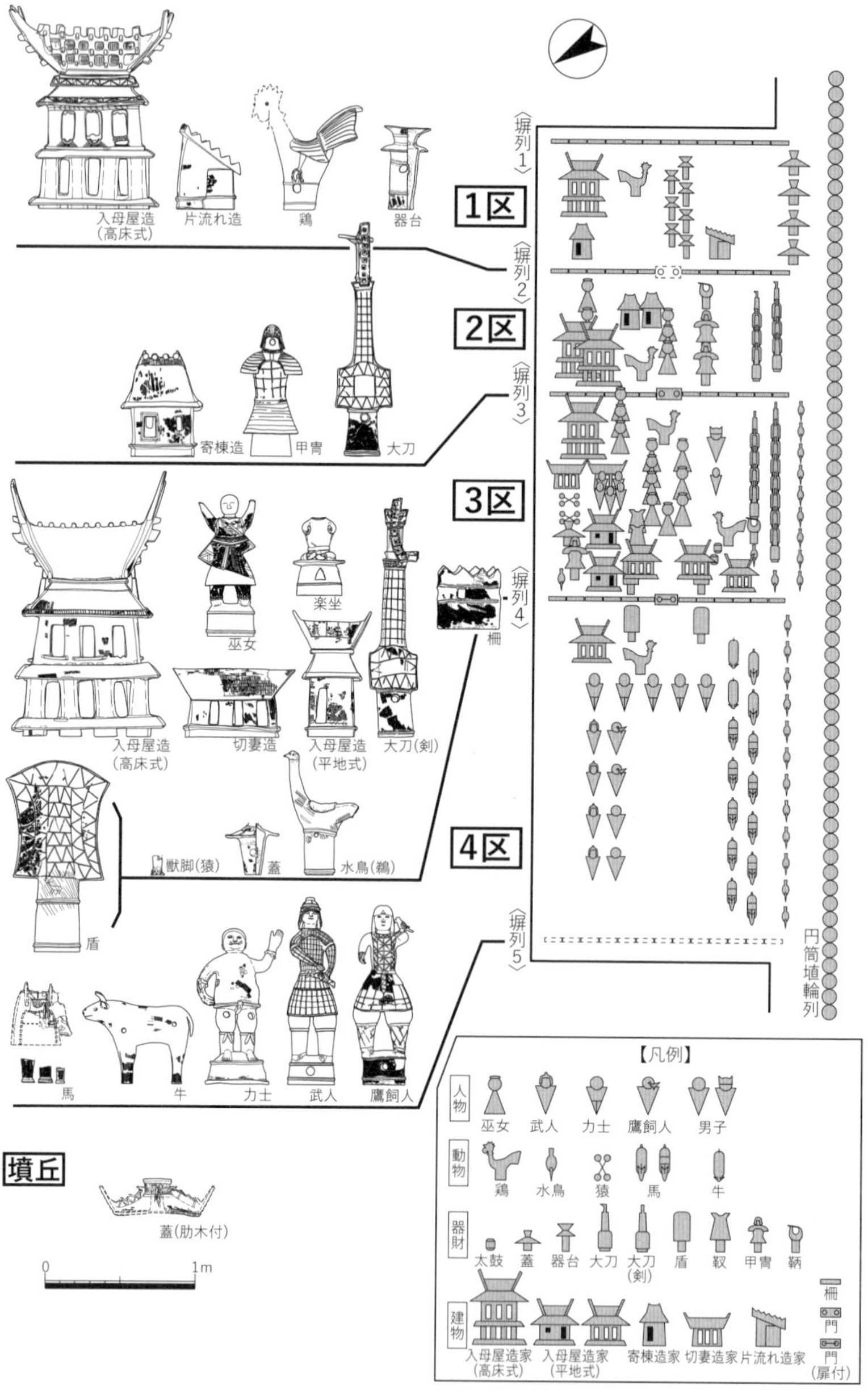

図４－５　今城塚古墳内堤張出部　形象埴輪復元配置図

分残されていた。「獣脚」と呼ばれたこの脚部には特徴的な五本指が造形されていて、のちに奈良県小墓《おばか》古墳の類例から子を背に乗せた猿の埴輪であることが判明した。猿は東京国立博物館所蔵の茨城県大日塚《だいにちづか》古墳例が著名だが、他の埴輪同様、畿内に祖型が存在した。器財では大刀（剣）、靫、鞆、太鼓があり、太鼓は宮崎県百足塚《むかでづか》古墳などの類例が知られ、大刀も近年類例が増加しつつある。鞆は前述した肋木付き蓋のように今城塚古墳までの変遷の把握が難しい埴輪だ。

四区は入母屋造の円柱平屋の家のほか、三区との間の柵列周辺に盾が配置され、人物では力士や武人、鷹飼人、靫を背負う男子があり、動物では南側に馬や牛、水鳥が東西に列状に配置されている。このように武人や力士などの男子や多数の動物が配置されているのが特徴である。武人は眉庇《まびさし》付冑と小札甲を身に纏い、附属具一式を備える。左手で大刀の鞘とみられるものをもち、右手をのばして抜刀する様を表した動きのある造形で、西日本の埴輪武人を代表する資料だ。

（3）形象埴輪の特徴

これらの埴輪は当時の建築や風俗を知る上でも第一級の資料であるが、ここでは考古資料としての形象埴輪の特徴を整理しておこう。

まず一つ目は種類が豊富で、種類ごとの点数が多いことである。種類は二〇種以上あり、点数は多いものから柵三五点、家二五棟、大刀二〇点、馬一五体、水鳥一三体、巫女一二体以上あり、水鳥を除いて一古墳あたりの出土数は最多とみられる。ただし仔細に観察すると、家には屋根形式の違いや高床・平屋の構造差があり、巫女にも所作の違いがあるなど細分化ができる。これは全く同じものを作らずに多様であることを示すとともに、それぞれに埴輪群で期待される役割が異なっていたと推測される。

二つ目は大型の埴輪が多く含まれていることだ。三区に配置された列島最大の家を筆頭に、一五〇㌢前後の大刀、一三〇㌢台の四棟の家、一二〇㌢台の盾が続く。一方で、器台や片流れ造の家、切妻造の家は高さ五〇㌢前後で、柵形は高さ四〇㌢に及ばないなど、埴輪群のなかで四倍もの高低差が存在する。このことは全体を高く大きく作っているのではなく、必要に応じて強調すべき対象が大きくなるように作り分けられていると考えられる。ちなみに日本最大の家を含む高床建物は、入母屋造の切妻形の上屋根部、寄棟形の下屋根から壁体部、高床部の三分割で製作した後、別に焼成している。あまりにも大きく窯詰めが困難であることと、焼成前の高床部への荷重を減らし、乾燥を促すためだろう。

三つ目は、すべての人物埴輪が脚部を造形した全身像であることだ。一般的に人物埴輪には低い台の上に足を乗せて立つ全身像と、背の高い円筒埴輪様のものを脚部代わりにした半身像があり、対象となった人物の職掌や社会的地位によって作り分けられたようだ。力士や武人は屈強な肉体や甲冑を纏った全身の造形が重要とみえ、脚部が造形されることが多い。一方、巫女や馬子は半身像で表現されることが少なくない。それは彼らの社会的地位のほかに、衣装や所作、馬との関係で職掌が十分表現されるからだ。今城塚古墳は各地の古墳の指標となる大王墓であり、労力を惜しまず、敢えて省略をしないという方針のもと製作されたのだろう。

これらの形象埴輪は、器財埴輪などに伝統的な種類や形態の保持がみられる一方、大型品を含む多量の家形埴輪を配置し、後期に普及する武人を中心に多様な人物埴輪を用いるなど、前後の時代をつなぐ新旧の豊富な埴輪がみられる点も特筆される。それは、古墳築造の最盛期でありながら全容が不明な五世紀の大王墓の形象埴輪群の姿を考える上で重要な鍵となるとともに、六世紀に埴輪文化が独自の深化をとげる関東との関係性にも注目される。

なお、この形象埴輪群の役割については既に様々な説が提示されている。例えば首長権継承儀礼説、殯《もがり》や殯宮《ひんきゅう》儀礼を表したとする説、王宮の儀礼を表したとする説、死後の世界を表現したとする説、被葬者の生前の活躍を表す説などがある。いずれも興味深い説であるが、その解明には大王墓級の古墳の埴輪群との比較検討が必要だと考えており、今後の事例の蓄積に期待したい。

四　継体大王の勢力基盤 ——琵琶湖・淀川水系に分布する考古資料——

(1)文献史料にみえる勢力基盤

文献史料によれば、継体大王の出自系譜は、父方は曽祖父・意富富杼王《おおほどのおう》の後裔で近江北部を基盤とする息長《おきなが》氏、母方は垂仁天皇の皇子を祖とし、近江西部を基盤とする三尾《みお》氏の系譜に求められるとする（水谷二〇〇一）。また外戚に牟義都公《むげつのきみ》（美濃）、江沼臣《えぬまのおみ》（越前）があり、近江国を基盤に隣国とのつながりもうかがえる。加えて『記』『紀』には継体に七人～九人もの后妃が名を連ねていて、そのうち三尾氏から二人、息長氏、坂田氏などが近江の出身である。また手白髪皇女《たしらかのひめみこ》を后に迎える前に、正妻的な地位にあったとされるのが尾張連氏の目子媛《めのこひめ》である。畿内出身者は手白髪皇女のほか、和珥《わに》氏、茨田連《まんだのむらじ》氏らの名が見える。このうち茨田連氏は淀川南岸を基盤とする。このように継体の血縁や姻戚関係からは琵琶湖・淀川水系を中心に尾張、越前、美濃地域とのつながりが深く、こうした地域の首長層との紐帯を勢力基盤としていたことがうかがえる。

(2)考古学からみた勢力基盤

考古学においても、近年の調査研究の蓄積により、文献史の研究と対比できるような、六世紀前葉から中葉の琵琶湖・淀川水系の、優れた副葬品をもつ有力首長墓の存在が確認されている。

その代表的な古墳が、継体の出生地とされる琵琶湖西岸、滋賀県高島市にある鴨稲荷山《かもいなりやま》古墳だ。六世紀前葉の墳丘長四五㍍の前方後円墳で、刳抜式家形石棺には金銅装の煌びやかな副葬品の数々が納められていた。石棺は二上山白石製としては最も北に運ばれたもので、今城塚古墳と同じ印籠蓋を備える。副葬品には、金銅製の二山式冠、舶載品の垂飾付耳飾や双龍環頭大刀、金製飾履《しょくり》、魚佩《ぎょはい》、内行花文鏡、十字文楕円形鏡板付轡や三葉文楕円形杏葉などの装飾に富んだ馬具など、同時期の畿内と比較しても卓越した内容をもつ。二山式冠は頭の周囲に広い冠帯が巡り、その上縁が二つの山形を呈するもので、六世紀前葉から中葉にかけて畿内を中心に分布し、とりわけ畿内北部やその周辺に多い。また馬具の三葉文楕円形杏葉は六世紀前葉に出現し、滋賀県山津照《やまつてる》神社古墳や京都府物集女車塚《もずめくるまづか》古墳、兵庫県園田大塚山《そのだおおつかやま》古墳など六世紀中葉にかけて琵琶湖・淀川水系に多く分布することが知られる。

琵琶湖の南岸では野洲市大岩山古墳群の首長墓のうち、六世紀前葉の円山古墳や中葉の甲山《かぶとやま》古墳は、畿内型横穴式石室に馬門石製の巨大な刳抜式家形石棺をもつことで知られる。両古墳は鴨稲荷山古墳と同じく棺蓋の短辺側にも突起のある六突起で、同時期の大和川水系では短辺側に突起のない四突起を原則とするのと対照的だ。従来は四突起から六突起へ変遷するなかでの時期差を示すとみられていたが、琵琶湖・淀川水系と大和川水系で変遷のあり方が異なることがわかってきた（今西二〇一二）。

琵琶湖から宇治川（瀬田川）を下ると、かつては巨椋池が存在した。この東岸に五ケ庄二子塚《ごかしょうふたごづか》古墳がある。二子塚古墳は今城塚古墳よりわずかに先行して築造された墳丘長一一二㍍の前方後円墳で、今城塚古墳と同様に推定一六㍍

×八㍍の横穴式石室の基礎が確認された。また埴輪には尾張系（型）埴輪と呼ばれる、愛知県で盛行する轆轤《ろくろ》成形などの須恵器製作技術で製作された埴輪が半数程度を占める。尾張系埴輪は六世紀前葉から中葉にかけて、琵琶湖の東岸から南岸、木津川、桂川、猪名川などの琵琶湖・淀川水系の古墳に点々と採用されており、製作技術の濃淡があるものの埴輪工人の派遣など尾張地域との関係がうかがえる資料だ。

また巨椋池の西方に注ぐ桂川の西岸には物集女車塚古墳が所在する。六世紀中葉に築造された墳丘長約四六㍍の前方後円墳で、畿内型の横穴式石室を採用し、玄室奥壁に沿って二上山白石製の印籠蓋をもつ組合式家形石棺を納める。金銅製の二山式冠、捩り環頭大刀、胡籙、馬具はｆ字形鏡板付轡や剣菱形杏葉のほか三葉文楕円形鏡板など豊富な副葬品をもつこの時期を代表する古墳だ。組合式石棺の印籠蓋は前述した円山古墳の追葬棺にもみられ、刳抜式や組合式の差によらず琵琶湖・淀川水系では印籠蓋の採用率が高い。また捩り環頭は、柄頭の先端に半環状の環頭部をもつ倭系の装飾付き大刀で、六世紀前葉から中葉にかけて琵琶湖・淀川水系や北陸、東海に多く分布し、後葉になると大和を中心に分布が変遷することが指摘されている（高松二〇〇七ほか）。

このように今城塚古墳と同じ琵琶湖・淀川水系の六世紀前葉から中葉の有力首長墓に偏在する考古資料として、二山式冠、捩り環頭大刀、馬具の三葉文楕円形杏葉、尾張系埴輪、家形石棺の突起配置や印籠蓋などの構造が挙げられる（図４－６）。とくに前三者は威信財としての性格を有することから、配布元と考えられる継体大王が古墳被葬者に贈与、配布した強い結びつきを表したものと考えられる（高松二〇〇七）。今城塚古墳は副葬品の残存が悪く、こうした副葬品の研究成果との照合が困難なことは残念だが、少なくとも同時期の琵琶湖・淀川水系にこのような考古資料に表れた一定の政治的なまとまりがあったことは疑いなく、それが継体大王を支えた勢力基盤となっていたと考えられる。

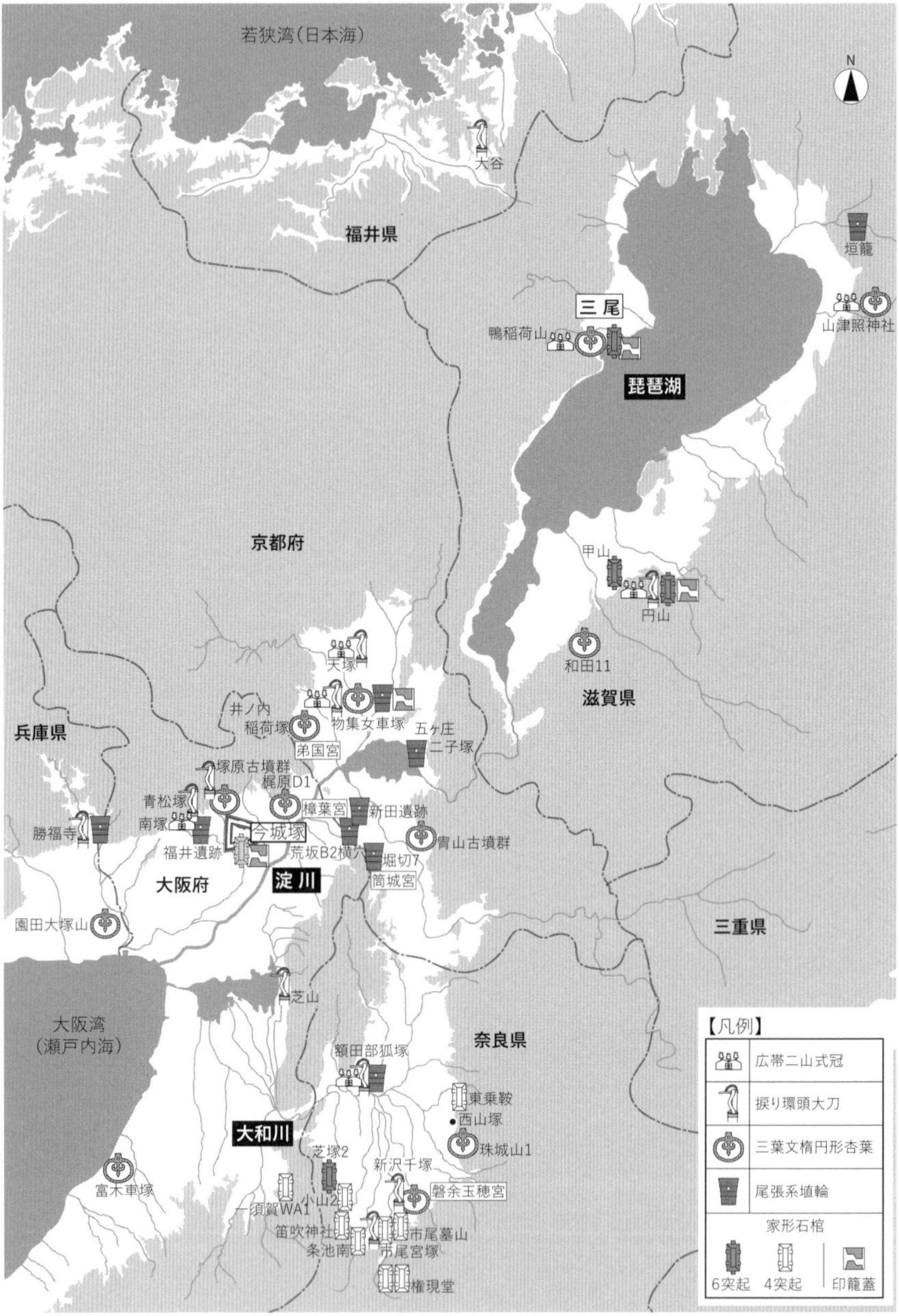

図4－6　六世紀前葉～中葉の琵琶湖・淀川水系を中心に分布する考古資料

五　継体大王と列島各地の大首長墓

最後に、継体大王が活躍した時代の列島を代表する各地の大首長墓との関係を見ておこう。

若狭徹は、従来の墳頂部や造出に配置された家形埴輪を、内堤の人物埴輪群像に組み合わせたものが、今城塚古墳で新たに整備された埴輪様式であったと説く。この様式は地方の古墳にも影響を与え、円柱高床の家や多条突帯の円筒埴輪、抜刀姿勢の武人などに強い関連が想定できるとした（若狭二〇一七）。ここではとくに大型円筒埴輪と形象埴輪の特徴や配置に着目してみよう。

（1）大型円筒埴輪

六世紀は埴輪文化が終焉を迎える時期で、畿内ではその前半にピークがみられる。ここでは、多条突帯の大型円筒埴輪としておもに五条六段以上の円筒埴輪をとりあげるが、これに比肩する大きさのものも補足的に紹介する。

まず前代の様相を見ておこう。五世紀後葉の大王墓である大阪府岡ミサンザイ古墳（墳丘長二四二㍍）の円筒埴輪は六条七段、高さ七〇㌢以上とされ、明確な大きさは不明だ。同じ頃の関東では、古墳群の造墓契機となった埼玉県埼玉稲荷山古墳は六条七段で高さ約九〇㌢、群馬県井出二子山古墳は五条六段で高さ一〇〇㌢などであり、地域内で古墳の規模と埴輪の高さで古墳の序列を明示していたとされる（山田二〇〇九）。その後、畿内では古市古墳群や百舌鳥古墳群で大型古墳の築造が停止し、大型の円筒埴輪はしばらくみられない。

六世紀の畿内では、大和における円筒埴輪の段数と墳丘規模・形状を比較した研究によれば、大王墓などを除いて

表4　六世紀前葉～中葉の各地の主要古墳の墳丘規模と円筒埴輪

所在地	古墳名	墳丘長（㍍）	円筒埴輪の段数	円筒埴輪の器高（㌢）	形象埴輪の主な配置
摂津	今城塚古墳	190	12条13段	130	内堤張出部
大和	市尾墓山古墳	70	6条7段	67	－
	小墓古墳	85	6条7段	70	墳丘か
紀伊	大日山35号墳	86	4条5段	67	造出
尾張	断夫山古墳	151	8条9段	116	－
	味美二子山古墳	94	3条4段	70	堤
武蔵	二子山古墳	132	5条6段	80	内堤張出部
	瓦塚古墳	73	4条5段	70	内堤渡り土手周辺
上野	七輿山古墳	145	7条8段	110	内堤、内堤張出部
下野	富士山古墳	85	7条8段	105	墳丘
常陸	舟塚古墳	72	6条7段	85	墳丘
筑前	東光寺剣塚古墳	75	6条7段～	70～	堤張出部
筑後	岩戸山古墳	135	5条6段～	70～	堤張出部（別区）
	乗場古墳	70	6条7段	79	－
豊前	荒神森古墳	67	4条5段	90	堤
肥後	中ノ城古墳	102	5条6段	97	墳丘か
日向	百足塚古墳	82	4条5段	60	堤

六条七段～五条六段、高さ七〇㌢前後の円筒埴輪を頂点に、段数構成によって序列化されていたようだ（廣瀬二〇二一ほか）。奈良県市尾墓山古墳や小墓古墳の六条七段、高さ六七～七〇㌢が最も大きい部類である（表4）。周辺地域では和歌山県岩橋千塚古墳群の豊かな形象埴輪群を有する大日山三五号墳や井辺八幡山古墳で四条五段、高さ六七㌢程度である。

畿内から離れると、東海では愛知県断夫山古墳が八条九段、高さ一一六㌢で、尾張型埴輪としても別格の大きさだ。それに次ぐ味美二子山古墳では三条四段、高さ約七〇㌢に留まる。関東では群馬県七輿山《ななこしやま》古墳が七条八段、高さ一一〇㌢と大きく、また貼付口縁や方形透孔をもつ特徴から今城塚古墳との関連がうかがえる。埼玉古墳群では、群中最大の二子山古墳は五条六段で、高さ九〇㌢に達し、時期の近い瓦塚《かわらづか》古墳は四条五段で高さ七〇㌢と序列が明瞭だ。茨城県舟塚《ふなづか》古墳は六条七段で高さ八五㌢、栃木県富士《ふじ》山《やま》古墳は七条八段で、高さ一〇五㌢である。九州では福岡県岩戸山《いわとやま》古墳に全高のわかる資料はないが、五条六段以

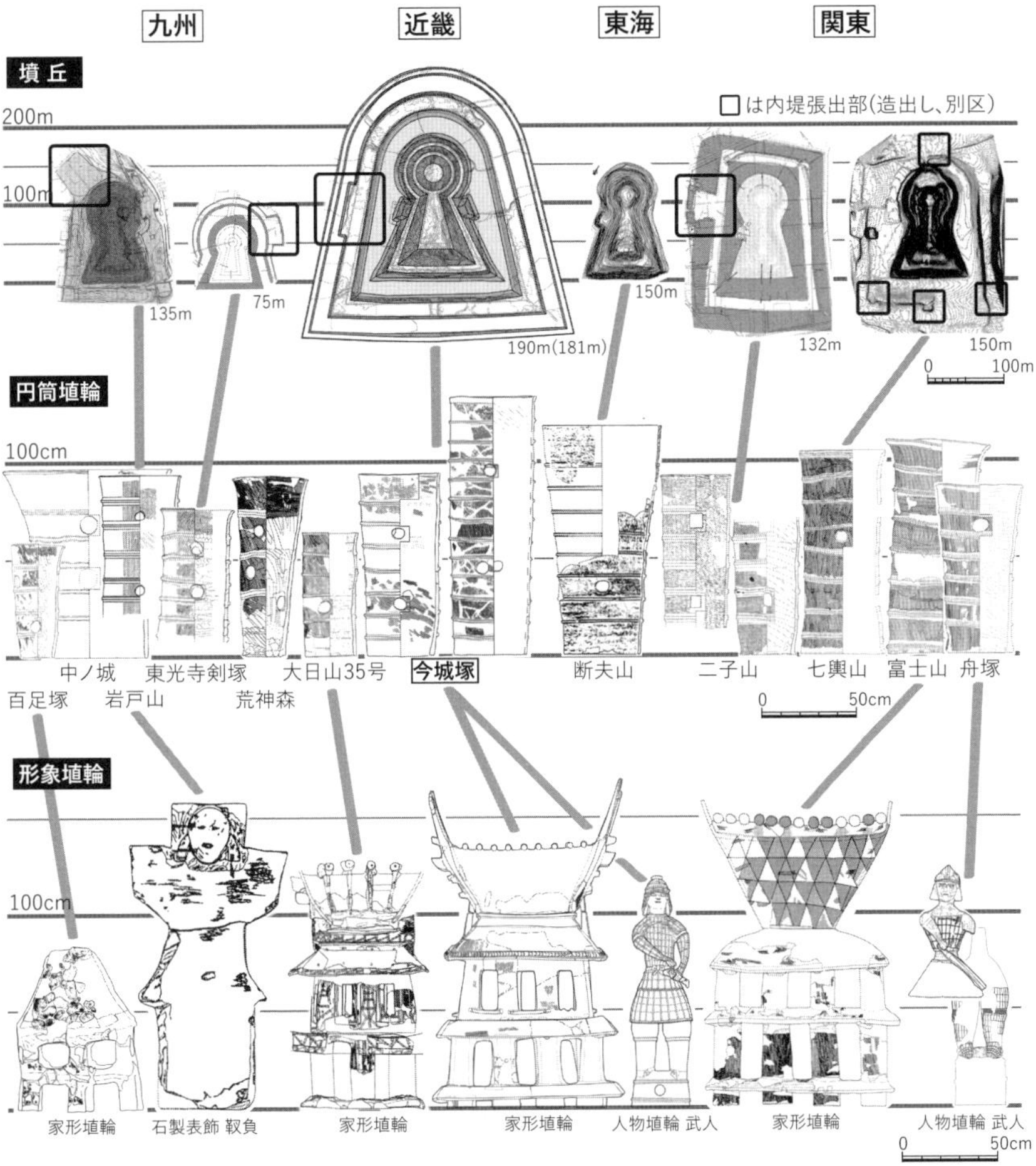

図４－７　六世紀前葉〜中葉の列島各地の主要古墳の比較

上、高さは七〇チセン以上あり、今城塚古墳の超大型品に匹敵する底部径四〇チセン程度の埴輪もある。全高は一トメル前後であった可能性がある。ほかに荒神森《こうじんのもり》古墳は四条五段で高さ約九〇チセン、熊本県中ノ城《なかのじょう》古墳は五条六段で高さ九七チセンだが、口縁部径が九〇チセンもあり、六世紀では最も径の大きい円筒埴輪だろう。

以上のように各地の古墳を概観すると、旧国単位を代表するような大首長墓に、今城塚古墳の大型品に相当するような多条突帯の大型円筒埴輪が用いられていることがわかる。その中でも断夫山古墳や七輿山古墳は別格の段数構成や高さをもつ埴輪を用いており、それは同時期の墳丘規模で今城塚古墳に次ぐ列島第二位の一五〇トメル前後である点とも整合する。その他の古墳においても当該期に器高の大型化という明確な傾向が認められる一方、段数構成は畿内の有力首長墓と同じ六条七段以下に収まっており、地域は異なっていても大王墓を頂点とする畿内の序列の影響下にあったと考えられる。

(2)形象埴輪の特徴と配置

次に形象埴輪については、この時期に今城塚古墳と類似する円柱高床の家は、列島第二位の高さを誇る富士山古墳の入母屋造の大壁の家や円柱高床の家がある。また屋根形式は異なるが、瓦塚古墳や舟塚古墳では寄棟造の円柱高床の家があり、種類豊富な形象埴輪が出土した百足塚《むかでづか》古墳にも寄棟造の円柱高床の家がみられる。畿内や周辺地域では、大日山35号墳に今城塚古墳と同じ三分割焼成の入母屋造の円柱高床の家があり、小墓古墳にはやや簡略化した二分割焼成の入母屋造の円柱高床の家がみられるなど、製作技法レベルでの共通性がみられるが、他地域ではそうした様子はうかがえない。また抜刀姿勢の武人は、舟塚古墳の例が関東でも古い事例で、製作技法に地域性が色濃いが、同じ姿を表したものである。

こうした事象と関連して、今城塚古墳の内堤張出部と類似した形象埴輪群の設置場所をもつ古墳が散見される点は注目される。その代表例が筑紫君磐井《つくしのきみいわい》の墓とされる岩戸山古墳である。この古墳は大型の円筒埴輪や人物、動物などの形象埴輪を採用しつつ、九州独自の石製表飾（石の埴輪）を一〇〇点以上も古墳に樹立する。周堤に一辺約四三㍍の「別区」と呼ばれる方形の張出部を備え、石製表飾や形象埴輪を配置する。その様子は『筑後国《ちくごのくに》風土記《ふどき》』逸文にも記されているところだ。発掘調査で墳丘には盾や靫などの器財を中心とする石製表飾が用いられたことが判明しており、樹立位置が明らかでない二㍍を超える大型の武人や馬なども別区や堤上に設置されたとみられる。墳丘規模では今城塚古墳に劣るものの、張出部の規模や石製表飾を含めた形象埴輪群は大王墓を凌ぐほどであったと推測される。このような堤に付設された張出部は、七輿山古墳、埼玉二子山古墳、東光寺剣塚《とうこうじけんづか》古墳にみられ、やはり形象埴輪が出土している。

ただしこの内堤張出部は埼玉古墳群においては五世紀末の稲荷山古墳で既に同様の施設がみられ、二子山古墳以降も鉄砲山古墳などにも踏襲されている。このことは張出部の祖型を考えるうえで興味深いが、こうした施設が各地で確認できるのが継体大王の時代であることは重要だろう。また張出部の形状も、今城塚古墳だけが方形ではなく明確な長方形を呈することも特徴で、多数の形象埴輪を柵で区画し整然と配置する形象埴輪群に相応しい施設として独自に整えられたと考えておきたい。いずれにしても、同時期の列島最大級の古墳において形象埴輪を配置するための張出部が認められることは偶然ではなく、大型円筒埴輪の盛行やその序列化、形象埴輪の類似などは、継体大王を中心とする大首長間で密接な交流や協力関係があったことを示すものと考えられる。

おわりに

概略的な紹介、検討に終始した感があるが、今城塚古墳の発掘調査によって六世紀前葉の大王墓の実態が具体的に明らかになり、二子山古墳をはじめ各地で資料の蓄積が進む同時期の古墳と直接比較検討をすることができるようになりつつある。それによって文献には明確に表れない地域間の関係も考古資料から解明されることが期待できる。今後もそうした研究が進展するよう精度の高い情報を提供できるよう努めていきたい。

〈参考文献〉

今西康宏　二〇一一「今城塚古墳にみる石材の流通とその背景」『第六〇回埋蔵文化財研究集会』
今西康宏　二〇一八「畿内の猿形埴輪」『埴輪論叢』第八号　埴輪検討会
今西康宏　二〇二〇「古墳時代石棺の印籠蓋についての一考察—畿内の刳抜式石棺を中心に—」『龍谷大学考古学論集Ⅲ』
内田真雄　二〇二二「今城塚古墳と埴輪群像」『淀川流域の古墳時代』（季刊考古学別冊39）雄山閣
埼玉県教育委員会　二〇一八『史跡埼玉古墳群総括報告書』埼玉県教育委員会
城倉正祥編　二〇二〇『群馬県藤岡市七輿山古墳の測量・GPR調査』早稲田大学東アジア都城・シルクロード考古学研究所
高槻市教育委員会編　二〇〇八『継体天皇の時代』吉川弘文館
高松雅文　二〇〇七「古墳時代後期の政治変動に関する考古学的研究」『研究集会　近畿の横穴式石室』
東影　悠　二〇二三「畿内における須恵器系埴輪の展開」『季刊考古学』163、雄山閣
廣瀬　覚　二〇二一『六世紀の埴輪生産からみた「部民制」の実証的研究』奈良文化財研究所

水谷千秋　二〇〇一『謎の大王 継体天皇』文芸春秋
森田克行　二〇〇三「今城塚古墳と埴輪祭祀」『東アジアの古代文化』117　大和書房
森田克行　二〇〇六『今城塚と三島古墳群』(日本の遺跡7)　同成社
森田克行　二〇一一『よみがえる大王墓・今城塚古墳』新泉社
柳沢一男　二〇一四『筑紫君磐井と「磐井の乱」岩戸山古墳』新泉社
山田俊輔　二〇〇九「井出二子山古墳の埴輪」『井出二子山古墳史跡整備事業報告書』高崎市教育委員会
若狭　徹　二〇一七『前方後円墳と東国社会』吉川弘文館

第五章　断夫山古墳と東海古墳時代社会

早野浩二

はじめに――大型古墳の消長と断夫山古墳の登場――

(1)大型古墳の消長とその特質

伊勢湾、三河湾には列島の太平洋岸でも有数の流域規模を誇る木曽三川、矢作川や豊川が注ぐ。各河口には尾張平野、西三河平野、東三河平野が発達し、背後には広大で険しい中部高地が控える。伊勢湾に面し、木曽川水系、庄内川水系に属する尾張平野は前期前半（四世紀前半）まで西上免《にしじょうめん》古墳のような前方後方墳の築造が盛んで、大王墓に準じた竪穴式石室に五面の中国鏡（四面の舶載三角縁神獣鏡）と独特な倭鏡群、優秀で豊富な石製品群（鍬形石、車輪石、石釧、合子形石製品）などを副葬した東之宮《ひがしのみや》古墳（全長七二㍍）の築造に帰結する。前期後半から中期前半（四世紀後半）には一〇〇㍍級の大型前方後円墳として、昼飯大塚《ひるいおおつか》古墳（全長一五〇㍍）が揖斐川水系、坊《ぼう》の塚《つか》古墳（全長一二〇㍍）と青塚《あおつか》古墳（全長一二三㍍）が木曽川水系、白鳥塚《しらとりづか》古墳（全長一一五㍍）が庄内川水系、甲山古墳？（全長一二〇㍍？）が矢作川水系、正法寺《しょうぼうじ》古墳（全長九四㍍）が三河湾沿岸に並び立つ。これらの大型古墳（の画期性）は、大和の大和《おおやまと》・柳本《やなぎもと》古墳群、佐紀《さき》古墳群などとの関係を構築しながら、東海各地域の統合が進展したことを示す。同時

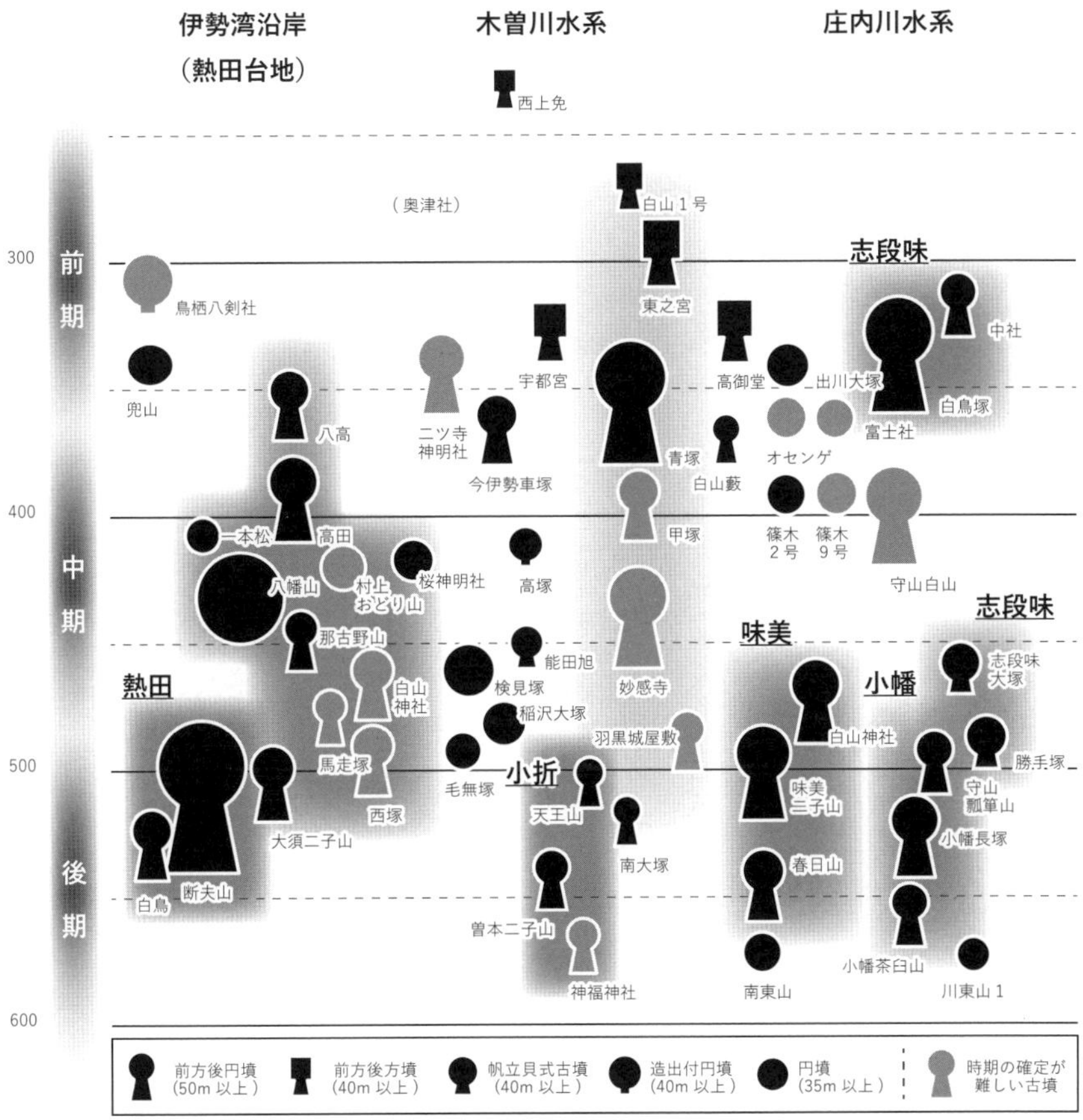

図５－１　尾張の大型古墳の消長

期、知多半島基部には円墳の兜山《かぶとやま》古墳（直径四九㍍）が出現する。古墳は眼下に展開する備讃《びさん》瀬戸起源の土器製塩との関係をも想起させる。上記の消長には、沿岸地域を起点に大規模河川を介して内陸地方との関係を構築する独特な政治支配原理（樋口二〇〇五）を見て取ることが可能である。

続く古墳時代中期前半から中期後半（五世紀）の尾張平野には古市《ふるいち》古墳群との関係を背景として、中期前半に高塚《たかつか》古墳（直径四〇㍍）などの円墳、中期後半には帆立貝式古墳が多く築造された。前者には古市古墳群周辺で展開していた鉄器製作技術の導入が付随していた形跡がある。後者の能田《のうだ》

図5－2　熱田台地と断夫山古墳・白鳥古墳・熱田神宮

旭《あさひ》古墳（全長四三㍍）、志段味大塚《しだみおおつか》古墳（全長五一㍍）の馬形埴輪、馬具などは、内陸交通の重要性が高まりつつあったことを示しているようでもある。やがて、古市・百舌鳥古墳群の退潮に反するかのように、尾張では前方後円墳の造営がにわかに活況を呈するようになる。それを象徴するかのように登場するのが断夫山《だんぶさん》古墳である（図5－1）。

（2）断夫山古墳の概要

史跡断夫山古墳は愛知県名古屋市熱田区に所在する全長一五〇㍍の前方後円墳である。古墳は伊勢湾に岬のように長く突出する熱田台地の南端西縁辺（標高五㍍から六㍍）に前方部を南に向けて立地する。台地の西に広がる沖積面はいわゆる海抜ゼロメートル地帯で、「尾州のだんぶ山と美濃の関とは、舟渡にて有りし（奥村本正事記）」と古記録に述べられ、江戸時代には宮の渡しが近くにあったように、古墳時代には海が入り込んでいた。

南約四〇〇㍍には全長七〇㍍の前方後円墳の白鳥《しろとり》古墳が断夫山古墳と同じく前方部を南に向けて立地する。北東には相前後して高蔵《たかくら》古墳群が造営される。その他、地誌や絵図、地籍図に残る「北山」、「児《この》（兒）御前《ごぜん》」などの古墳の分布も推定、復元されている（犬塚一九九七）。尾張氏の氏神を奉斎する熱田神宮は古墳の南東約六〇〇㍍に鎮座する（図5－2）。

墳丘は前方部東南端が欠失するものの、近代以降は熱田神宮が宮簀媛《みやずひめ》の御墓として管理し、立入りが制限されたこともあって、旧状がよく保たれている。戦後、古墳の周辺は愛知県都市公園として整備され、古墳は昭和六二年に古墳時代の尾張の政治勢力を表徴するものとして史跡指定された。

断夫山古墳は大型前方後円墳の造営が低調になる古墳時代後期にあって、七輿山《ななこしやま》古墳と並んで東日本最大の威容を誇る。被葬者は継体の妃で、安閑と宣化の母でもある目子媛《めのこひめ》を出身させた尾張連草香《おわりのむらじくさか》が有力とされる（図5－3）。

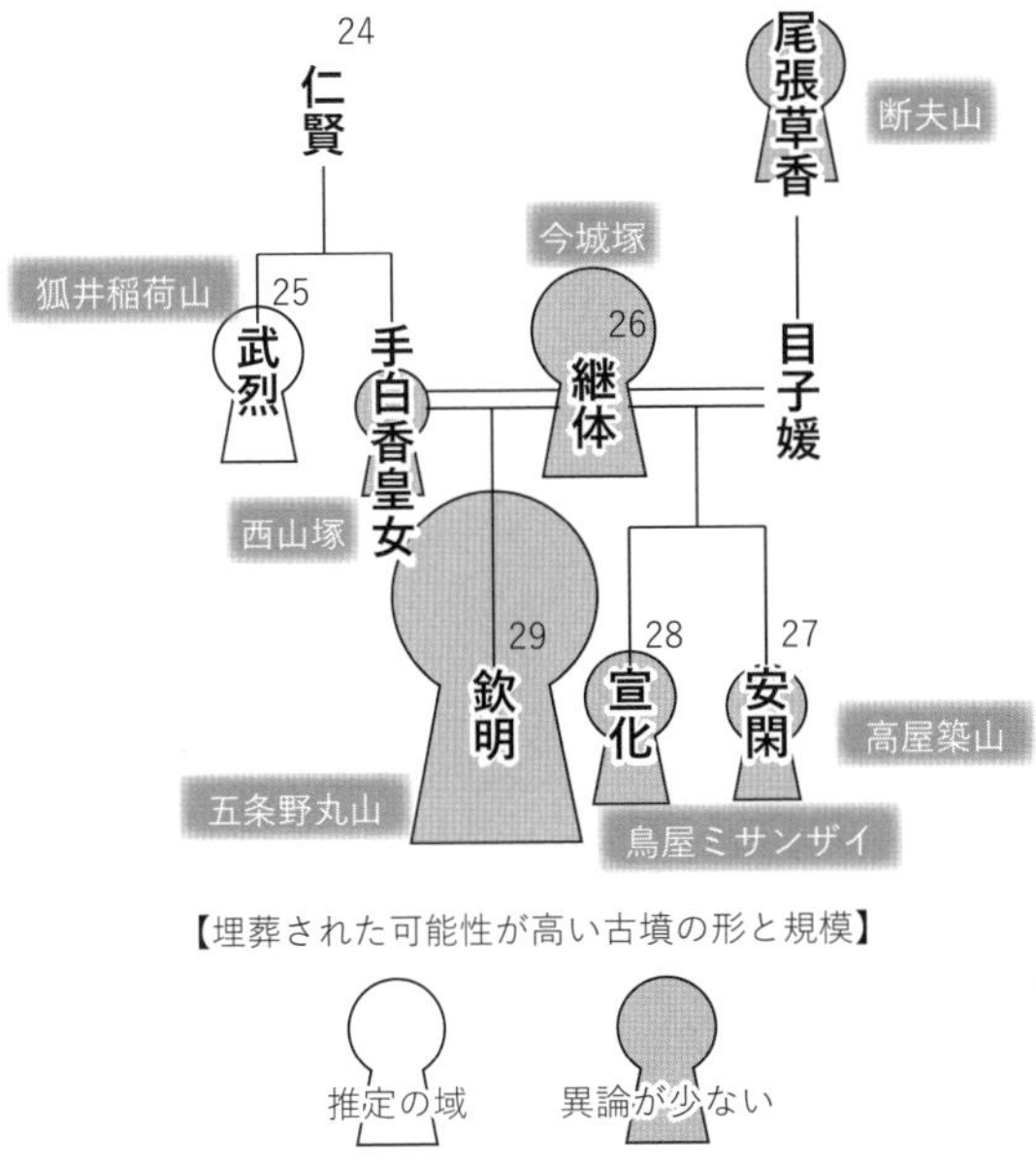

図5－3　継体前後の関係系図

埋葬施設や副葬品は知られていないが、これまでに埴輪と須恵器が採集されている。円筒埴輪は回転ヨコハケやタタキなど、須恵器の製作技法を応用して製作された尾張型円筒埴輪（赤塚一九九一）でほぼ占められ、八突帯九段（復元による高さ一一四㌢）を最大として、五突帯六段（高さ六六㌢）以上、四突帯五段（高さ四八㌢）以上の大型円筒埴輪が含まれる。これら大型円筒埴輪の製作には製作時の乾燥時間を短縮するための倒立技法が用いられる。形象埴輪には壷・蓋などが認められるが、ごく少ない。須恵器は造り出し周辺で採集された器台、壷などの器種（が想定される破片）がある。昭和初期、大場磐雄《いわお》は造り出しで多数の須恵器「坏《つき》」、「子持高坏《こもちたかつき》」の破片を採取したとされるが、その所在は不明である。採集された埴輪や須恵器が示す時期はおよそ古墳時代中期後半から後期前半（五世紀後半から六世紀前半）である。

（3）断夫山古墳の発掘調査

断夫山古墳は昭和四四（一九六九）年に名古屋大学考古学研究室、平成元（一九八九）年に愛知考古学談話会による測量調査が実施されたが、最近まで正式な発掘調査が実施されたことはなかった。愛知県と名古屋市は史跡の適切な保存と公開、活用を図るために、共同で史跡断夫山古墳調査事業を進める協定を締結し、令和元年度から同四年度にかけて、同事業に伴う発掘調査が実施された（公益財団法人愛知県教育・スポーツ振興財団愛知県埋蔵文化財センター二〇二四）。

発掘調査の結果、古墳の裾や周囲は後世の宅地、耕作地、公園整備などによる改変が著しいことが判明した。築造後、古墳の周濠は自然埋没するが、中世には周濠各所がしばしば浚渫《しゅんせつ》され、近世以降は大規模に整地されたようである。

周濠（周濠状の落ち込み）は後円部の北側、前方部の東側と西側で確認した。前方部東側では周濠の外側斜面を検出したが、明治時代の地籍図や戦後の空中写真から想定復元されていた周堤と二重周濠の存在（深谷二〇〇九）を確定することは難しい。前方部東側の周濠外側斜面直下から出土した一定量の円礫と埴輪は、周堤上への埴輪の樹立、周濠外側斜面の護岸を示唆するが、墳丘側に葺石の形跡はほとんど認められなかったことから、葺石そのものは限定的であった可能性がある。墳丘規模の計測値（概算）は、全長一五〇㍍、後円部の直径八〇㍍、前方部の長さ七〇㍍、前方部の幅一二〇㍍で、従来の計測値（概算）を踏襲するものであった（図5－4）。

出土した円筒・朝顔形埴輪は、採集された埴輪と同様、尾張型円筒埴輪でほぼ占められ、直径三〇㌢から四〇㌢の

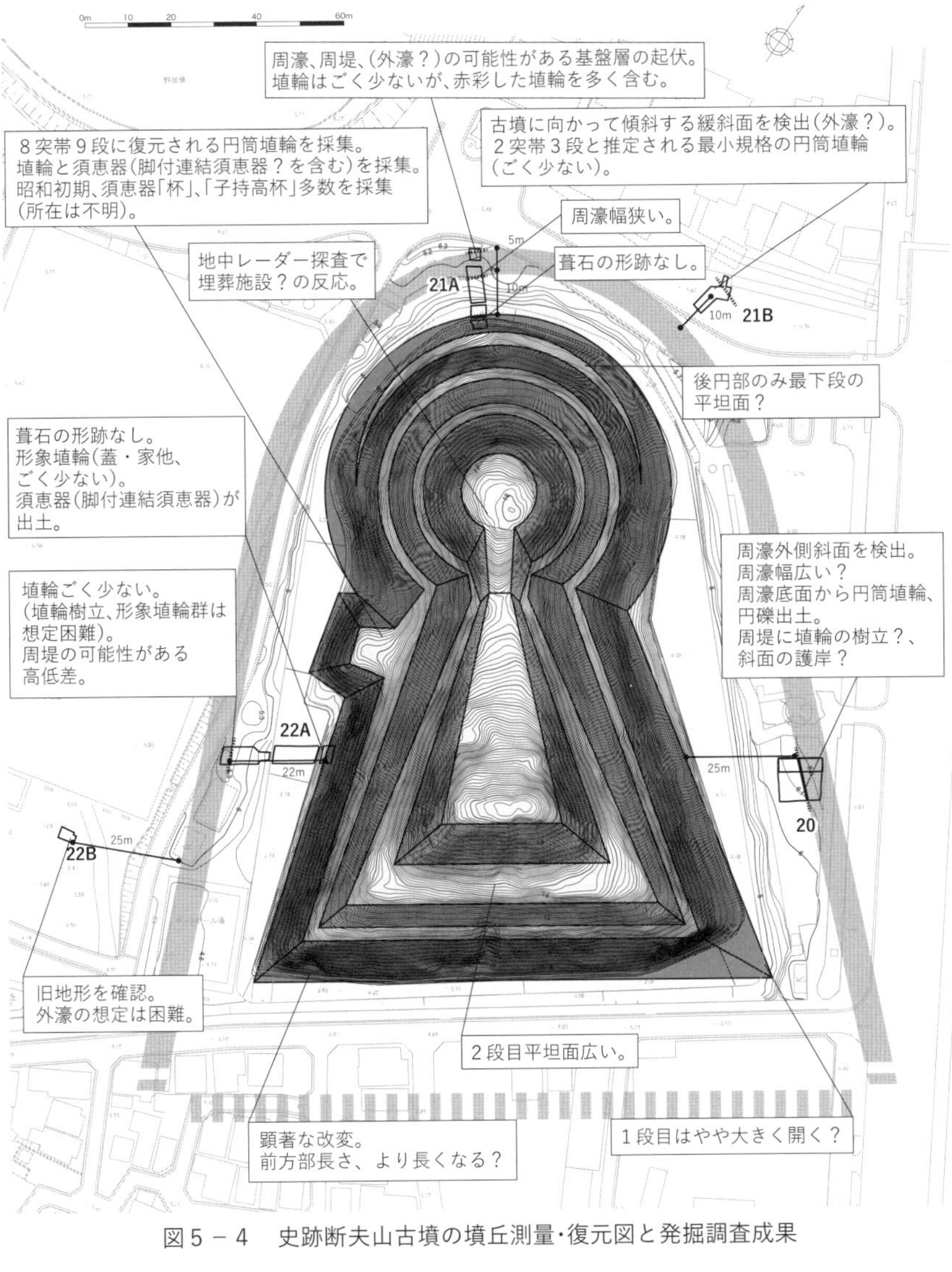

図５－４　史跡断夫山古墳の墳丘測量・復元図と発掘調査成果

大型品が多い。厳密な区分は難しいが、およそ二割から四割が淡橙色から淡黄橙色の土師器質、六割から八割が灰白色から灰色の須恵器質に焼成され、自然釉《しぜんゆう》が付着した埴輪も認められる。形象埴輪は造り出し側などで蓋、家が出土したが、やはり種類、量ともごく少なく、付近に今城塚《いましろづか》古墳のような「別区」、「埴輪群像」（森田二〇一一）を想定することは難しいような状況である。

造り出し側では脚付連結須恵器と思われる装飾須恵器（柴垣二〇一五）が出土した。脚付連結須恵器は脚部から筒抜けに製作した受部に多数の蓋杯、𤭯《はそう》、壺を載せた東海を中心に分布する独特な装飾須恵器で、（一部の例外を除いて）古墳のみから出土する葬送専用の容器である。

出土した脚付連結須恵器は脚付連結壺の可能性が高く、付近で出土した壺類も法量、文様などから脚付連結壺の壺部分としても違和感がない（有蓋脚付壺などの器種の可能性もある）。過去に採集された須恵器についても、器台とされた破片、複数個体の壺類の破片も脚付連結須恵器の一部である可能性もある。過去に大場磐雄が採集した多数の「坏」、「子持高坏」などが脚付連結須恵器とすれば、造り出し付近では脚付連結須恵器を多数使用した葬送儀礼が実施されたことも想定される。出土した須恵器が示す時期は畿内の陶邑《すえむら》窯編年でＭＴ15型式期からＴＫ10型式期、東海の猿投《さなげ》窯編年で東山10号窯式期から東山61号窯式期（城ヶ谷二〇一五）、後期前半（六世紀前半）と推測される。

一　尾張における地域秩序の形成と背景

(1)大型古墳の分布、墳丘と各施設

〝あゆち潟〟を臨む熱田台地には、断夫山古墳の北約四キロに大須二子山《おおすふたごやま》古墳（滅失、推定復元全長一〇〇メートル）、南に白

図５－５　大型古墳と各種生産拠点の分布

鳥古墳が分布する（熱田古墳群）。対して、尾張平野を囲むように、古墳時代中期後半から後期前半にかけて、それぞれに大型前方後円墳を含む小折《こおり》古墳群、味美《あじよし》・勝川《かちがわ》古墳群、小幡《おばた》古墳群が形成される（図5―1・5―5）。

前方後円墳の規模は四〇㍍から五〇㍍級（小幡／池下古墳など）、六〇㍍から七〇㍍級（熱田／白鳥古墳）、八〇㍍級（味美／白山神社《はくさんじんじゃ》古墳、小幡／小幡長塚《おばたながつか》古墳）、一〇〇㍍級（熱田／大須二子山古墳、味美／二子山古墳）に分かれる。一五〇㍍級の断夫山古墳を含めた尾張型円筒埴輪の規格も墳丘の規模に応じて、最大八突帯九段（断夫山古墳）、三突帯四段（大須二子山古墳、味美二子山古墳、小幡長塚古墳、守山瓢箪山《もりやまひょうたんやま》古墳など）と二突帯三段（池下《いけした》古墳など）の大・小に階層化する（図5―6）。

形象埴輪は一〇〇㍍級の味美二子山古墳、八〇㍍級の小幡長塚古墳が人物、動物などを含めた多彩な構成で、須恵器色が濃い。小幡長塚古墳には今城塚古墳などにも共通する屋根部分と母屋部分を分割して成形、焼成した高さ一〇七㌢の家形埴輪がある（図5―7）。家形埴輪は上屋根の大棟に表現された多数の鰭状装飾が特徴的で、同様の装飾は味美二子山古墳や味美古墳群に埴輪を供給した下原《しもはら》窯の家形埴輪に認められる。小折古墳群中の天王山《てんのうやま》遺跡においても、類似する家形埴輪が二突帯三段の尾張型円筒埴輪を伴って出土している。遺跡には明治時代の地籍図や戦後の空中写真から、五〇㍍級と推測される滅失した前方後円墳が判読される（早野二〇二三b）。小幡古墳群至近の群小古墳である松ケ洞《まつがほら》18号墳（直径一三・八～一五・二㍍の円墳）の家形埴輪にも同様の表現が認められる。尾張型円筒埴輪と同様、それに伴う特徴的な家形埴輪も墳形と規模に応じて、大（味美二子山古墳・小幡長塚古墳）、中（天王山遺跡）、小（松ケ洞18号墳）に階層化することは興味深い。対して、（現状では）熱田台地の古墳に形象埴輪は種類、量とも全体として少ないようで、須恵器色も希薄である。熱田台地に埴輪を供給した生産窯としては、須恵器と埴輪を同時に焼成した窯（須恵器・埴輪併焼窯）が想定され、東山《ひがしやま》窯などがその候補ともされるが、なお議論の余地が大きい

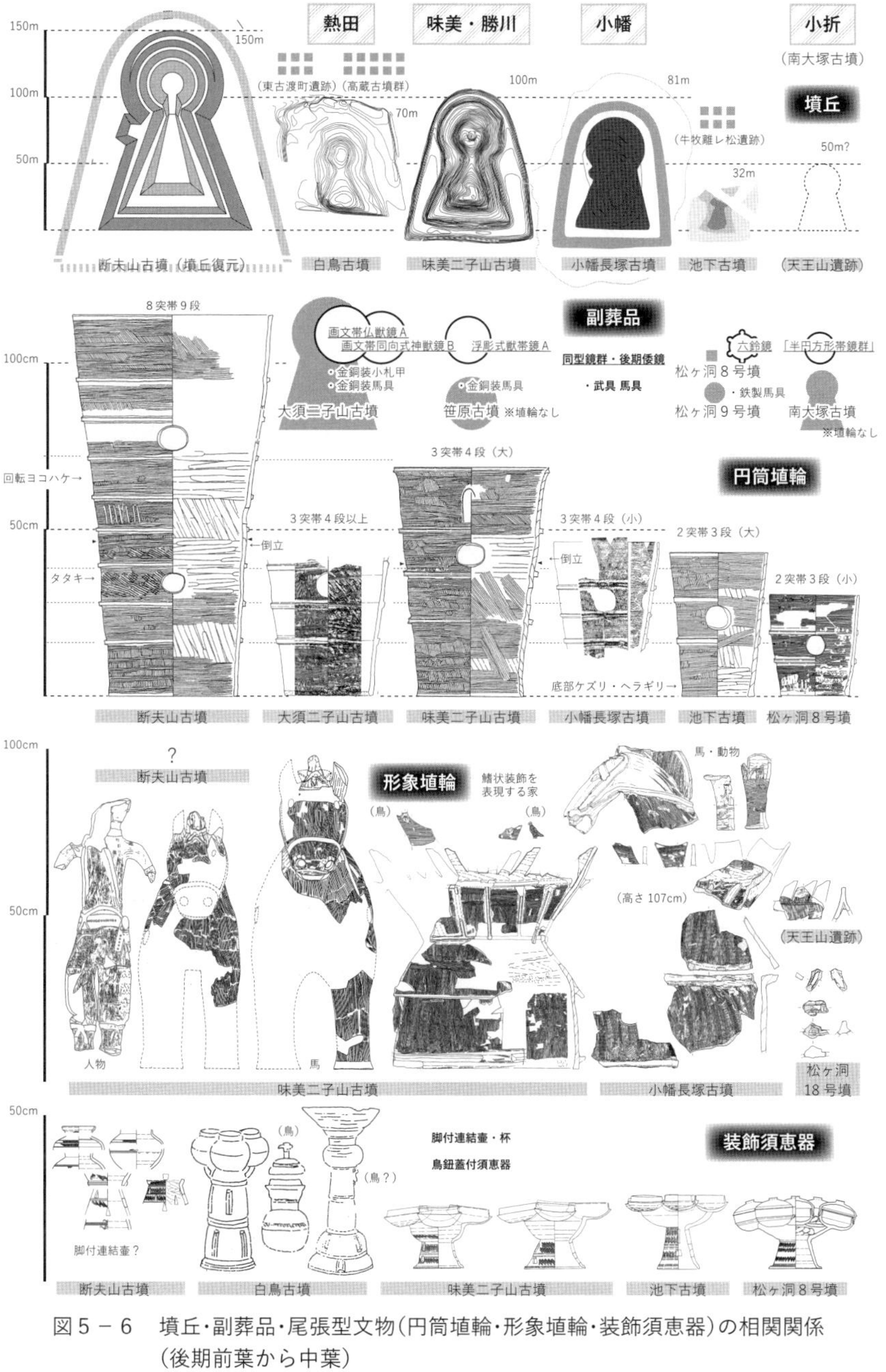

図5－6　墳丘･副葬品･尾張型文物（円筒埴輪･形象埴輪･装飾須恵器）の相関関係
（後期前葉から中葉）

図５－７　小幡長塚古墳の家形埴輪
（分割成形・分割焼成による）
名古屋市教育委員会提供

（図５－６）。

葺石は味美古墳群中の白山神社古墳が上段のみ施工するが、それ以外は明確ではない。周堤と二重周濠は志段味古墳群中の勝手塚《かってづか》古墳（全長五四㍍の帆立貝式古墳）、小幡長塚古墳に確認され、大須二子山古墳、白鳥古墳、味美二子山古墳などにその存在が想定されるが（深谷二〇〇九）、復元的な検討に依拠する部分が多い。

埋葬施設が判明している大型前方後円墳はないが、池下古墳の発掘調査では石組暗渠《あんきょ》が検出され、埋葬施設との関連も推測されている（愛知県埋蔵文化財センター一九九一）。今城塚古墳の石積みに付随する石組暗渠（森田二〇一一）との類似も想起され、尾張の他の前方後円墳についても同様の構造物が伴う可能性がある。

（2）各種副葬品と須恵器の儀礼

断夫山古墳の副葬品は全く知られていないが、それに次ぐと推定される大須二子山古墳は、倭の五王の南朝遣使により列島にもたらされた同型鏡群の一種（川西二〇〇四など）である画文帯仏獣鏡《がもんたいぶつじゅうきょう》Ａ（面径二一・五㌢）、画文帯同向式神獣鏡《がもんたいどうこうしきしんじゅうきょう》Ｂ（面径一九・四㌢）を副葬する。尾張の他の同型鏡群としては、笹原《ささはら》古墳（勝川古墳群）の浮彫式獣帯鏡Ａ（面径一七・五㌢）がある。大須二子山古墳の特異な意匠のｆ字形鏡板付轡《かがみいたつきくつわ》・剣菱形杏葉《けんびしがたぎょうよう》などの馬具類、横矧板鋲留衝角付冑《よこはぎいたびょうどめしょうかくつきかぶと》、小札甲《こざねよろい》、金銅装膝甲《ひざよろい》などの甲冑類と笹原古墳の金銅装馬具をも加味すると、両古墳における副葬内容は、墳形や規模、同型鏡群の枚数、面径に応じた古墳間の序列に対応していることがよく分かる（図5－6）。

さらに、（小折古墳群にも近い）南大塚《みなみおおつか》古墳（滅失）に画文帯同向式神獣鏡を模倣して製作された半円方形帯鏡群倭鏡（面径一四・四㌢）、山神《やまがみ》古墳（勝川古墳群）に旋回式獣像鏡系倭鏡（面径一四・六㌢）と鋳銅製三環鈴、松ヶ洞8号墳（一辺八・四㍍の方墳）に乳脚文鏡《にゅうきゃくもんきょう》系（六鈴）倭鏡（面径九・七㌢）、松ヶ洞9号墳（直径一六㍍の円墳）に鉄製複環鏡板付轡が副葬される。同型鏡群の代替としての倭鏡（辻田二〇一八など）、金銅装馬具に次ぐ鋳銅製、鉄製馬具など、副葬される各器物の内容による序列化は尾張各地の中小の古墳にまで及んでいたようである。

天保八年（一八三七）の台風で埋葬施設が露出した白鳥古墳は、当時作成された絵図に乳脚文鏡系（五鈴）倭鏡（面径一一・二㌢）、f字形鏡板付轡・剣菱形杏葉に加えて双魚佩《そうぎょはい》が描かれている。双魚佩からは、継体大王期の政治動向を反映する器物（髙松二〇〇七）としての捩《ねじ》り環頭大刀の副葬が示唆される。

白鳥古墳の埋葬施設や副葬品を描いた絵図には、二個体の脚付三連壺に加えて、容器部分に被せる蓋の鈕に鳥の装飾を付けた鳥鈕蓋《とりちゅうふた》（後述）、（鳥形?装飾付）筒形器台を含む装飾須恵器の一群が認められる。このとき、断夫山古墳の造り出し付近で脚付連結須恵器を多数使用した葬送儀礼が実施された可能性との関連が想起される。先述の味美二子山古墳には二個体の脚付四連杯、池下古墳と松ヶ洞8号墳には脚付七連杯、松ヶ洞18号墳には連結𤭯がある。墳丘規模や埴輪、副葬品で古墳間を序列化する一方、これらの古墳で共有された装飾須恵器（脚付連結須恵器）は、思想的背景による紐帯をより強固にする役割を担ったのであろう。

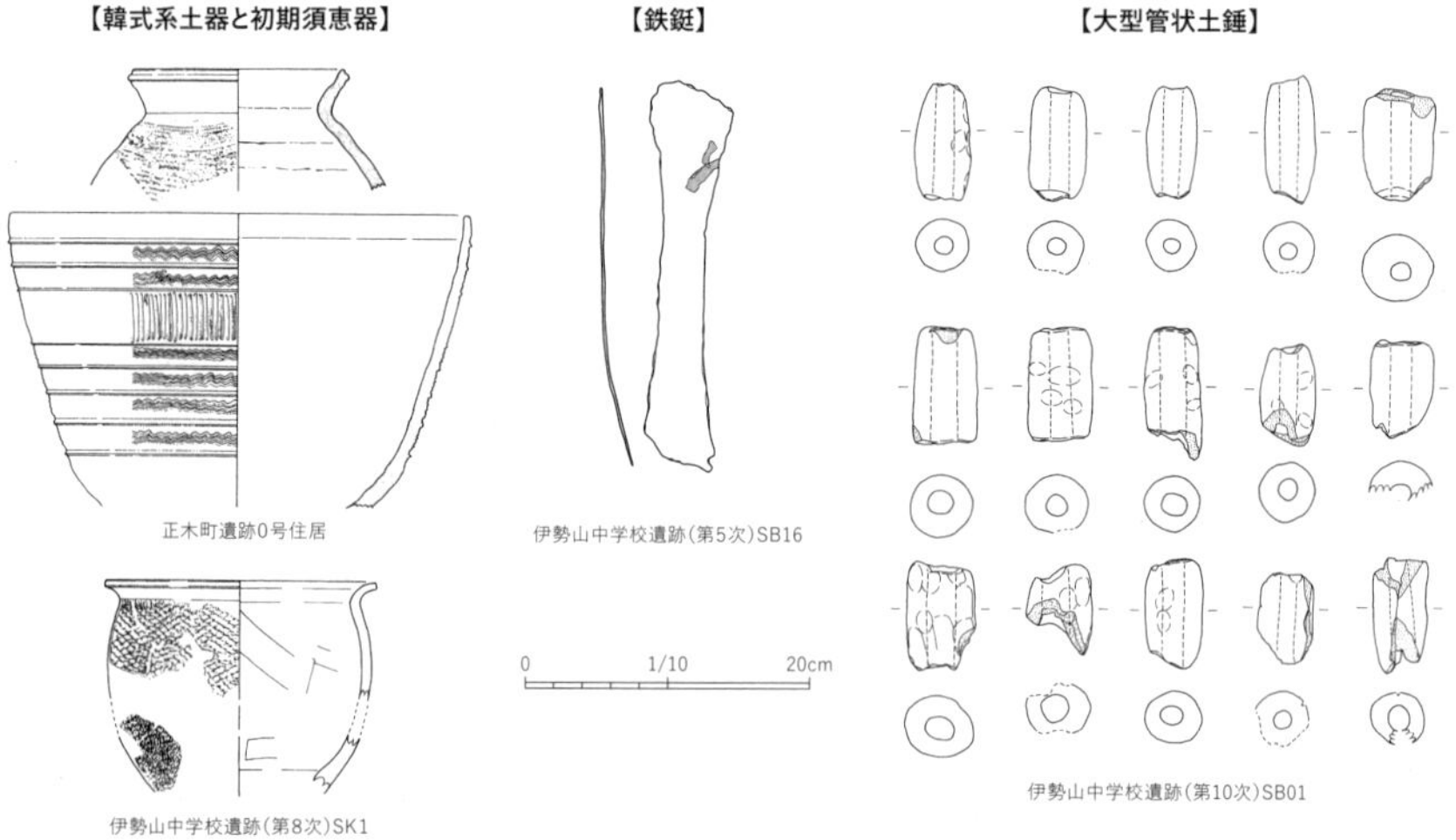

図5－8　「古渡遺跡群」の遺構と遺物

(3)熱田台地の開発から周辺地域の開発へ

断夫山古墳が築かれた熱田台地には中期前半（五世紀前半）以降、「古渡《ふるわたり》遺跡群」が形成される。遺跡から出土する朝鮮半島系の土器と鉄器（鉄鋌《てってい》）からは渡来系集団の関与が想定され、他の生産地にはない特徴が認められる初期須恵器の出土からは、周辺に初期須恵器生産も想定されている。

中期後半には遺跡群の面的な開発が進行する。竪穴建物や土坑からまとまって出土する大型管状土錘は曳網《ひきあみ》に使用されたとみられ、組織力を必要とする地引網漁が周辺の干潟で盛んに行われていたことを示す。開発の進展と集住化を受けて、安定した食糧供給が求められたのであろう（図5－8）。

熱田台地における開発の進展と集住化と前後して、渡来系集団とその技術は周辺地域の開発にも投下されるようになる。その状況を端的に示す遺跡が庄内川流域の勝川遺跡、犬山扇状地の上野《かみの》遺跡、知多半島西岸の法海寺《ほうかいじ》遺跡などで、いずれも韓式系土器を伴う。

勝川遺跡においては、韓式系土器に加えて、中期後半のU字形刃先を装着する鍬鋤類、刻書埴輪などが出土している。牛馬

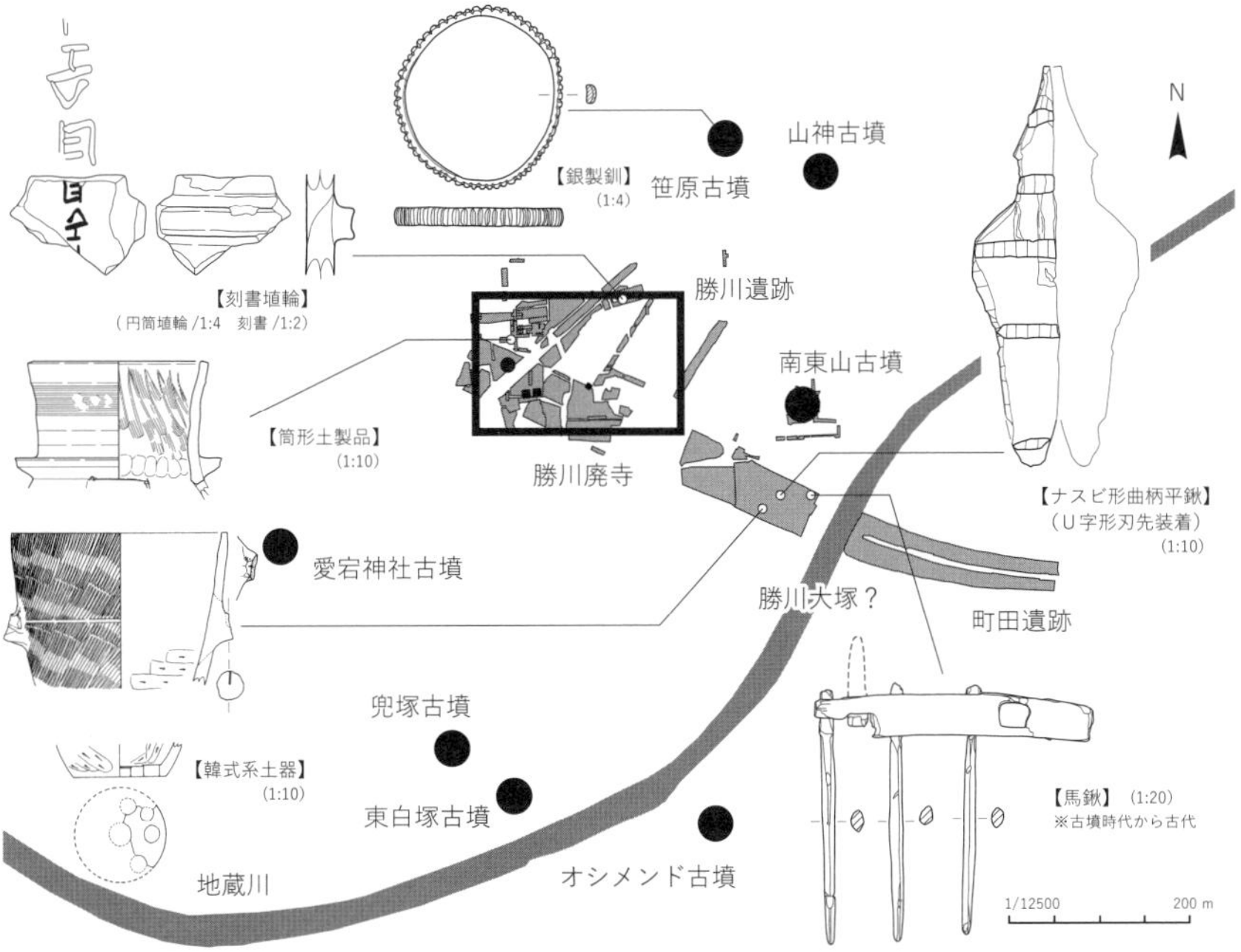

図5－9　勝川遺跡(古墳群)と渡来系遺物(間敷屯倉に関連？)

耕に使用される馬鍬《まぐわ》は古代に比定されているが、出土状況なども踏まえると、他の農具と同様、古墳時代における新たな農耕の体系を構成し、遺跡周辺では組織的な農業生産が展開していたことも想定される。笹原古墳（勝川古墳群）の銀製釧《くしろ》、勝川廃寺の筒形土製品（終末期）も渡来系の文物として評価される（図5－9）。

知多半島西岸の砂丘上に立地する法海寺遺跡においては、貝層から鞴《ふいご》羽口《はぐち》、鉄滓などの鍛冶関連遺物、骨鏃や刀子などの骨角製品、骨角素材が出土している。同形同大の鞴羽口二点は薄手軽量化した専用羽口で、同時期、畿内を中心として広く普及する型式である（真鍋二〇〇三）。韓式系土器、初期須恵器の出土からも、遺跡には渡来系工人が関与しつつ最新の鉄器製作技術が移植されたと推測される。これら朝鮮半島系土器、鉄器製作技術の展開に、知多半島

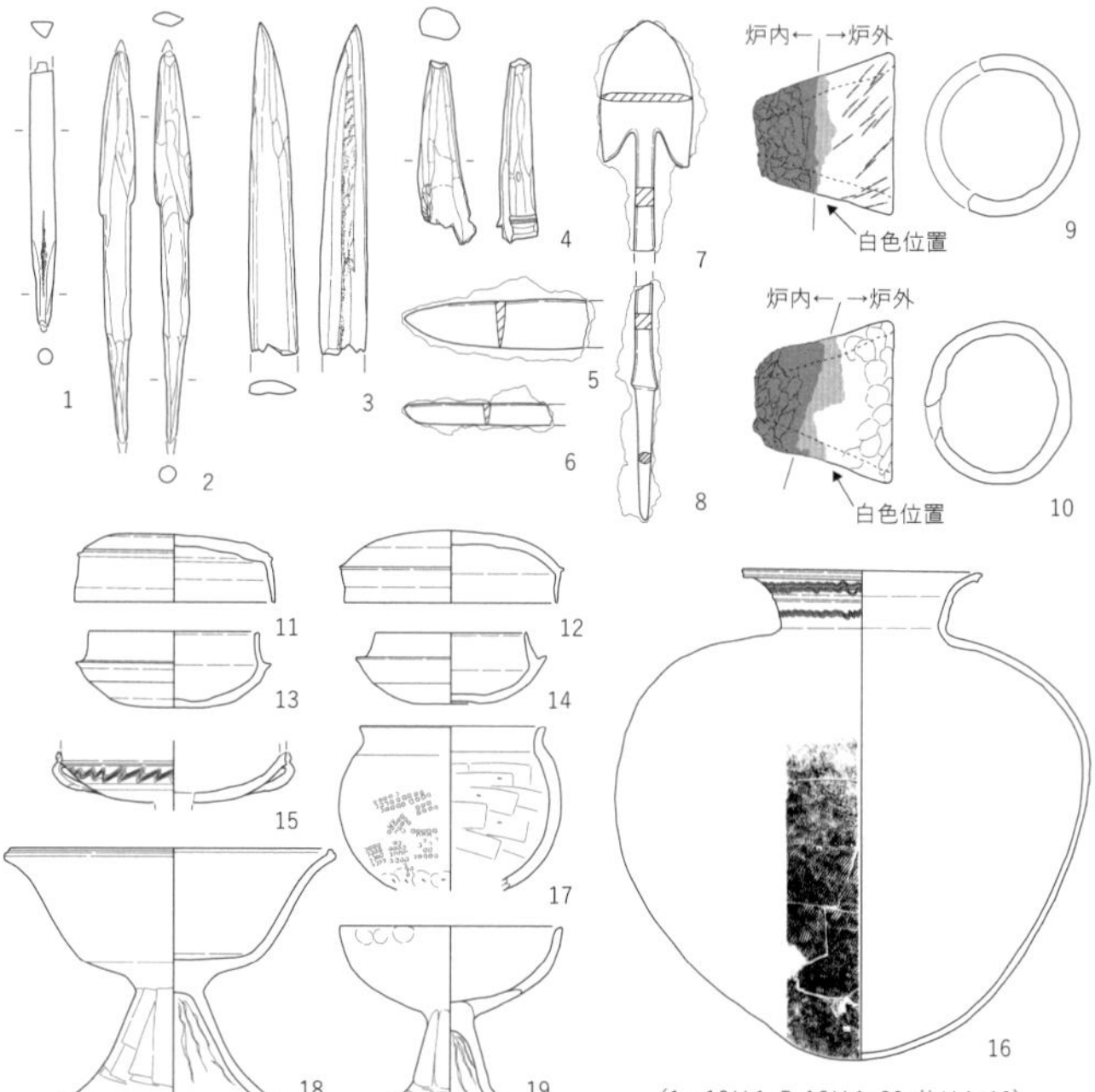

（1〜10は1:5、16は1:20、他は1:10）

図５－10　法海寺遺跡の遺物

の伝統的な集落が独自に関与したとは考えにくい。近接する下内橋《しもないばし》遺跡において、知多半島としては異例の尾張型円筒埴輪を採用する円墳が検出されていることからすると、熱田台地を拠点とする地域首長が、法海寺遺跡における鉄器製作技術の移植を主導したことも考えられる（図５－10）。そして、法海寺遺跡を端緒とする知多半島西岸の開発は程なくして、中核的な製塩遺跡、東海市松崎《まつざき》遺跡・上浜田《かみはまだ》遺跡に集約されることになる（後述）。

（4）生産拠点と大型古墳

周辺地域の開発と前後して須恵器と埴輪を併焼する須恵器生産主体の東山窯、程なく埴輪生産主体の下原窯も稼働する。勝川遺跡（古墳群）周辺は、『日本書紀』に安閑二（五三五）年に設置されたことが伝えられる間敷屯倉《ましきみやけ》にも比定され、同じく設置されたことが伝えられる入鹿《いるか》屯倉には小折古墳群との関係が想起される。中核的な製塩遺跡である松崎遺跡を含めて、領域内に配置されたこれらの各種生産拠点は王権の政治的・軍事的拠点とされるミヤケ（舘野二〇〇四）に発展的に継承されたのであろう。

『日本書紀』は宣化元（五三六）年に、蘇我稲目以下の中央有力氏族が尾張連ら諸国の氏族に「尾張国屯倉」など屯倉の穀を運ばせ、筑紫の那津《なのつ》に官家《みやけ》を修造させたことを伝えている。この「尾張国屯倉」は前年の設置が伝えられる間敷屯倉・入鹿屯倉で、穀物の輸送からこれらの屯倉には農業生産の拠点が含まれていたと考えるのが自然であろう。それは、勝川遺跡（古墳群）周辺において想定された農業生産の組織的な展開とも整合する。

これら尾張平野を囲むように分布する上記各種生産拠点の連なりを「尾張平野ベルト地帯」と呼んでみたい（図5－5）。熱田台地の古墳を上位として秩序化された大型前方後円墳は、この「尾張平野ベルト地帯」を多分に意識して分布する。その開発と管理を統括した人物こそが熱田台地の傑出した前方後円墳、断夫山古墳の被葬者、尾張連氏であったと考えられる。この関係は、先の那津官家の整備時、尾張連氏が直接に屯倉を管掌していた構図ともよく対応する。

二　尾張型諸文物の創出と「環伊勢湾経済圏」の現出

(1)尾張型埴輪（須恵器系埴輪）と尾張型装飾須恵器（埴輪系須恵器）

断夫山古墳の築造と前後して尾張の古墳、被葬者間に広く採り入れられた尾張型埴輪と装飾須恵器は領域内にとどまらず、周辺の東海各地にも広がりを見せる。その代表例が宮之脇《みやのわき》11号墳（全長二〇・七㍍の造り出し付円墳）の尾張型埴輪と装飾須恵器である。宮之脇11号墳の尾張型円筒埴輪は須恵器色が濃く、紐ずれ痕や底部の回転台離脱痕など、尾張型円筒埴輪の諸特徴を完備する。

図5－11　宮之脇11号墳の鳥鈕蓋付須恵器（子持壷付脚付壷）　可児市教育委員会提供

墳丘上に並べられた尾張型円筒埴輪に連続して、古墳への出入口には鳥鈕蓋付須恵器（有蓋子持壷付脚付壷）が置かれていたことが出土状況により判明している。鳥鈕蓋付須恵器も先述の脚付連結須恵器と同様、東海を中心に分布する装飾須恵器で、やはり古墳のみから出土する葬送専用の容器である。宮之脇11号墳の鳥鈕蓋付須恵器の鳥装飾は羽根を大きく広げた（鳥鈕蓋付須恵器の鳥形装飾としては）最大の「親鳥」の上に「子鳥」、その上に「孫鳥」を載せた鳥鈕蓋付須恵器の「最高傑作」である（図5－11）。造形もさることながら、注目されるのはその製作技法で、中空の体部に頭部をソケット状に差し込む方法を用いている。この製作技法は味美二子山古墳や下原窯の水鳥形埴輪など、尾張の形象埴輪の製作技法とも共通し、尾張型円筒埴輪と同様、埴輪製作と須恵器製作が密接に結びついていたことをよく表している。あるいは、味美二子山古墳の家形埴輪の大棟の鰭状装飾に（屋根に止まる）複数の鳥が表現されていることからすると（図5－6）、須恵器鳥鈕蓋の鳥の造形そのものが家形埴輪の屋根の鳥がモチーフになったことも考えられる。鳥鈕蓋付須恵器は造形、製作技法、使用場面（出土状況）がいずれも埴輪と深く結びつくという意味において、尾張型埴輪（須恵器系埴輪）とも通じる尾張型装飾須恵器（埴輪系須恵器）と呼ぶにふさわしい。

同じく東海を中心に分布する脚付連結須恵器についても、それに関連する器形の須恵器に埴輪製作との接点が見出せる。それは脚付連結須恵器が特に集中する小幡古墳群中の小幡茶臼山古墳、牛牧《うしまき》遺跡で出土している尾張型円筒埴輪と同様の回転ヨコハケを施した須恵器で、後者は筒抜けに製作した器形が脚付連結須恵器に共通する（図5－12）。これら鳥鈕蓋付須恵器と脚付連結須恵器を同時に用いた大型前方後円墳が熱田の白鳥古墳である点も象徴的である。

形象埴輪についても独特な造形（家形埴輪など）、製作技法（水鳥形埴輪など）から、（尾張型円筒埴輪に対する）尾張型形象埴輪として認識することもまた可能であろう。尾張では生産の場面だけではなく、造形や使用の場面まで埴輪と須恵器が密接に結びつき、円筒埴輪だけではなく、いくつもの「尾張型」の文物が創出され、地域内外の古墳にもたらされたのである。

（2）脚付連結須恵器と鳥鈕蓋付須恵器

尾張型文物（葬送具）の一種とした脚付連結須恵器は後期前半を中心に盛行し、断夫山古墳でも出土したこと、過去に採集された須恵器も同種の須恵器である可能性があることは先述の通りである。周辺地域では三連壺が出土した北中寺《きたなかでら》遺跡、四連杯三個体が出土した茶臼山《ちゃうすやま》1号墳（墳形・規模不明）など、熱田台地対岸の伊勢北部に集中することは示唆的である。伊勢湾を介して伊勢北部との関係を構築することは、畿内、

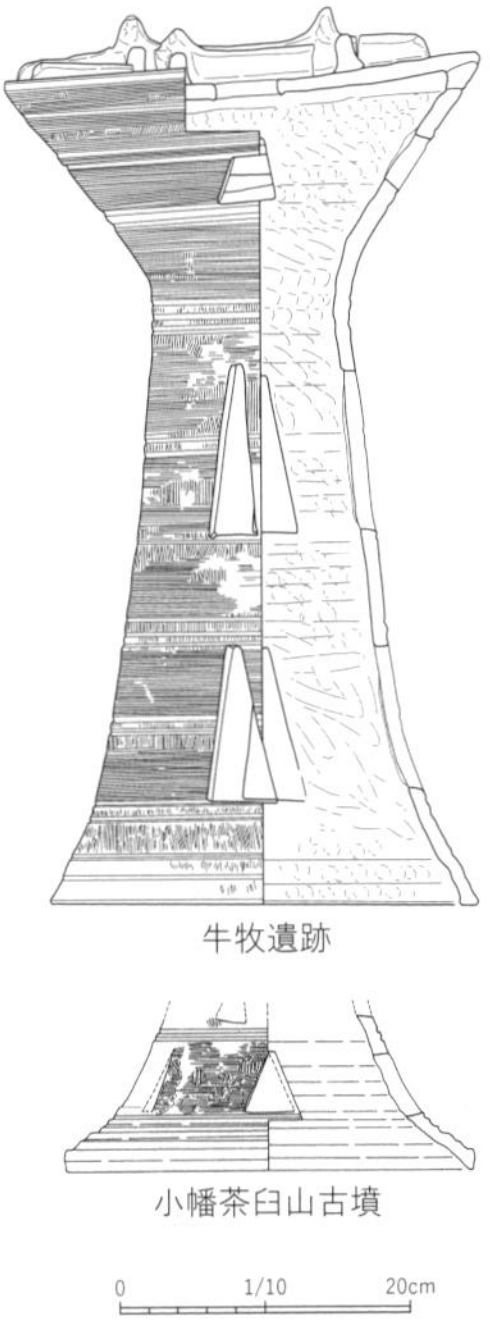

図5－12　埴輪の製作技法を用いた須恵器

西国への連絡を確保することにも直結し、その経路上には、刀装具に龍文を象嵌《ぞうがん》した捩り環頭大刀を副葬する井田川《いだがわ》茶臼山《ちゃうすやま》古墳（墳形・規模不明）がある。さらに、鈴鹿・養老山系を通じて美濃西部と関係することも可能となる。美濃西部では三連𤭯と四連壺を副葬する二又《ふたまた》1号墳（直径一五㍍の円墳）、さらに若狭の四連壺が出土した白髭神社《しらひげじんじゃ》古墳（全長五八㍍の前方後円墳）にまで及ぶ。

脚付連結須恵器は三河西部の七連杯と三連壺が出土した外山《とやま》3号墳（直径二五㍍の造り出し付円墳）、四連壺三個体と四連壺を副葬する豊田大塚《とよたおおつか》古墳（全長四五㍍以上の帆立貝式古墳）、青木原《あおきはら》2号墳（直径二〇㍍程度の円墳）にももたらされた。外山3号墳の尾張型円筒埴輪と大棟に多数の鰭状装飾を表現した家形埴輪、青木原2号墳の尾張型円筒埴輪と分割成形・分割焼成の家形埴輪、青木原2号墳に埴輪を供給した東山窯系の上向イ田《かみむかいだ》窯を含め、これらには尾張との密接な関係が認められる。外山3号墳と豊田大塚古墳は、いずれも初期の横穴式石室（竪穴系横口式石室）を埋葬施設に採用した造り出し付円墳で、新たに台頭してきた勢力の存在を示唆する。三河湾、猿投山を通じて三河西部の新勢力との関係構築が模索されたのであろう。

さらに、脚付連結須恵器は三河湾から三連壺が出土した伊勢湾の昼河《ひるご》A1号墳（直径一六㍍程度の円墳）、四連杯と三連𤭯が副葬された遠州灘の五塚山《いつづかやま》古墳（直径二二㍍の円墳）へとつながっていた。前者の埋葬施設は木材で墓室を構築した横穴式木室、後者は礫で墓室を構築した礫槨で、その特異さが際立つ。そこには墳丘は小規模ながら、より遠隔地の特異な集団を取り込もうとした意図が透けて見えるようでもある。先述の宮之脇11号墳は東山道を通じて東国との連絡を確保しようとしたことの表れでもあったことは言うまでもない（図5－13）。

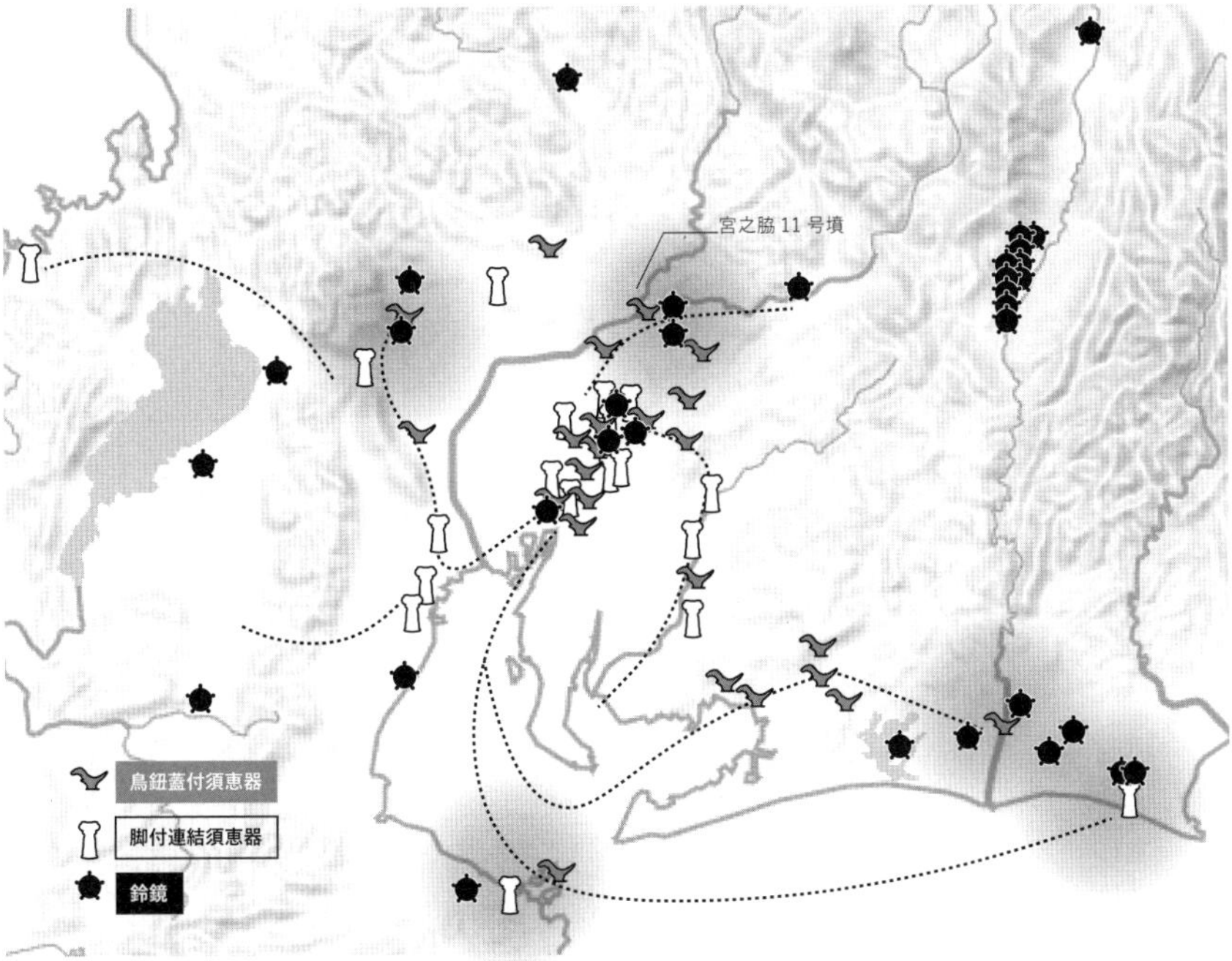

図5－13　鳥鈕蓋付須恵器・脚付連結須恵器・鈴鏡の分布

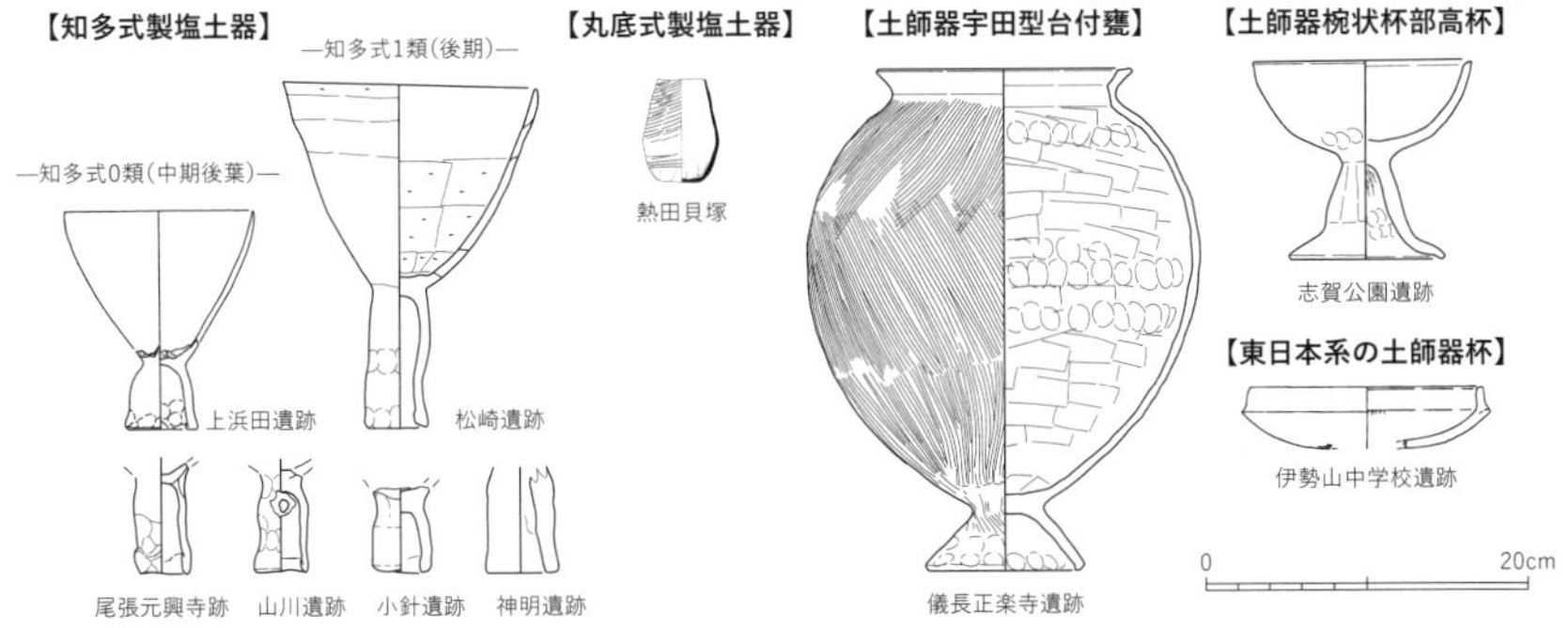

図5－14　伊勢湾を行き交った製塩土器と土師器

(3)製塩土器、土師器の流通と「環伊勢湾経済圏」

周辺地域との連携の反映とした尾張型諸文物とも付随するように、伊勢北部の山川《やまご》遺跡、三河西部の小針《こばり》遺跡と神明《しんめい》遺跡では、筒状の脚を特徴とする後期前半の知多式製塩土器1A類が出土している（森二〇〇五）。熱田台地の遺跡群においてもその南端付近に、知多式1A類（尾張元興寺《がんこうじ》跡第五次調査）、若狭を含めた近畿地方までに分布する丸底式製塩土器（熱田貝塚?）、東日本系の土師器杯（伊勢山中学校遺跡第七次調査SB09）など、広域流通を示唆する資料が分布する。

中期後半以降に東山窯の須恵器生産が稼働するようになると、生産された須恵器が熱田台地の遺跡群に安定して供給されるようになる。土師器の組成においても、熱田台地を含めた尾張では「く字甕」を中心とする多様な形式の甕が宇田型甕に、高杯も規格的な椀状杯部高杯にほぼ置き換わることから、土師器の供給もほぼ一元化したことが推測される。宇田型甕と椀状杯部高杯の生産地、供給源は、古墳時代後期以降に土師器の一大生産地となった伊勢と考えられる（図5−14）。

こうした知多式製塩土器、尾張の須恵器と伊勢の土師器の動きは熱田台地とその周辺地域において、流通機構の整備が進展していたことを示唆する。古墳の立地、先の那津官家修造記事から、断夫山古墳築造の背景に伊勢湾の航行や海運、海産物生産との関係があったことは想像に難くない。「環伊勢湾経済圏」を象徴する記念物として断夫山古墳が現出したことを構想することも可能であろう。従来、須恵器・埴輪生産、横穴式石室などを通して盛んに議論されてきた前後する時期の伊勢と三河の関係（伊藤・赤塚一九九二、海の古墳を考える会二〇一七など）についても、「環伊勢湾経済圏」を基盤とした流通に促されていた側面から再評価することも必要である。さらに、装飾須恵器から類推した関係をも踏まえると、断夫山古墳が築かれた尾張、熱田の地は、東海のターミナルとしての位置が与えられる。

おわりに――欽明朝期以降の尾張、尾張連氏――

(1)最後の前方後円墳と尾張型埴輪

断夫山古墳次代の後期中葉から後葉に、尾張平野ベルト地帯の大型前方後円墳は尾張型円筒埴輪の樹立を停止する。曽本二子山古墳《そもとふたごやま》（小折／全長六〇㍍）、春日山古墳《かすがやま》（味美／全長七二㍍）、小幡茶臼山古墳（小幡／全長六三㍍）である。これらは各古墳群最後の前方後円墳でもある。埋葬施設や副葬品が判明する古墳はほとんどないが、曽本二子山古墳は金銅装十字文楕円形鏡板付轡などを副葬する。同形式の馬具は前述の二又1号墳、豊田大塚古墳に脚付連結須恵器と併せて副葬される。後期後葉の尾張型円筒埴輪は大型円墳である南東山古墳《なんとうざん》（勝川／直径四〇㍍）、埋葬施設に横穴式石室を採用した志段味《しだみ》古墳群の東谷《とうごく》3号墳（直径二三㍍）に用いられる。

熱田台地に同様の大型前方後円墳は現存しないが、熱田神宮には後期中葉の金銅装十字文心葉形鏡板・棘葉形《きょくようけい》杏葉などの新羅から舶載された馬具類が伝わる。小幡茶臼山古墳の畿内型横穴式石室と家形石棺は乙訓《おとくに》地域の物集女《もずめ》車塚《くるまづか》古墳との類似が説かれている。後述する蘇我氏との連携を通して、乙訓地域を根拠地とする秦氏との関係を構築したことによるものであろう。

曽本二子山古墳に後続するいわき塚古墳は、継体とその擁立勢力、安閑・宣化系王族との関係が深い刃関《はまち》に花文を象嵌した大刀、身部の断面形が三角形を呈する三角穂式鉄鉾《てつほこ》を副葬する（早野二〇二三a）。東海の三角穂式鉄鉾は宮之脇11号墳に後続する稲荷塚《いなりづか》1号墳、上向イ田窯から尾張型円筒埴輪が供給された根川《ねがわ》1号墳、鳥鈕蓋付須恵器を副

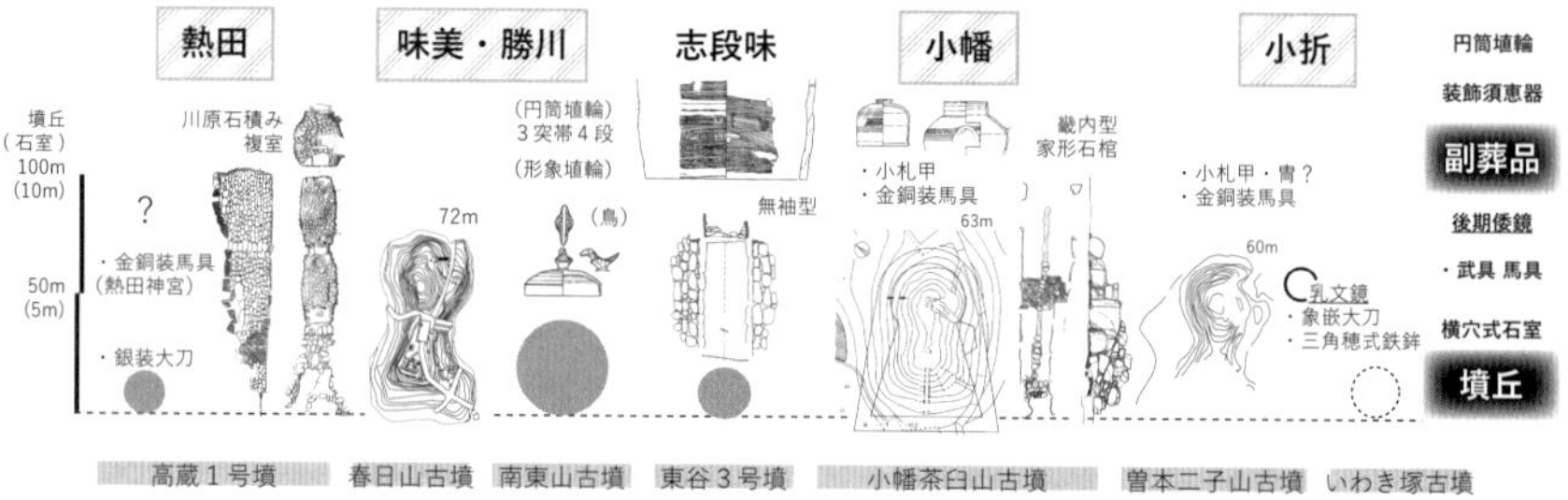

図5－15　墳丘・横穴式石室・副葬品・尾張型文物（円筒埴輪・形象埴輪・装飾須恵器）の相関関係（後期中葉から後葉以降）

葬する寺西《てらにし》1号墳など尾張型文物との関係が深い（図5―15）。

（2）尾張連氏と蘇我氏の連携

先の那津官家の整備時に尾張連氏を系列下に置いた蘇我氏は、欽明朝期に吉備の児島《こじま》屯倉、紀伊の海部《あま》屯倉など塩生産地に対する支配も積極的に進め、列島の基盤整備事業を推進する。経済部門における尾張連氏との関係からして、蘇我氏は平城宮木簡（『平城宮木簡三』二八九六号）の「大塩尻」を貢納した「知多郡御宅里」から推される知多半島西岸の塩収取を主目的としたミヤケに関与したことも十分に想定される。その知多半島西岸のミヤケの比定地は、古墳時代中期後葉以降に本格的に開発され、土器製塩が継続する平安時代前期まで一貫して中核的な製塩遺跡として稼働した松崎遺跡をおいてほかにない（早野二〇一二）。それを示唆する器物が松崎遺跡から出土した後期後葉の装飾付大刀（金銅製責金具）で、蘇我氏から分与された可能性もある（図5―16）。

継体朝から宣化朝期には外祖父として、また、宣化朝から欽明朝期には蘇我氏とも連携しながら尾張連氏は一定の影響力を発揮したものの、次第に敏達朝から用明朝期における王位継承、政治の主導権争いにも翻弄されていく。そして、中央集権化の一方で、相対的な地位の低下を招くことにもなったのであろう。

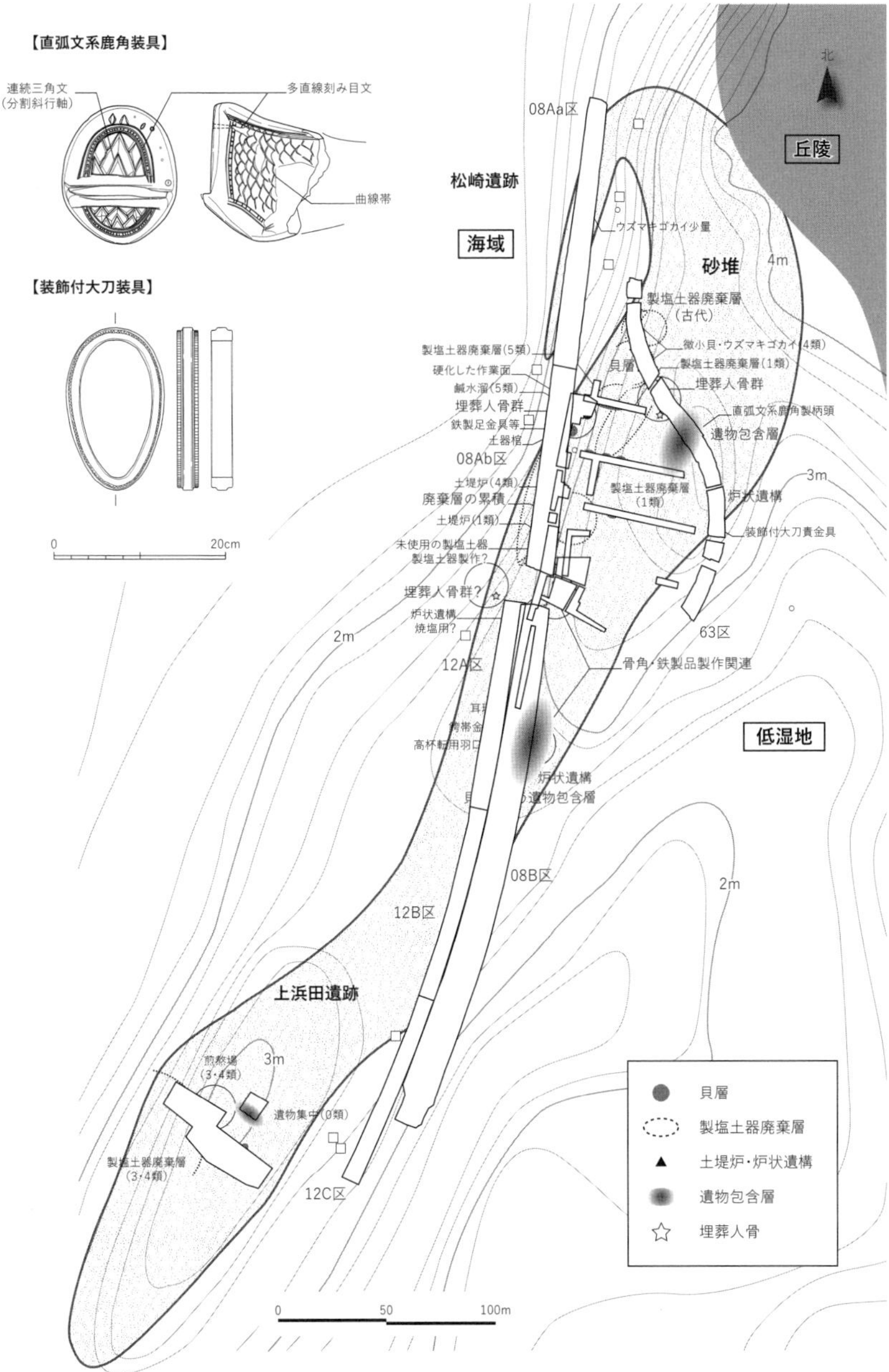

図５－16　松崎遺跡・上浜田遺跡全体図

〈参考文献〉

愛知県埋蔵文化財センター　一九九一『池下古墳』（愛知県埋蔵文化財センター調査報告書24）

愛知県教育・スポーツ振興財団愛知県埋蔵文化財センター　二〇二四『史跡 断夫山古墳』（愛知県埋蔵文化財センター調査報告書226）

赤塚次郎　一九九一「尾張型埴輪について」『池下古墳』（愛知県埋蔵文化財センター調査報告書24）

伊藤久嗣・赤塚次郎　一九九二「沿海地域の考古学」『海と列島文化　第八巻　伊勢と熊野の海』小学館

犬塚康博　一九九七「古墳時代」『新修　名古屋市史　第一巻』名古屋市

海の古墳を考える会　二〇一七『学術研究集会　海の古墳を考えるⅥ　三河と伊勢の海―古墳時代の海道を往還する―』学術研究集会「海の古墳を考えるⅥ」実行委員会

川西宏幸　二〇〇四『同型鏡とワカタケル』同成社

柴垣勇夫　二〇一五「特殊製品」『愛知県史　別編　窯業一　古代　猿投系』愛知県

城ヶ谷和広　二〇一五「編年論」『愛知県史　別編　窯業一　古代　猿投系』愛知県

髙松雅文　二〇〇七「継体大王期の政治的連帯に関する考古学的研究」『ヒストリア』205　大阪歴史学会

舘野和己　二〇〇四「ヤマト王権の列島支配」『日本史講座　第一巻　東アジアにおける国家の形成』東京大学出版会

辻田淳一郎　二〇一八『同型鏡と倭の五王の時代』同成社

早野浩二　二〇一二「松崎遺跡と知多半島の土器製塩」『東海の古代3　尾張・三河の古墳と古代社会』同成社

早野浩二　二〇二三a「鉄鉾の評価」『豊橋市寺西1号墳の研究（2）　論考編』愛知大学綜合郷土研究所

早野浩二　二〇二三b「小折古墳群の研究―江南市天王山遺跡の家形埴輪―」『研究紀要』24　愛知県教育・スポーツ振興財団愛知県埋蔵文化財センター

樋口知志　二〇〇五「川と海の生業」『列島の古代史　ひと・もの・こと二　暮らしと生業』岩波書店

深谷　淳　二〇〇九「断夫山古墳の周濠」『名古屋市見晴台考古資料館研究紀要』11　名古屋市見晴台考古資料館

真鍋成史　二〇〇三「鍛冶関連遺物」『考古資料大観七　弥生・古墳時代　鉄・金銅製品』小学館
森　泰通　二〇〇五「製塩土器」『愛知県史　資料編三　考古三　古墳』愛知県
森田克行　二〇一一『よみがえる大王墓　今城塚古墳』（シリーズ遺跡を学ぶ77）新泉社

第六章　継体期前後の北部九州と岩戸山古墳

辻田淳一郎

はじめに——「磐井の乱」と「武蔵国造の乱」——

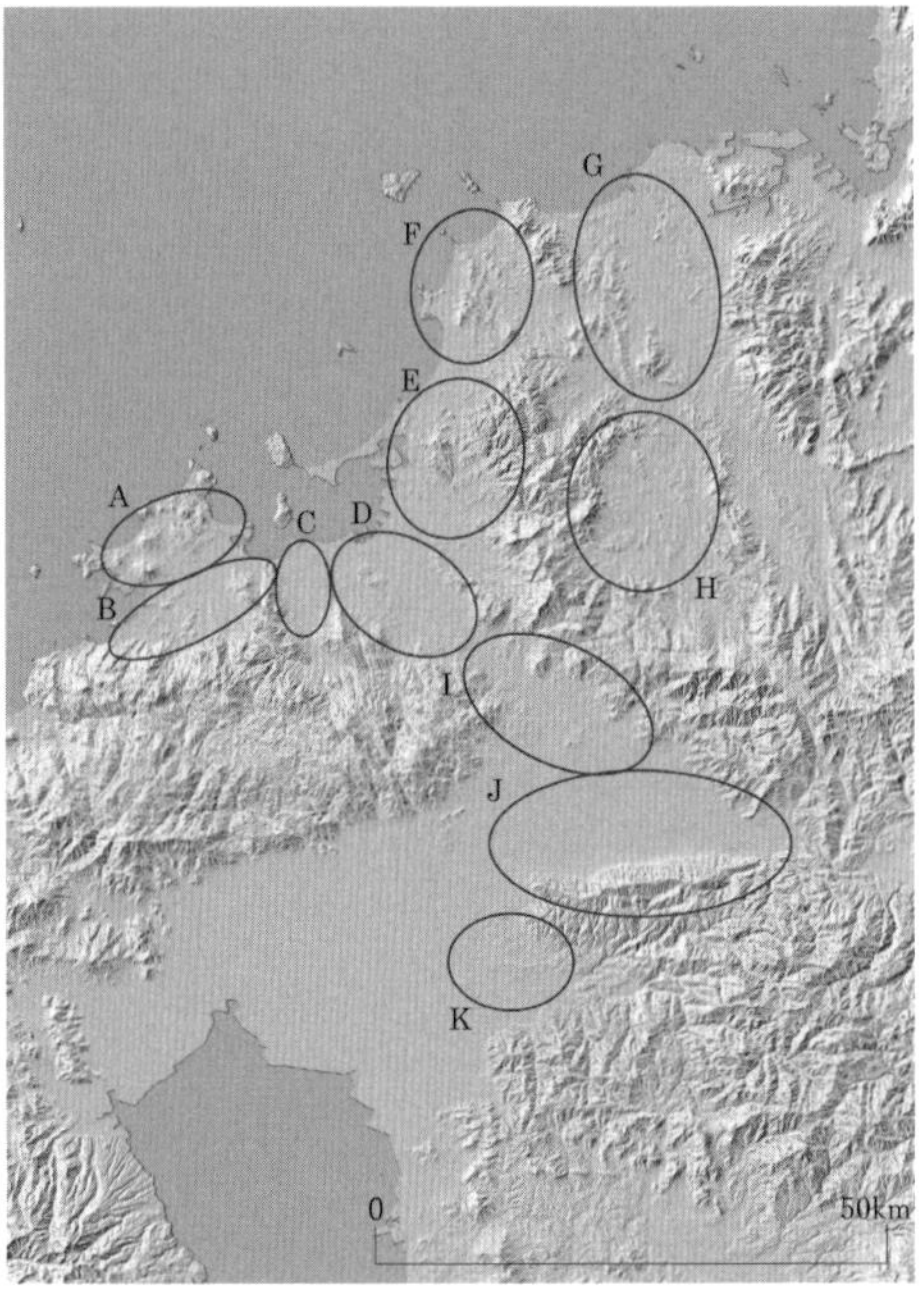

図6－1　本章が主に対象とする地域

A：糸島半島　B：糸島平野・今宿地域　C：早良平野　D：福岡平野　E：粕屋平野　F：宗像地域　G：遠賀川中・下流域　H：遠賀川上流域　I：筑紫野・小郡地域　J：筑後川中流域　K：八女地域

埼玉《さきたま》古墳群で二子山《ふたごやま》古墳が築かれた六世紀前葉は、九州では「磐井《いわい》の乱」、関東では「武蔵国造《むさしのくにのみやつこ》の乱」が起こった時期と考えられている。いわゆる国造制やミヤケ制・部民《べみん》制は、磐井の乱などを契機として成立したものと考えられており、この点でも六世紀中葉は日本列島の古代国家形成における重要な転換点とみることができる（篠川一九九六、熊谷二〇〇一、岩永二〇二二）。筑紫君《つくしのきみ》磐井は、二子山古墳の被葬者と同時代を生きた人物という観点からも注目される。本章では、磐井の墳墓と想定される岩戸山《いわとやま》古墳および同時期の古墳に焦点を当て、六世紀前葉の継体朝の時代（以下継体期）とそれ以降の北部九州について、考古学的成果をもとに考えてみたい。本章で主に対象とするのは、福岡県西部を中心とした北部九州地域である（図6―1）。

一　岩戸山古墳と被葬者像

（1）岩戸山古墳と石製表飾

岩戸山古墳は福岡県八女市に所在する全長一三二㍍の前方後円墳である。二段築成で二段目のみ葺石をめぐらせている。盾形の周溝・周堤を伴い、周堤の一部には別区と呼ばれる東西四四㍍×南北四七㍍の方形に近い台形区画を有する（図6―2）。前方部や周堤の一部からは円筒埴輪列が検出され、別区からは石人をはじめとした各種石製表飾などが出土している。被葬者については、『筑後国風土記《ちくごのくにふどき》』逸文の記述を元に早くから筑紫君磐井が想定され、現在も定説化している（森貞次郎一九五六、小田編一九九一、柳沢二〇一四）。一三二㍍の墳丘規模は、六世紀前半では大阪府今城塚《いましろづか》古墳・群馬県七輿山《ななこしやま》古墳・愛知県断夫山《だんぷさん》古墳・奈良県鳥屋《とりや》ミサンザイ古墳などに次ぐ大きさであり、二子山古墳とはほぼ同規模である（小澤二〇〇九、本書第八章〈若狭〉）。主体部は横穴式石室とみられるが位置は不明である。南側のくびれ部付近が社殿の築造に伴い大きく削平されており、ここから須恵器が出土していることから、この付近に前庭部などが存在した可能性も想定されている。出土した須恵器はTK10型式とされ、六世紀前半代における実年代の指標と考えられてきた。また従来の報告資料とは別に、須恵器や馬形埴輪などについては未報告資料も存在しており、近年検討が行われている（足達二〇二三、渡邉二〇二四、九州歴史資料館編二〇二四）。

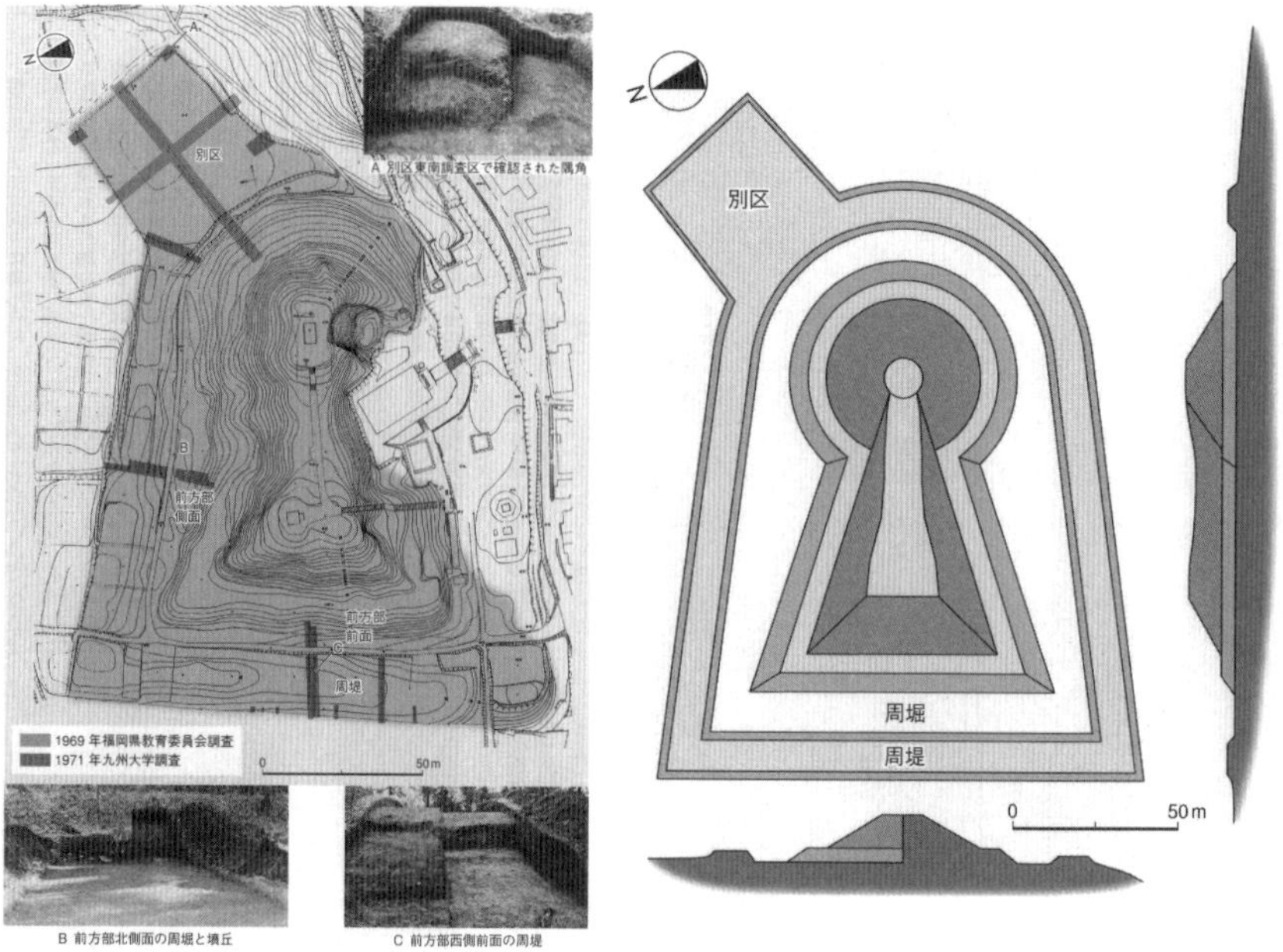

図6－2　岩戸山古墳墳丘測量図　柳沢(2014)より

主体部や副葬品の内容は不明ながら、岩戸山古墳からは、石人・石馬をはじめとして、多くの阿蘇溶結凝灰岩製の石製表飾が出土している（石人石馬研究会二〇一八：図6－3）。その中には同時期の副葬品と共通した意匠がみられる点が注目される。具体的には、捩《ねじ》り環頭大刀や三葉文楕円形杏葉《ぎょうよう》などである（柳沢二〇一四）。従来、磐井の乱については「反乱」という脈絡で論じられることも多いが、ここでは考古資料が示す磐井の実像について考えてみたい。

(2)継体期の副葬品からみた岩戸山古墳の被葬者像

継体期において特徴的な副葬品として、上記の捩り環頭大刀や三葉文楕円形杏葉、また同型鏡群や倭製鏡の交互式神獣鏡系などが挙げられる。他方で、五世紀代以来のf字形鏡板付轡《かがみいたつきくつわ》や剣菱形杏葉などの生産も継続することから、福永伸哉氏は、継体期の威信財を「継承」と「刷新」という二つの観点か

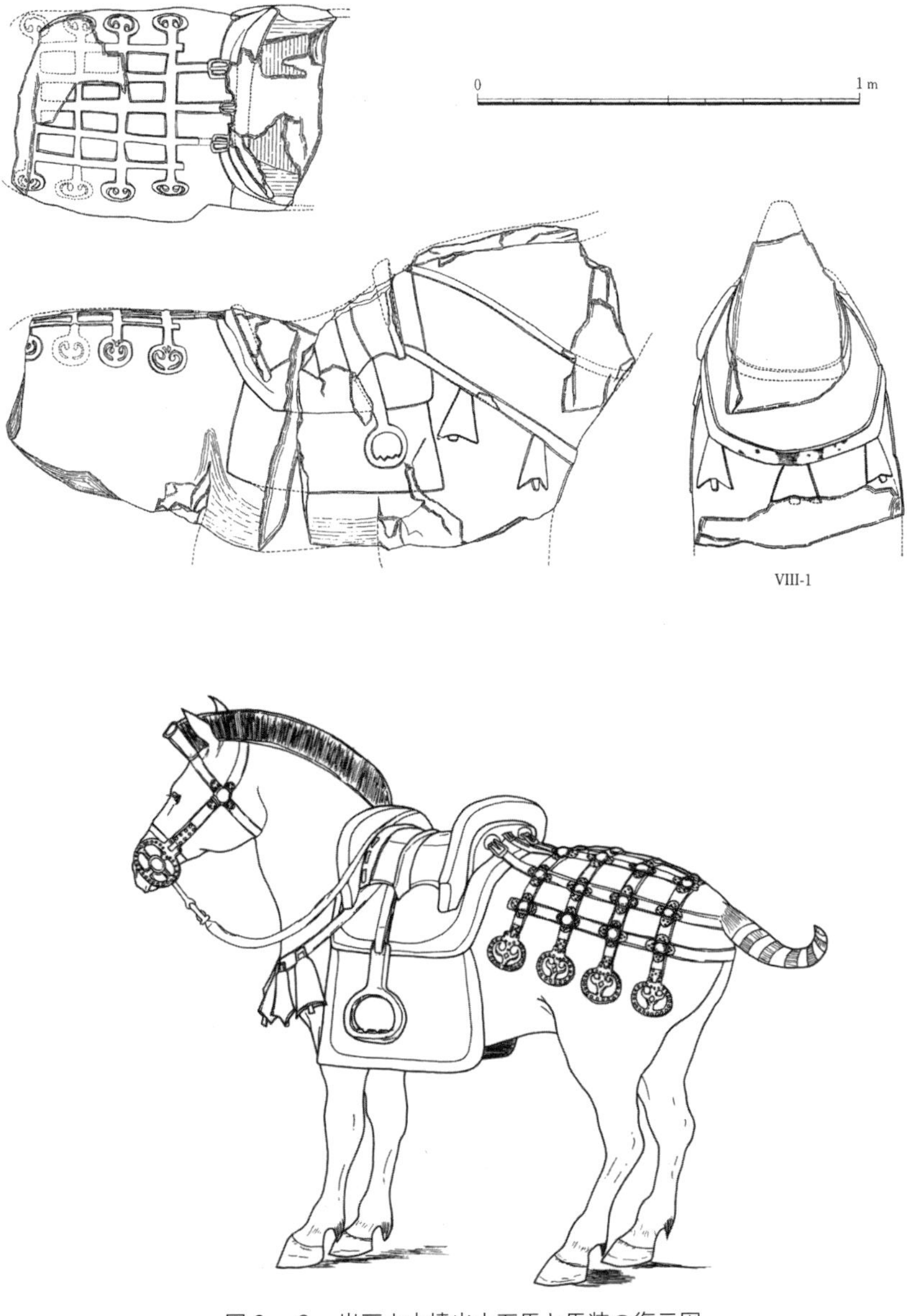

図６－３　岩戸山古墳出土石馬と馬装の復元図
上：石人石馬研究会編（2018）より／下：神・西・桃﨑（2018）より

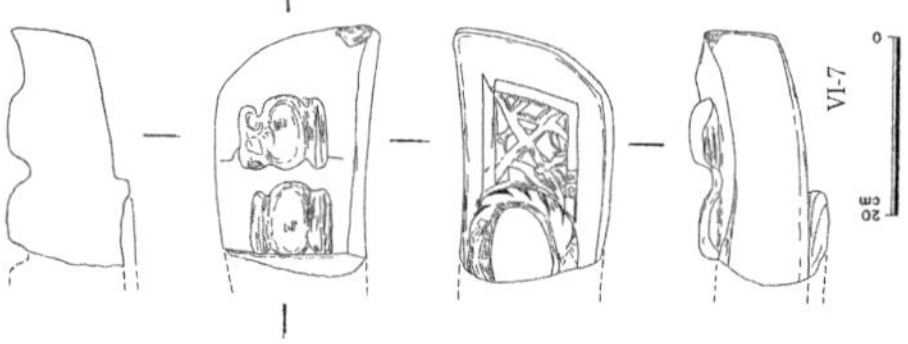

図6－4　岩戸山古墳出土捩り環頭大刀形石製表飾
石人石馬研究会編（2018）より

ら説明している（福永二〇〇五）。また捩り環頭大刀や三葉文楕円形杏葉は、文献史料において継体とつながりが強い地域での出土が顕著であることから、継体政権との政治的連帯を示す器物と考えられている（松浦二〇〇五、高松二〇〇七）。

岩戸山古墳から出土した石製表飾の中には、上述のように捩り環頭大刀や三葉文楕円形杏葉などの意匠が描かれている。特に石馬にみられる馬装については、五個の馬鐸と十字文楕円形鏡板付轡・輪鐙・八個の三葉文楕円形杏葉の存在から、大加耶系の舶載品を含む可能性があるが、全体としては列島製の可能性が高い組み合わせであること、「継体朝の国産馬具体系の頂点に立つセット」であり、岩戸山古墳の被葬者が「倭王権秩序内の最有力地方首長」として位置づけられていたことを示すことが指摘されている（神他二〇一八：図6－3）。捩り環頭大刀についても、三輪玉（＋勾金／革）を伴うものは北部九州では福岡県山《やま》の神《かみ》古墳や沖ノ島《おきのしま》遺跡など稀少であり、同様の格付けであったことを示している（齊藤二〇一八：図6－4）。これらの石製表飾からみるかぎり、岩戸山古墳造営前後における磐井と継体政権との関係は比較的良好で、むしろ高く評価されていたものと理解できる。上述の「別区」についても、継体墓の可能性が想定される大阪府今城塚古墳や埼玉古墳群をはじめ、各地の同時期の大型前方後円墳にみられる周堤の張り出し部との共通性が指摘されている（本書第四章〔今西〕など）。また墳丘規模や石製表飾、各種埴輪など、古墳の構成要素からみても、北部九州内部において突出した存在であったことは確実である。では、磐井の乱の前後において、岩戸山古墳を含む八女地域は北部九州の各地域や朝鮮半島とはどのような関係にあったのか。次にこの点について検討したい。

二　継体期前後における北部九州と朝鮮半島

（1）北部九州の他地域との比較：遠賀川上流域

九州では、五世紀末から六世紀にかけて、有明海沿岸地域を中心に彩色壁画の装飾古墳が築造される。特に熊本県北部の菊池川流域を中心としながら、南北に分布が広がる。その中で、大型古墳群の造営からみて地域の核となったとみられるのが、福岡県南部の八女地域と熊本県南部の八代地域である（藏冨士二〇〇八）。前者は岩戸山古墳を含む八女《やめ》古墳群が築造された筑紫君一族の本拠地であり、後者は野津《のづ》古墳群が築かれた火（肥）君一族の奥津城《おくつき》と考えられている（井上一九七〇、加藤二〇一八）。この両者は、埴輪や石製表飾の存在などから、相互に密接な関係にあったことが想定されている。八女古墳群でも、岩戸山古墳に近接して築かれた円墳の弘化谷《こうかだに》古墳において、同じく有明海沿岸地域に由来する石屋形とともに彩色壁画が採用されており、岩戸山古墳も装飾古墳であった可能性が高いものと考えられている。

六世紀前半代において、八女地域や有明海沿岸地域と近しい関係にあったと想定される地域の一つとして、遠賀川上流域の嘉穂盆地（福岡県飯塚市・嘉麻市・桂川町付近、図6－1のH）が挙げられる。ここでは、彩色壁画の装飾古墳としても著名な王塚《おうづか》古墳が築かれている。全長八六㍍の前方後円墳で、遠賀川上流域では最大規模となる。ここでは、石室内全面に彩色壁画の装飾が描かれ、その中には有明海沿岸地域とのつながりを示す双脚輪状文なども認められる。同様に、玄室奥壁に設置された石屋形などの諸要素もまた、八女地域や有明海沿岸北部などとの関係を示している（柳沢二〇〇四、吉村二〇二四）。それに加え、王塚古墳からは多くの副葬品が出土しており、その中には、先述の岩戸山古墳の石製表飾においてみられた、三葉文楕円形杏葉・捩り環頭大刀が含まれている。これ以外にも、十字文楕円形鏡板付轡・f字形鏡板付轡・剣菱形杏葉も含め、全体で少なくとも三セットの馬具が副葬されていたものと想定されている（松浦二〇〇五、桃﨑二〇一五）。王塚古墳の副葬品でさらに注目されるのは、交互式神獣鏡系と呼ばれる倭製鏡一面の出土である。面径二一・一センチの大型鏡であり、六世紀前半代の副葬事例としては稀少な事例である。交互式神獣鏡系は、五世紀代の「倭の五王の時代」にもたらされた中国鏡としての「同型鏡群」のうち、画文帯仏獣鏡などをモデルとして列島で製作された倭製鏡と想定されるもので（森下一九九一）、六世紀代に継体政権下で同型鏡群に準ずるものとして新たに創案されたと考えられる一群である（車崎一九九五、福永二〇〇五、辻田二〇一八）。この時期の大型倭製鏡は非常に類例が少ないことから、交互式神獣鏡系でかつ大型鏡が副葬されている点もまた、王塚古墳の被葬者と継体政権との緊密な関係性を示しているとみることができる。

王塚古墳の被葬者あるいは遠賀川上流域の地域集団が継体政権から重視された理由はどのように説明できるだろうか。これについては、博多湾沿岸から周防灘の両者をつなぐ内陸交通の要衝である点に加え、朝鮮半島との交流窓口の一つであった点が注目されている。これは、王塚古墳に先行して築造された山の神古墳（五世紀末築造・全長八〇㍍の前方後円墳）において、朝鮮半島東南部に由来する多数の鋳造鉄斧が副葬されていることや（松浦二〇一五）、初期横穴墓とみられる櫨山古墳出土の新羅系帯金具・貝製腕輪などから、遠賀川上流域の地域集団が、朝鮮半島南部との対外交流の担い手であった可能性が想定されることによるものである（嶋田一九九一、高田二〇一四）。王塚古墳の被葬者は、副葬品の内容からみて、継体政権から磐井と同等に高く評価されていたことが想定されるとともに、彩色壁画や石屋形などの要素からも、磐井と直接の交流を行っていた可能性が高い。

（2）朝鮮半島の前方後円墳と「磐井の乱」

このことに関連して注目されるのが、王塚古墳の横穴式石室と、朝鮮半島西南部・栄山江流域の前方後円墳における石室との形態的類似性である（柳沢二〇〇二・二〇〇四・二〇一四）。現在、韓国全羅南道の栄山江流域周辺では、十四基の前方後円墳が確認されている（朴二〇〇七、山本二〇一八、高田二〇一九）。これらは五世紀末～六世紀前葉に集中して築かれており、磐井の乱の前後の時期とも重なることから、当時の国際情勢を物語る重要資料と考えられてきた。特に被葬者像をめぐっては、大きく（A）倭人説と（B）在地首長説に分けられ、倭人説は倭人移住説と倭系百済官僚説に分かれる。前方後円墳の墳丘形態については統一的な設計企画が認められず、相互の関連性が低いとみられる一方で、埋葬施設に関しては九州系の横穴式石室である点が共通している。その中でも、北部九州系と中九州系などいくつかに系譜が分かれるが、王塚古墳の石室は、咸平・新徳古墳（五一㍍）の石室と類似することが指摘されている（柳沢二〇〇二・二〇〇四）。また栄山江流域の在地墓制は大型方墳などであるが、その代表例の一つである伏岩里三号墳の九六石室では、北部九州系の横穴式石室の中に在地の大型甕棺が用いられており、在来の墓制・文化伝統の中に北部九州の横穴式石室が導入される場合があったことを示している。被葬者像の実際はともかくとしても、栄山江流域の地域社会が九州各地と直接の交流をもっていたことは疑い得ない。

このことに関連して、筆者は朝鮮半島南部地域に流入した同型鏡群や中・後期倭製鏡の分布について検討したことがある。その結果、栄山江流域の前方後円墳などでは小型の倭製鏡などが主体であるのに対し、同型鏡群は百済・武寧王陵出土の三面や南原市・斗洛里三二号墳、また慶尚南道など、百済から加耶諸地域にかけて集中することを確認した（辻田二〇一八）。製作地について諸説ある隅田八幡《すだはちまん》神社人物画象鏡についても、武寧王陵出土同型鏡群とともに、即位前の継体と武寧王の両者の密接な関係を物語る資料として挙げられる（本書第七章〔河内〕、山尾一九八三、車崎一九九五、川西二〇〇四、福永二〇〇七、辻田二〇一八）。また半島西南部から出土した小型の倭製鏡については、近畿地域からの贈与のみならず、九州地域からもたらされたものが含まれる可能性も想定されている（上野二〇〇四・二〇一九、下垣二〇一一）。そうした点と上述の横穴式石室の系譜とをあわせて考えるならば、半島南部をめぐる地域間関係は、以下のような大きく二つの軸に整理できるものと考えている。

「百済・加耶諸地域―近畿地域」

⇔

「栄山江流域―九州地域」

この場合の「九州」には、北部九州や中九州などの各地域が含まれ、また九州地域は加耶諸地域とも、近畿地域は栄山江流域ともそれぞれ交流のチャンネルは有していたとみられることから、この二つの軸は必ずしも排他的なものではなく、部分的に重なり合うものであったと考えられる。いずれにしても、栄山江流域はより九州地域との、百済・加耶諸地域はより近畿地域との結びつきが強く、両者の間に利害関係の対立を想定することが可能である（蒲原二〇二四）。この状況は、五世紀後半の高句麗南下による百済漢城陥落（四七五年）と熊津遷都、そしてそれ以降の百済の半島南部への拡張傾向の中で顕著となったとみられる（森公章二〇一三）。筆者自身はその点からみた場合、栄山江流域の前方後円墳は、横穴式石室の系譜という点においても、在地勢力による九州地域との結びつきの象徴という観点で理解できるものと考えている。六世紀前葉においては、新羅と大加耶が連携し、半島の西部・南部への圧力を強めたこともう一つの背景として想定される（山尾一九九九）。

六世紀前葉においては、こうした栄山江流域をめぐる百済・新羅・加耶諸地域と列島各地との関係およびその均衡が、微妙なバランスの中で保たれていたものと考えられる。この状況下で、『日本書紀』などが記すように、北部九州の最有力上位層としての磐井と新羅が結んだとすれば、このバランスが大きく崩れることになったものとみられる。磐井の乱は、こうした半島南部と九州・近畿との政治的関係の変動の中で起こったものと考えられるのである。

三　磐井の乱とその後の北部九州

(1)磐井の乱後におけるミヤケ設置と周辺の動向

『日本書紀』は、磐井の乱後に、磐井の息子葛子が、父の罪に連座させられることをおそれ、糟屋屯倉《かすやのみやけ》を献上したと伝えている。糟屋屯倉については、具体的な遺跡は未発見であるが関連する遺跡として、福岡県粕屋町鶴見塚《つるみづか》古墳と阿恵《あえ》遺跡が知られている。前者は六世紀中葉に築造された八〇㍍の前方後円墳で、石室は失われているが横穴式石室で石屋形を伴っていたとされている。近接して位置する阿恵遺跡では、七世紀後半の糟屋評衙の正倉域が検出されており、六世紀中葉に遡る建物跡は未検出ながら、鶴見塚古墳とともに周辺に存在する糟屋屯倉の中枢域の一部の可能性が高いと考えられる。また古賀市鹿部田渕《ししぶたぶち》遺跡では、後述する比恵《ひえ》遺跡と同様の三本柱柵を伴う掘立柱建物群が検出されており、糟屋屯倉に関わる港湾施設の可能性も想定されている。今後の調査が期待される。

その後、『日本書紀』では、安閑元（五三四）年に武蔵国造の乱後に横渟《よこぬ》・橘花《たちばな》・多氷《おおい》・倉樔《くらす》屯倉が設けられている。安閑二（五三五）年には、九州各地に穂波《ほなみ》・鎌《かま》・腠碕《みさき》・桑原《くわばら》・肝等《かと》・大抜《おおぬく》・我鹿《あか》・春日部《かすかべ》屯倉が、また関東の緑野《みどの》屯倉をはじめ、列島各地にミヤケの設置が行われたことが記録されている。宣化元（五三六）年には那津官家《なのつのみやけ》が修造され、東海各地のミヤケから茨田《まんだ》郡屯倉を経由して「穀」が集められたことが記されている。このうち、博多湾沿岸地域に設置されたとみられる那津官家の有力候補として、福岡市比恵遺跡で検出された三本柱柵を伴う総柱の大型倉庫群が想定されている（米倉一九九三、柳沢二〇一四：図6－5・6－6）。近隣には全長七五㍍の前方後円墳である東光寺剣塚古墳が築かれており、複式構造の横穴式石室に石屋形が伴う。那津官家を管掌した在地有力者の墳墓の可能性が想定される。西に九キロほど離れた福岡市有田遺跡でも三本柱柵を伴う倉庫群が見つかっており、那津官家との関連が想定される。これ以外の九州各地のミヤケについても、考古学的な遺跡との対比が行われている（桃﨑二〇一〇）。ミヤケはヤマト王権の置いた政治的軍事的拠点であり、国造制・部民制と一体となった経営拠点とされる（館野二〇〇四）。「ミヤケ」自体は、ヤマト王権との結びつきを示す建物や場を示すものであり、「国造支配のためにその拠点に置かれたミヤケは当然のこととして記載されずその他の何らかの特別の目的をもって置かれたミヤケのみを記したのであろう」（館野前掲）と指摘されており、名前が記録された北部九州の各ミヤケに関しては、磐井の乱後の設置という特殊な事情を反映していると考えることができよう（那津官家に関する研究史については、酒井二〇〇八、岩永二〇二二、神二〇二四を参照）。

北部九州では、これらのミヤケが設置された後、各地で前方後円墳の築造が停止する。従来、北部九州においては、ミヤケが設置された地域では六世紀後半代の大型前方後円墳の分布が少ないこと、また「君」「臣」「直」姓の有力豪族の所在が推定される地域では、六世紀後葉まで大型前方後円墳の造営が行われていることが指摘されている（田村二〇〇九）。筆者はこの点を踏まえ、北部九州における前方後円墳の築造停止のあり方について大きく次の三類型に分類している（表6：辻田二〇二三）。A類型は大型前方後円墳の築造停止が早い地域で、群集墳の中に小型の前方後円墳が築かれるA1類型と、六〇㍍級の前方後円墳の築造が最後となるA2類型に区分できる。B類型は六世紀後葉（TK43型式）前後の最後の前方後円墳において九〇～一〇〇㍍規模に大型化した後、大型円墳に転換する。C類型は前時期までに在地の大型前方後円墳が不在ながら、六世紀後半に大型円墳などが築かれる地域である。

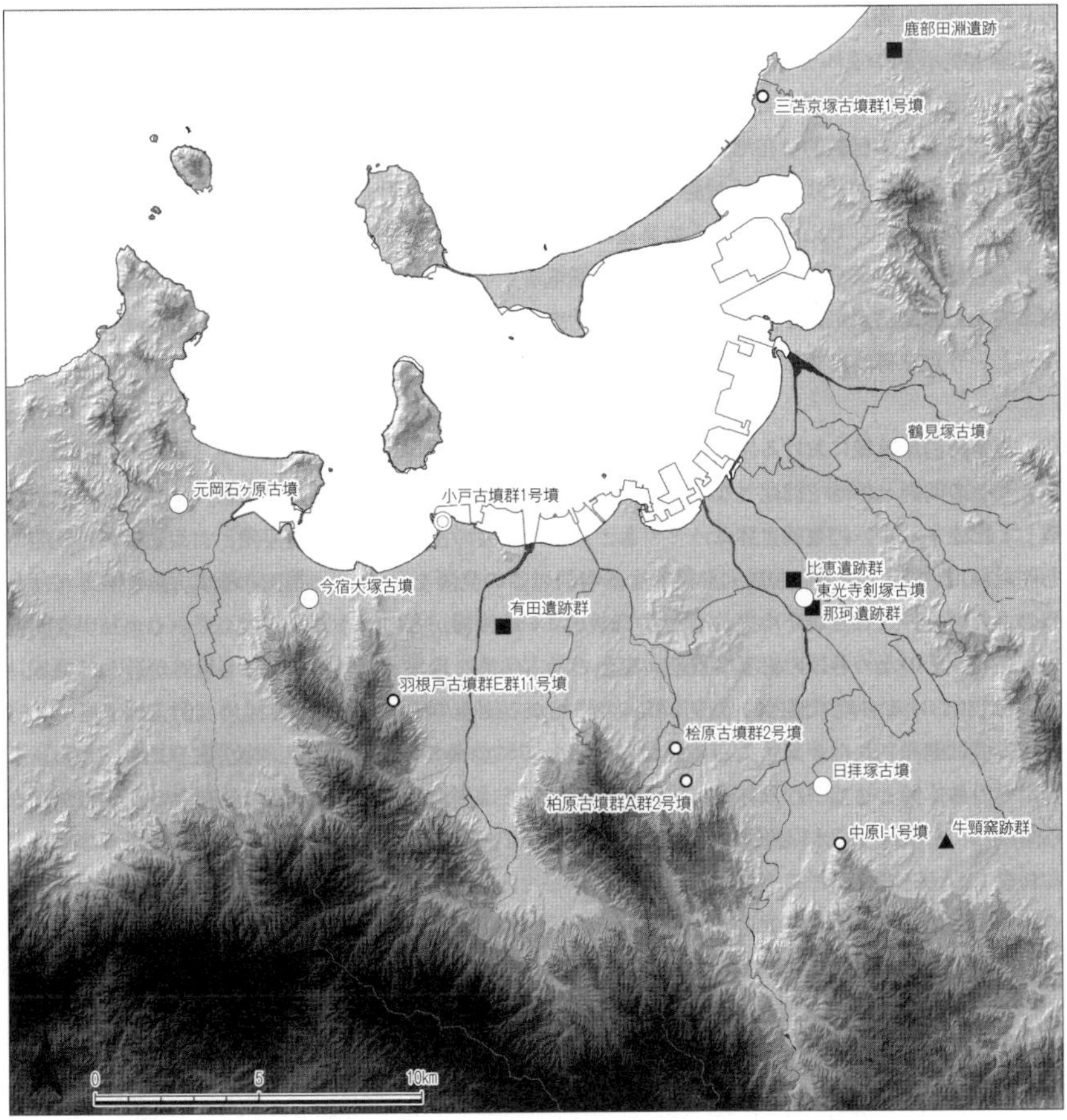

図６－５　博多湾沿岸地域における6世紀代のミヤケ関連遺跡の分布

■：ミヤケ関連遺跡（三本柱柵を伴う建物群），▲：須恵器生産遺跡，○中規模以上の前方後円墳，海岸線は明治33年のもの。辻田（2011）より

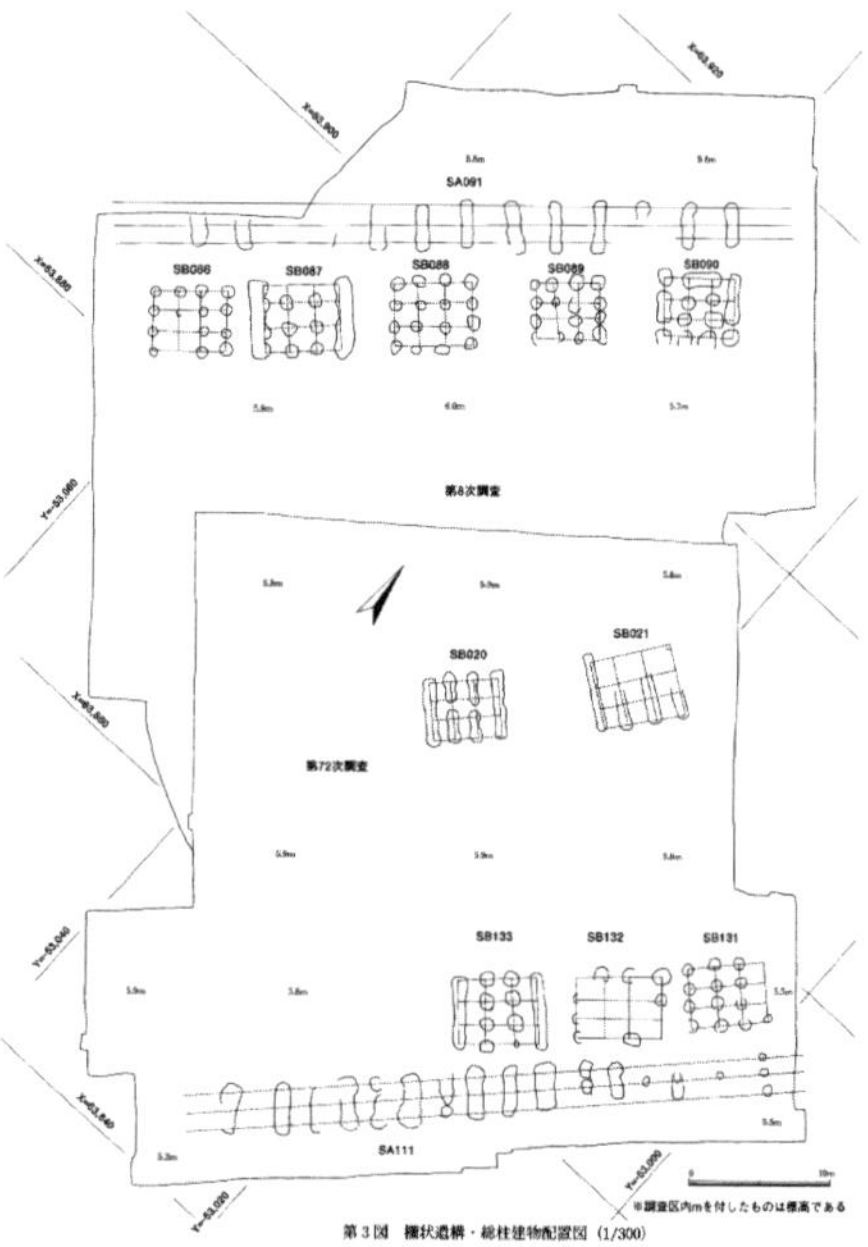

図６－６　福岡市比恵遺跡における三本柱柵を伴う倉庫群
『比恵29』（福岡市埋蔵文化財調査報告書第663集）より

これらのパターンの違いは、磐井の乱後の各地のあり方や、磐井の乱の際に各地域集団がどのような立ち位置であったかを考える上で指標となるものと考えている。具体例として、那津官家が設置された博多湾沿岸地域（図６－１：Ａ～Ｄ）、先に挙げた遠賀川上流域（同Ｈ）と宗像地域（同Ｆ）および八女地域（同Ｋ）の四地域を比較したい。

博多湾沿岸地域は、先に挙げたＡ１類型の代表例であり、前方後円墳の築造停止が早く、六世紀後半代に大型前方後円墳の築造がみられない。他方で平野周辺の丘陵地帯に多数の群集墳が営まれ、須恵器生産や鉄器生産が活発に行われたと想定される点も特徴である。また遠賀川上流域においては、穂波屯倉が設置されたとみられる穂波川流域で、王塚古墳の後に築かれた天神山《てんじんやま》古墳（全長六七㍍）が最後の前方後円墳である。また隣接して鎌屯倉が設置された嘉麻川流域（遠賀川の本流域）では、全長六八㍍の寺山古墳が最後の前方後円墳とみられる。いずれも六世紀後葉（ＴＫ43型式）の築造である。これらはいずれも磐井の乱後にミヤケが設置された地域であり、前方後円墳の築造停止が早いか、あるいは大規模化せず、前方後円墳から大型円墳へと転換する点が共通している。またこの六七～八㍍前後の規模は、関東においてミヤケが設置された地域で築造される前方後円墳の規模（若狭二〇一七・二〇二一）とほぼ同一である点が注目される。このことは、列島の東西で、ミヤケの設置に伴う前方後円墳の築

表6　北部九州における前方後円墳築造停止の諸類型

分類	特徴	地域	備考
A1類型	大型前方後円墳の築造停止が早く（TK10前後），群集墳の中で小型前方後円墳が築造される	福岡平野，早良平野，今宿地域など	牛頸窯跡群
A2類型	大型前方後円墳が不在で，60m級の前方後円墳を上位として周辺に群集墳・横穴墓が営まれる	遠賀川上流域など	井手ヶ浦窯跡群
B類型	前方後円墳の規模が90～100m級に大型化した後，大型円墳に転換する	宗像地域，筑後川中流域南岸，八女地域など	宗像窯跡群，八女窯跡群
C類型	前時期までに在地の大型前方後円墳などが不在ながら，6世紀後半（TK43）に大型円墳などが出現する	筑紫野・小郡地域，遠賀川中流域など	五郎山古墳，新延大塚古墳など

辻田（2023）より

造停止のあり方が広く共通していた可能性を示している。なお、上記の天神山古墳は、六世紀後葉に築かれた前方後円墳であるが、穂波屯倉が六世紀中葉に設置されたとすれば、天神山古墳の被葬者はその管掌者となった在地の上位層の可能性が想定される（辻田二〇二四ａ）。

このことは、磐井と並んで近畿の継体政権と強い結びつきをもっていた王塚古墳の被葬者とその地域集団が、その後も近畿中枢との結びつきを継続したこと、ひいては王塚古墳の被葬者が磐井の乱の前後において積極的には磐井の側に荷担せずにその勢力を維持した可能性をも示唆している。

またＣ類型として挙げられるのは、筑紫野市五郎山《ごろうやま》古墳や遠賀川中流域の鞍手町新延大塚《にのぶおおつか》古墳、宮若市竹原古墳や損ヶ隈《そんがくま》古墳など、直前に先行する大型前方後円墳の築造がなく六世紀中葉〜後葉に大型円墳が築かれた地域である。これらには装飾古墳が多く含まれ、複室構造の横穴式石室をもち地域内の最上位墓として築かれており、Ａ類型における大型円墳への転換とも共通していることから、ミヤケの設置との関連も想定される。他方で、前述のＡ１類型に該当する博多湾沿岸地域では彩色系装飾古墳の築造が少なく、政治的な規制などを想定する見解もある（吉村二〇二〇四、辻田二〇二四ｂ）。全体的な傾向としては、在地的な文化伝統やその表現が緩やかに許容されていたとみられる一方で、博多湾沿岸地域などのようにそうしたあり方が抑制される、もしくは「彩色壁画を積極的には描かない」といった選択が行われる場合があったことを示しているといえよう。

(2)宗像地域と八女古墳群のその後

上述のA・C類型の諸地域とは対照的に、宗像地域や八女地域は、六世紀後葉において最後に築造される前方後円墳の規模が九〇〜一〇〇メートル規模に大型化した後、大型円墳へと転換する。これをB類型とするが、これらの地域は、磐井の乱後にミヤケが設置された地域とは異なり、有力豪族の奥津城でその後も継続的に発展した点が共通している。

宗像地域では、六世紀後半に在自《あらじ》剣塚《つるぎづか》古墳（全長一〇二メートル）が最後の前方後円墳として築造された後、切石積みの横穴式石室を伴う大型円墳の手光波切不動《てびかなみきりふどう》古墳が築かれている。胸肩《むなかた》君一族の奥津城《おくつき》と想定される。宗像地域は、古墳築造動向や様々な古墳の構成要素などから、八女地域や有明海沿岸地域を中心とした首長連合とは距離を取っていたこと、ひいては磐井の乱の際にはむしろ継体政権側についた可能性が想定されている（重藤二〇一一）。これに関連して田中史生氏は、『日本書紀』が記す磐井と新羅との結びつきによって、近畿から派遣された軍の朝鮮半島への渡海が困難になったとみた場合に、宗像地域までは進軍できたものの、そこから西の海域を磐井による妨害に遭ったが故に渡海できなかったとすれば、宗像地域の南側に位置する糟屋地域を磐井が押さえていたことや、乱後に糟屋地域がミヤケとして献上されたことの意味が説明できると指摘している（田中二〇一八）。またこの点において、博多湾沿岸地域から壱岐を経由した半島南部への海路の重要性がこの時期にも継続していたとする同氏の指摘も注意される。

この点は、磐井が押さえていた糟屋の港津が、糟屋屯倉へと転化した後も、筑紫君が国造として王権に奉仕し、外交業務に従事するための場として活用され、那津官家の補助的な役割を担ったとする加藤謙吉氏の指摘とも重なっている（加藤二〇一八）。磐井の乱に際して磐井が敗北した要因として、火君一族の離反という点が挙げられているが（井上一九七〇、加藤二〇一八）、胸肩君一族もまた、筑紫君一族とは距離を取ったとみられる点では共通した動向といえよう。

八女古墳群では、岩戸山古墳の後にも九〇㍍級の前方後円墳の築造が継続する。善蔵塚《ぜんぞうづか》古墳・鶴見山古墳・乗場古墳などであり、鶴見山古墳から出土した武装石人は、石製表飾の伝統が六世紀後半以後に継続していたことを示している。また最後の前方後円墳の一つである乗場古墳では、複室構造の横穴式石室の中に連続三角文などの伝統的な意匠をもつ彩色壁画が描かれていた。八女古墳群では他にも丸山塚《まるやまづか》古墳（円墳）など、六世紀後半の彩色壁画をもつ装飾古墳が知られており、大型前方後円墳の築造のみならず、石製表飾や彩色壁画といった在地の文化伝統の継続が緩やかに許容されていたことを示す点で興味深い。

他に先述のB類型に該当する地域として、筑後川中流域南岸が挙げられる。久留米市田主丸大塚《たぬしまるおおつか》古墳（一〇三㍍）は六世紀後葉の前方後円墳であり、その後周辺では多くの円墳を主体とした装飾古墳が築かれている。その東側に位置するうきは市域に築かれた重定《しげさだ》古墳は元来八〇〜九〇㍍の前方後円墳とみられ、彩色壁画を伴う複室構造の横穴式石室を有する。その後、大型円墳の楠名《くすみょう》古墳が築造されている。両地域ともに、大型前方後円墳から大型円墳へと転換した事例である。

八女古墳群は、磐井以降の筑紫君一族の奥津城と想定されており、筑紫国造家のその後の発展を示すと考えられている（小田編一九九一、柳沢二〇一四、下原二〇〇六、酒井二〇〇八・二〇一八、小嶋二〇二三）。那津官家は「筑紫・肥・豊」の広い範囲のミヤケを統括したと想定されているが（酒井二〇〇八・二〇一八、田中二〇一八・二〇一九）、筑紫国造を「筑紫」地域の支配を委任された在地の代表者と捉えた場合、その在地支配の実態が問題となる。「筑紫」地域の内部には、A類型やC類型としたミヤケ設置地域および関連地域のみならず、大型前方後円墳の築造が継続したB類型の宗像地域や筑後川中流域などが含まれることからすると、磐井の乱後の筑紫国造とその在地支配の実態は、それらA～C類型の諸地域が混在・並存するようなあり方に近かったものと想定される。なお八女古墳群においても、前方後円墳の築造停止後は、童男山《どうなんざん》1号墳や下茶屋《しものちゃや》古墳（岩戸山4号墳）などの大型円墳へと転換する。

上記に挙げた諸地域以外にも、壱岐島などを含め、北部九州の遠賀川流域から玄界灘沿岸地域、また有明海沿岸地域では、前方後円墳の築造停止後に大型円墳に転換する点が共通する（辻田二〇一二）。この点では、六世紀末以降においては、広い範囲で墳丘形態が「平準化」したという見方も可能である。他方、瀬戸内海に面した周防灘沿岸地域の一部では、六世紀後葉～末前後に大型方墳の築造が卓越しており（みやこ町甲塚方墳・橘塚古墳など）、玄界灘沿岸地域との違いが現れている。このような多様な地域的様相の並存が、磐井の乱後のヤマト王権による北部九州へのミヤケ設置とその帰結と考えることもできよう。

おわりに

以上、継体期前後とそれ以降の北部九州について、古墳築造動向と、ミヤケの設置という観点から考えてきた。北部九州の地域的特色として、磐井の乱およびその後のミヤケ設置などが、文献史料の記述と考古学的成果の双方から検討可能である点を挙げることができる。本章ではそのような視点から、磐井の乱前後における広域の政治的関係と、その後のミヤケ制・国造制の具体像に迫ろうとした。ここで注目されるのが埼玉古墳群や群馬県域、また房総半島などを含めた関東地方との比較という点である。上述のように、ミヤケが設置された地域において築造される前方後円墳の規模に六八㍍前後という共通性が認められることはその一端であり（若狭二〇一七・二〇二二）、多くの地域で一〇〇㍍級の大型前方後円墳の築造が継続する点もまた、一部については北部九州のB類型との対比が可能であろう。その点では、埼玉古墳群が武蔵国造の奥津城とする理解（城倉二〇一一、本書第八章〈若狭〉）からすれば、埼玉古墳群は八女古墳群の消長などと具体的に対比することが可能であろうか。同様の比較は、埼玉古墳群にかぎらず、関東も含めた東日本の各地域との間で行うことが可能であると考えられる（右島ほか編二〇一一、広瀬・太田編二〇一一、白井二〇一六）。この意味でも、例えば磐井の乱と武蔵国造の乱および関連する諸問題について、今後の比較検討や共同研究などが期待されるところであり、この点を最後に強調しつつ擱筆したい。

〈参考文献〉

足達悠紀　二〇二三「岩戸山古墳出土・表採資料の検討」『九州大学総合研究博物館研究報告』20
井上辰雄　一九七〇『火の国』学生社
岩永省三　二〇二二『古代国家形成過程論—理論・針路・考古学—』すいれん舎
上野祥史　二〇〇四「韓半島南部出土鏡について」『国立歴史民俗博物館研究報告』110
上野祥史　二〇一九「朝鮮半島南部の鏡と倭韓の交渉」『国立歴史民俗博物館研究報告』217
小澤太郎　二〇〇九「墳丘築造企画の継承」『地域の考古学』佐田茂先生佐賀大学退任記念論文集刊行会
小田富士雄編　一九九一『古代を考える 磐井の乱』吉川弘文館

加藤謙吉　二〇一八　「「磐井の乱」前後における筑紫君と火君」篠川賢・大川原竜一・鈴木正信編『国造制・部民制の研究』八木書店
川西宏幸　二〇〇四　『同型鏡とワカタケル』同成社
蒲原宏行　二〇二四　「筑紫君磐井の乱勃発の真因について」『九州前方後円墳研究会論集』九州前方後円墳研究会
九州歴史資料館編　二〇二四　『筑紫君一族史』九州歴史資料館
熊谷公男　二〇〇一　『日本の歴史03　大王から天皇へ』講談社
車崎正彦　一九九五　「隅田八幡人物画像鏡の年代」『継体王朝の謎』河出書房新社
藏冨士寛　二〇〇八　「倭王権と九州」『東アジアの文化構造と日本的展開』北九州中国書店
小嶋　篤　二〇二三　「筑紫君の墓域と開発」『九州歴史資料館研究論集』48
齊藤大輔　二〇一八　「岩戸山古墳出土の捩り環頭大刀形石製表飾」『古文化談叢』81
酒井芳司　二〇〇八　「那津官家修造記事の再検討」『日本歴史』725
酒井芳司　二〇一八　「筑紫国造と評の成立」『大宰府の研究』高志書院
重藤輝行　二〇一一　「宗像地域における古墳時代首長の対外交渉と沖ノ島祭祀」『「宗像・沖ノ島と関連遺産群」研究報告』1
嶋田光一　一九九一　「福岡県櫨山古墳の再検討」『古文化論叢』児島隆人先生喜寿記念事業会
篠川　賢　一九九六　『日本古代国造制の研究』吉川弘文館
下垣仁志　二〇一一　『古墳時代の王権構造』吉川弘文館
下原幸裕　二〇〇六　『西日本の終末期古墳』中国書店
城倉正祥　二〇一一　「武蔵国造争乱―研究の現状と課題―」『史観』165
白井久美子　二〇一六　『最後の前方後円墳　龍角寺浅間山古墳』新泉社
神　啓崇　二〇二四　「考古学からみた那津官家―研究の現状と課題」『七隈史学会第26回大会考古部会研究発表報告集』
神啓崇・西幸子・桃﨑祐輔　二〇一八　「岩戸山古墳石馬の馬装研究」『古文化談叢』81

石人石馬研究会編　二〇一八「石人石馬実測集成・筑後編」『古文化談叢』81
高田貫太　二〇一四『古墳時代の日朝関係』吉川弘文館
高田貫太　二〇一九『異形の古墳』ＫＡＤＯＫＡＷＡ
舘野和己　二〇〇四「ヤマト王権の列島支配」『日本史講座第一巻』東京大学出版会
田中史生　二〇一八「磐井の乱前後の北部九州と倭王権」新川登亀男編『日本古代史の方法と意義』勉誠出版
田中史生　二〇一九『渡来人と帰化人』ＫＡＤＯＫＡＷＡ
田村　悟　二〇〇九「北部九州の終末期群集墳再考」『終末期古墳の再検討』九州前方後円墳研究会
辻田淳一郎　二〇一一「博多湾沿岸地域の古墳時代後期社会」『新修福岡市史 資料編考古一』福岡市
辻田淳一郎　二〇一三「古墳時代の集落と那津官家」『新修福岡市史 特別編 自然と遺跡からみた福岡の歴史』福岡市
辻田淳一郎　二〇一八『同型鏡と倭の五王の時代』同成社
辻田淳一郎　二〇二三「前方後円墳の築造停止とその背景」『史淵』160
辻田淳一郎　二〇二四a「天神山古墳の調査成果」『天神山古墳』（桂川町文化財調査報告書22）
辻田淳一郎　二〇二四b「北部九州における装飾古墳の築造とその背景」『九州前方後円墳研究会論集』九州前方後円墳研究会
朴　天秀　二〇〇七『加耶と倭』講談社
広瀬和雄・太田博之編　二〇一一『前方後円墳の終焉』雄山閣
福永伸哉　二〇〇五「いわゆる継体期における威信財変化とその意義」『井ノ内稲荷塚古墳の研究』大阪大学大学院文学研究科
福永伸哉　二〇〇七「継体王権と韓半島の前方後円墳」『勝福寺古墳の研究』大阪大学文学研究科
松浦宇哲　二〇〇五「福岡県王塚古墳の出現にみる地域間交流の変容」『待兼山考古学論集』大阪大学考古学友の会
松浦宇哲　二〇一五「農工具からみた山の神古墳の被葬者像」辻田淳一郎編『山の神古墳の研究』九州大学大学院人文科学研究院考古学研究室

右島和夫・若狭徹・内山敏行編　二〇一一　『古墳時代毛野の実像』雄山閣
桃﨑祐輔　二〇一〇　「九州のミヤケ研究入門」『還暦、還暦？　還暦！』武末純一先生還暦記念事業会
桃﨑祐輔　二〇一五　「山の神古墳出土馬具の検討」辻田淳一郎編『山の神古墳の研究』九州大学大学院人文科学研究院考古学研究室
森　公章　二〇一三　「交流史から見た沖ノ島祭祀」「宗像・沖ノ島と関連遺産群」研究報告書Ⅲ
森　公章　二〇一四　「国造制と屯倉制」『岩波講座日本歴史二　古代二』岩波書店
森貞次郎　一九五六　「筑後国風土記逸文に見える筑紫君磐井の墳墓」『考古学雑誌』41―3
森下章司　一九九一　「古墳時代仿製鏡の変遷とその特質」『史林』74―6
柳沢一男　二〇〇二　「全南地方の栄山江型横穴式石室の系譜と前方後円墳」『前方後円墳と古代日朝関係』同成社
柳沢一男　二〇〇四　『描かれた黄泉の世界　王塚古墳』新泉社
柳沢一男　二〇一四　『筑紫君磐井と「磐井の乱」岩戸山古墳』新泉社
山尾幸久　一九八三　『日本古代王権形成史論』岩波書店
山尾幸久　一九九九　『筑紫君磐井の戦争』新日本出版社
山本孝文　二〇一八　『古代韓半島と倭国』中央公論新社
吉村武彦　二〇〇六　「ヤマト王権と律令制国家の形成」『列島の古代史八　古代史の流れ』岩波書店
吉村靖徳　二〇〇五　「石棚雑感―九州における系譜と評価をめぐって―」『九州歴史資料館研究論集』30
吉村靖徳　二〇二四　「筑紫における彩色系装飾古墳の出現と磐井の乱」『九州歴史資料館研究論集』49
米倉秀紀　一九九三　「那津官家？　―博多湾岸における三本柱柵と大型総柱建物群―」『福岡市博物館研究紀要』3
若狭　徹　二〇一七　『古代の東国一　前方後円墳と東国社会』吉川弘文館
若狭　徹　二〇二一　『古墳時代東国の地域経営』吉川弘文館
渡邉　響　二〇二四　「岩戸山古墳出土馬形埴輪について」『九州考古学』99

第七章　六世紀前半の倭王権と東国豪族

河内春人

はじめに

『日本書紀』によれば、五〇七年に継体天皇が即位する。仁徳天皇とその子孫が皇位を継いでいたが断絶し、応神天皇で分枝して別系統の王族であり五世孫を称した継体が即位したとする（図7－1）。書紀の記す皇統譜をそのまま信じてよいかどうかという問題もあるが、ここに大きな政治的変動があったことは誰しもが予想するところである。

埼玉《さきたま》古墳群に二子山《ふたごやま》古墳が造営されたのがまさにこの時期であった。地域首長による前方後円墳の造営は倭王権との政治的関係に基づくと考えられており（都出一九九一）、この観点によれば王権の変動と埼玉古墳群を形成した地域豪族の関係が問われることになる。特に埼玉地域においては『日本書紀』安閑紀に、武蔵国造の乱と呼ばれる地域の内紛があったことが特筆されている。倭王権の変動と地域の動向の関連性が検討課題として浮上する。

本稿では、文献史学の立場から文献史料や文字資料（金石文）に見える六世紀前半の倭王権をめぐる政治状況を確認し、それを踏まえてその動向が埼玉古墳群を造営した地域豪族のあり方にどのように影響したのかということを取り扱う。なお当時は天皇号が成立していないので、大王号を用いる。ただし記紀の文脈によるものに限り「天皇」と

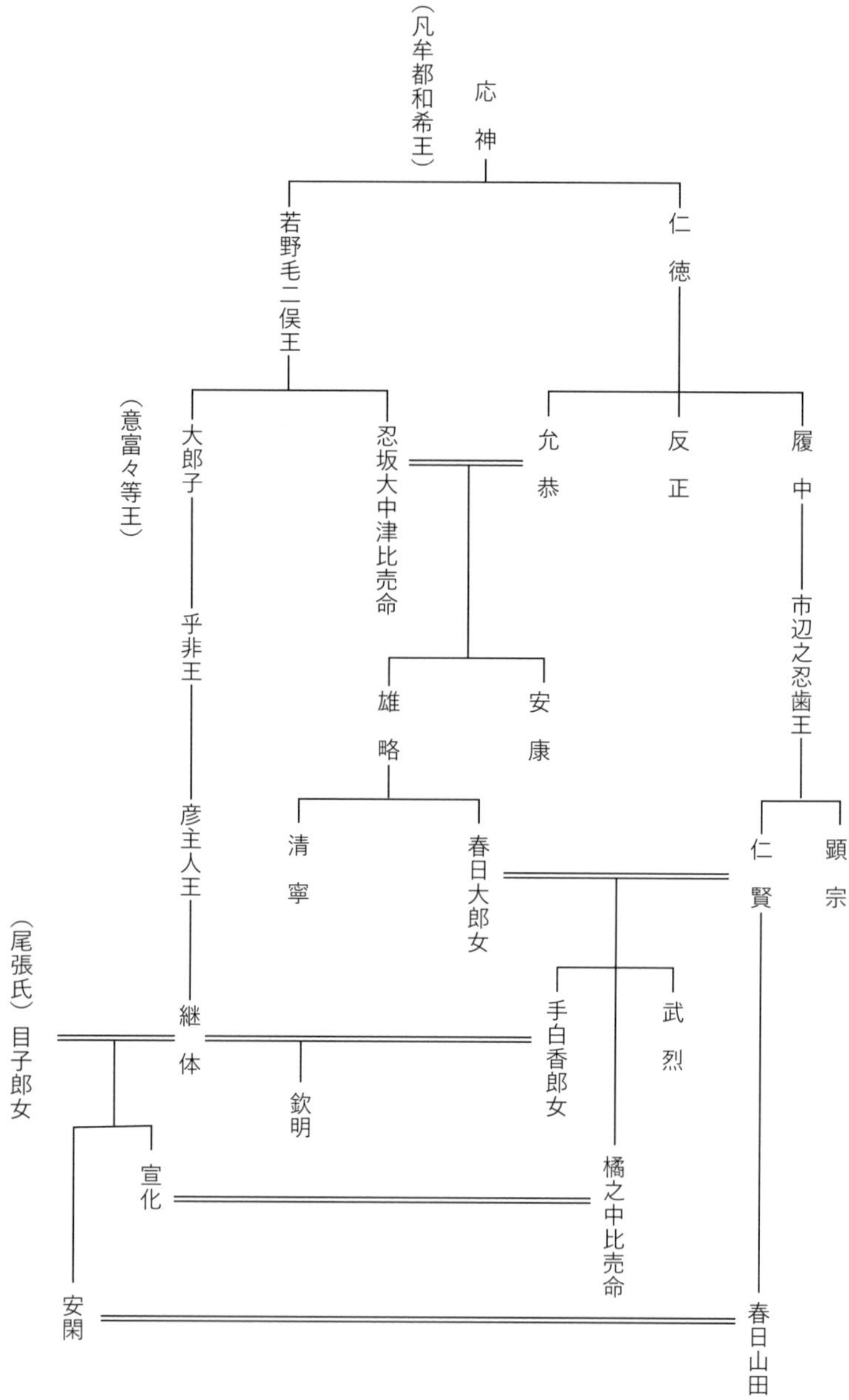

図7－1　継体関連系図　（記紀・上宮記をもとに構成）

記して区別する。

一　継体朝の倭王権

（1）『日本書紀』に見る皇位継承

まず記紀では継体が祖とする応神以後の皇位継承のあり方について確認しておく。

応神の後、大山守命《おおやまもりのみこと》の反乱と菟道稚郎子《うじのわきいらつこ》との皇位互譲を経て仁徳天皇が即位する。仁徳死後、子の履中天皇が兄弟である住吉仲《すみのえのなかつ》皇子《みこ》の反乱を鎮圧して即位した。履中が亡くなると弟の反正天皇が継ぎ、さらに弟の允恭天皇が継承した。その在位中に皇太子の木梨軽皇子《きなしのかるのみこ》が失脚して、代わって弟の安康天皇が即位した。安康は仁徳の皇子だった大草香《おおくさかの》皇子《みこ》を殺害し、その妃だった中蒂姫《なかしのひめ》を皇后としたが、大草香と中蒂姫の間に生まれていた眉輪王《まよわおう》に殺害される。これに対して安康の弟の雄略が、兄弟である八釣白彦《やつりのしろひこの》皇子《みこ》・坂合黒彦《さかいのくろひこの》皇子《みこ》と眉輪王を殺害して即位した。さらに有力な皇位継承候補者であった市辺押磐《いちへのおしわの》皇子《みこ》の殺害に及んでいる。雄略の死後に吉備の血筋を有する星川稚宮《ほしかわのわかみやの》皇子《みこ》が反乱を起こしたが、それを鎮圧した清寧天皇が即位した。子のいなかった清寧は市辺押磐の二人の遺児を見つけ出して皇位を継がせた。先に弟の顕宗天皇が継ぎ、次いで兄の仁賢天皇が即位した。仁賢の死後はその子の武烈天皇が即位したが子がなく、仁徳の皇統は途絶えた。

このように仁徳皇統は兄弟継承と世代交代を重ねながら、皇統内での皇位継承争いによって後継者が減少し、人倫に悖る武烈が即位するに及んで途絶したとする。ただし、儒教的な「聖帝」として位置づけられた仁徳（大鷦鷯《おおさざき》）の子孫が、儒教的規範に背く武烈（若鷦鷯《わかさざき》）によって断絶するという構成がとられており、儒教的な応報史観が持ち込まれている点には留意しなければならない。サザキに始まりサザキに終わるという円環構造は史実ではなく物語における構成として捉えられる。これらを総合すると、武烈は仁徳皇統が断絶することを必然化するために作り出された虚構の天皇である可能性が高い（川口一九八一）。それゆえ「仁徳皇統の断絶」あるいは五世紀末の混乱というシェーマ自体が再検討されなければならない。

加えて、五世紀後半の倭王権のイメージにはブレがある。この時期には一般的にワカタケル大王と同定される強力な君主としての雄略の君臨が想定されている。文献史学では「画期としての雄略朝」と呼ばれている（岸一九八八）。ただし雄略の位置づけについても、葛城一言主《かつらぎひとことぬし》との説話では神と対等な天皇を描く書紀と、神への畏敬を強調する古事記でズレがあり注意が必要である。かりに雄略が有力な大王だったとしても、特定の大王が強い権力を行使したことと倭王権の強化につながっているかどうかは別問題である。

記紀では虚構の可能性が高い武烈を皇統譜に組み込んでおり、その系譜だけをとっても史実を反映させたものとは見なしがたい。また当該期の倭王権について、中国史料に信用できる記載は残されていない。朝鮮史料も同様である。総じて文献史料から五世紀末〜六世紀初頭の実情を復元することは極めて困難であるといわざるを得ない。

(2)五世紀の王位継承

記紀以外の史料から当時の王位継承の実態について考えてみる。『宋書』には倭国から宋に外交使節をくり返し派遣した倭の五王について記されている。そこから見て取れる倭王権の状況を整理すると次のようになる。

讃《さん》と珍《ちん》は兄弟であること、済《せい》を父として興《こう》と武《ぶ》が兄弟であることが明記されている。一方で珍と済の間には続柄が記されておらず、両者は近親ではなかったと考えられる（藤間一九六八）。讃・珍と済・興・武はいずれも倭姓を名

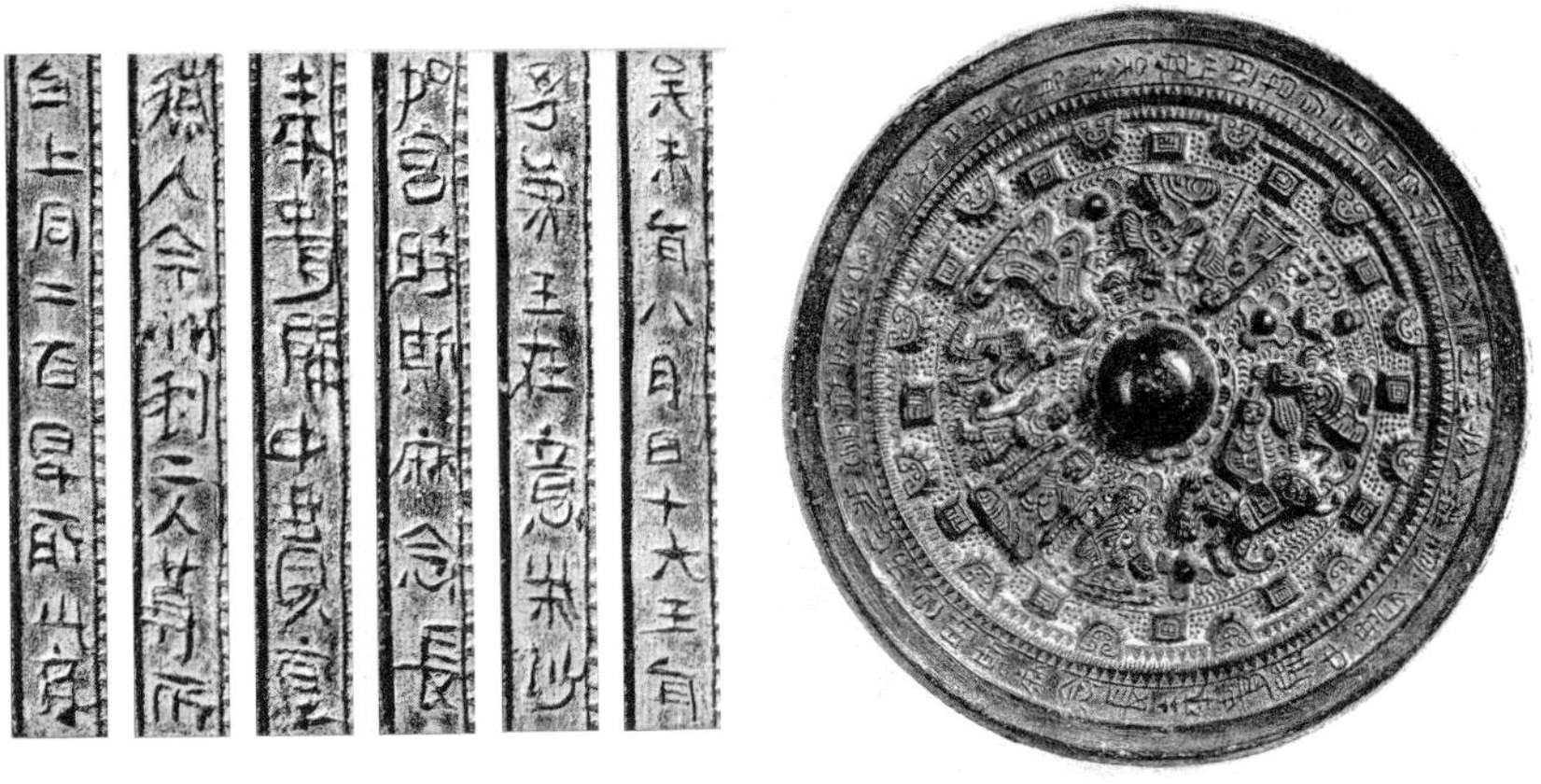

図7－2　隅田八幡神社人物画像鏡・銘文　毎日新聞(1976)『原色版　国宝』より

のっており全く血縁関係がなかったとは断定できない。ただし当時の東アジアでは国名や王族の出自を姓とする慣行があり、血縁関係がなくとも同姓を名のる可能性は捨てきれない。いずれにせよ異なる政治的グループであったことは間違いない。

珍の時の王族として倭隋《わずい》の名が見える。珍が宋から安東将軍に任じられたのに対して、倭隋はほぼ同格の平西将軍になっている（武田一九七五）。倭隋は珍とは異なる王族集団であり、かつ珍に匹敵する立場を保有していたと考えられる。それを踏まえると、倭隋は済の父あるいは兄であった可能性を想定できる（河内二〇一八）。

金石文では隅田《すだ》八幡《はちまん》神社人物《じんぶつ》画《が》像鏡《ぞうきょう》が挙げられる（図7―2）。その読み下しは次の通りになる。

癸未年八月、日十大王の年、孚弟王が意柴沙加宮に在る時、斯麻が長寿を念い、開中費直・穢人今州利二人等を遣わし、白上の銅二百□を□、此竟を□（作る？）

銘文から当時の倭王権についての手がかりが得られる。「日十大王」は、年代的に記紀では武烈に相当するが名前が異なる。「日十」と釈読してヲシと読み、仁賢に充てる見解もあるが（山尾一九八三）、確定されるものではない。むしろ後代に系譜操作によって消された大王がいたことを示唆するものとも捉えられよう。先述のように、記紀では継体の登場を正当化するために仁徳皇統の途絶という語りが必要になり、そのために武烈が創出された。結果として同時期に在位していた大王は名前が残らなかったと考えられる。

一方考古学的に見ると、古市《ふるいち》古墳群と百舌鳥《もず》古墳群が当時の大王墓として目される巨大前方後円墳を擁している。巨大古墳群としての古市と百舌鳥は五世紀に並行して存在しており、大王を輩出する集団として倭王権を構成していた。両古墳群を比較すると、五世紀前半は誉田御廟山古墳など古市古墳群が優位であり、五世紀後半になると大山《だいせん》古墳やニサンザイ古墳など百舌鳥古墳群に転換する。積極的に評価するなら、讃・珍は古市古墳群を築いた集団、済・興・武は百舌鳥古墳群を築いた集団ということになろう。

以上を踏まえると、五世紀の倭王権は複数の王族集団から成り立っていたと考えられる。そしてその王位継承は、大王が死去するとそれぞれの王族集団のリーダーのうち最も資格を備えていると見なされた人物が即位するという手続きを経たのであろう。

百舌鳥集団は五世紀後半に途絶するが、古市集団は六世紀前半までは継続するという評価が考古学の方ではあるように理解している。それが正しければ、六世紀初頭における仁徳王統（あるいはそれに相当する集団）の断絶という理解は成り立たない。継体が新王統を創始したという説明は五世紀の王統が途絶することによって初めて成立するロジックであり、この点を根底から問い直す必要がある。

とはいえ、五世紀後半にそれまで大王を輩出した集団が衰退したということは、上記の考古学的徴証から認めてよい。ただし、宮内庁が雄略の陵墓参考地としている河内大塚山《かわちおおつかやま》古墳は、六世紀前半の造営であり墳丘長が三〇〇㍍を超える。この古墳の位置づけ方で六世紀前半の王権史の理解は大幅に変動するといってよい。

（3）継体の即位

五世紀には王権内の複数の王族集団間で大王位が移動したが、六世紀初頭に古市・百舌鳥の両集団に即位適格者が不在となったものと推定される。そこで有資格者として登場したのが継体であった。五世紀に大王位を継承していた仁徳王統が断絶したために、近江から越前に勢力をもっていた継体が、大伴金村《おおとものかなむら》らの招請を受けて即位したとされる。そこで注目されるのが、仁徳王統と継体の間に記紀の記すような系譜関係が認められるか、ということである。

このテーマは戦後、日本史研究が皇国史観の軛から解放されると取り組まれるようになる。継体大王について、王権史上の画期として明確に位置づけたのは水野祐である（水野一九五四）。その後、岡田精司によってそれまでの王統とは血縁関係にない外来の新王権という見解が確立した（岡田一九七二）。天皇家を万世一系とする思い込みを相対化するうえでこれらの研究が果たした意義は大きい。

一方で、史料分析から継体の出自を王族として認める反論も登場する。文献研究では『上宮記』に記される系譜から王族の出自であったと認める見解もある（水谷二〇〇一、大橋二〇〇七）。

この問題を探るには、即位前の継体の立場を考えなければならない。隅田八幡人物画像鏡の銘文は、癸未年（五〇三）に孚弟（フト）王（＝即位前の継体）がオシサカ宮にいた時に斯麻（シマ＝百済武寧王、五〇一年即位）から白銅の贈り物を受けたと解釈できる。すでに指摘されているように、北陸集団はこれ以前からヤマトのオシサカ（現忍坂周辺）に拠点を有していた（山尾一九八三、河内二〇二一）。それを踏まえると、継体の出自母体である北陸系王族集団は、すでに五世紀にヤマト政権に参画していた有力な勢力であったと見なすべきである。

継体自身も即位前から百済と交流しており、百済王からの贈与がなされるなど密接な関係を築いていた。継体と百済の外交についてヤマト政権が与り知らぬところであったとは考え難い。ただし百済とのパイプを有していた継体は

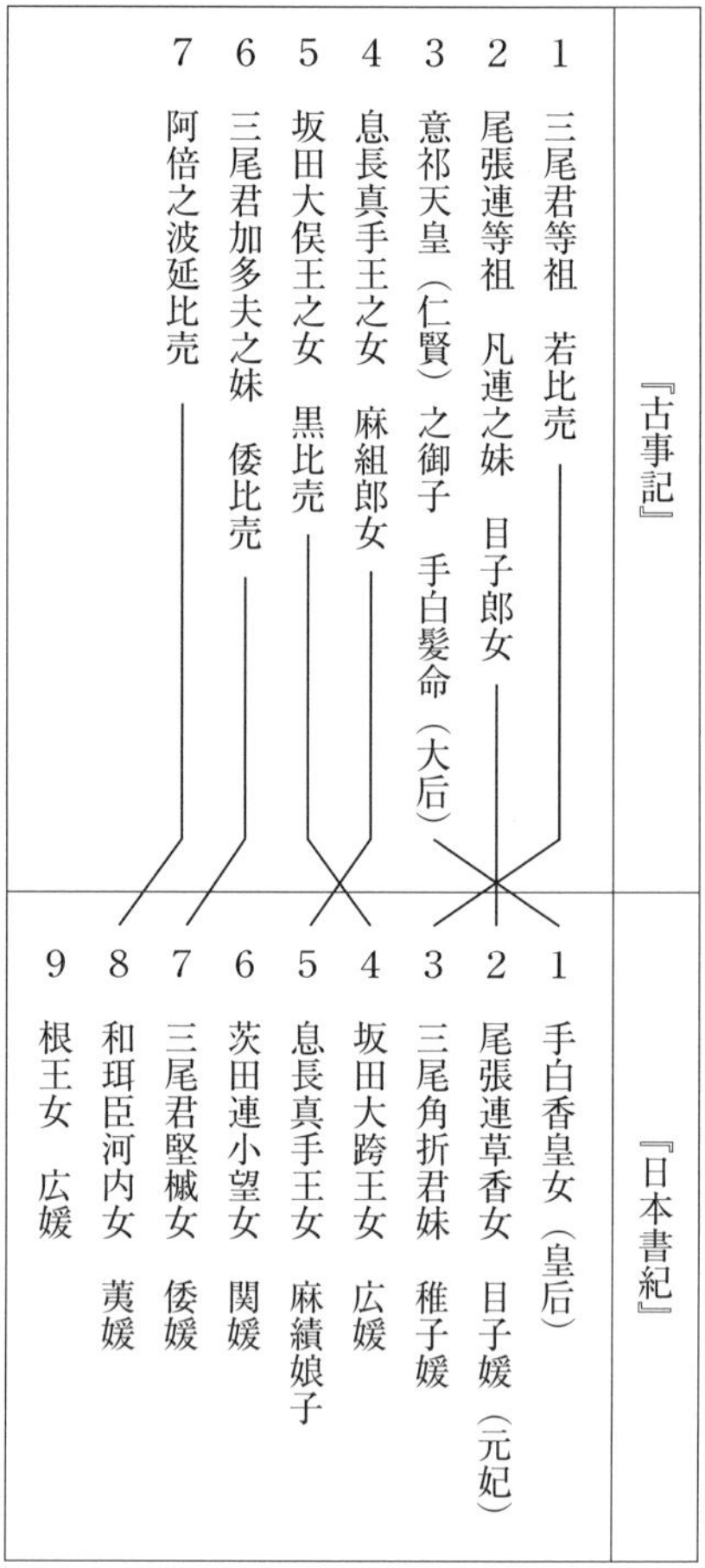

図7－3　継体の婚姻関係
和田（1987）より

ヤマト政権において外交担当として活動していたと見てよいかという点については注意が必要である。当時の外交が大王に一元化されていたという理解は、記紀あるいは後代の歴史観に拘束された考え方である。六世紀に有力豪族が朝鮮半島で独自の活動を行うのは普通のことであった（河内二〇一七）。北陸集団は日本海沿岸に大きな影響力をもち、ヤマト政権に参画しながら朝鮮半島との交流に独自に関わっていた可能性も十分にあり得る。

継体のキサキも即位前の立場を考える手がかりになる。即位時に五八歳であったという記述に従えば、そのほとんどは即位前にキサキとしたと見なされる。そしてキサキの出自から即位前の継体の勢力を推測することができる（図7－3）。即位にあたって娶った手白香《たしらか》を除けば、尾張（尾張）、三尾（越前／近江）、坂田（近江）、息長（近江）、茨田（河内）、和珥（ヤマト）などを出自とする女性である。近江・越前の女性が多いのは本拠地であることから当然として、尾張、河内、そしてヤマトからも娶っている。これらは即位前から他地域の有力豪族と婚姻関係を結ぶことによって同盟的な関係を作り上げていたと見なすべきであろう。

中でも目を惹くのが尾張である。継体は即位以前に尾張の有力集団と婚姻関係を結んで目子媛を娶っており、安閑・宣化はその血統でもある。継体は即位前に北陸から東海にかけてのネットワークを構築しており、その勢力はヤマト政権の諸豪族も無視できなかったことは間違いない。

いずれにせよ継体はそれまでの倭王権とは無関係に、その断絶によって勇躍としてヤマトに乗り込んできたわけではなかった。むしろ前大王を支える有力者としての立場を構築しており、その即位もヤマト政権を構成する他の有力豪族の支持のもとに実現したのである。そうであるならばその前提として、王族と見なされていた蓋然性が高い。

そしてそれは五世紀の王位継承の論理に則った即位だったと評し得る。その点で継体は五世紀的な大王であった。しかし継体はその状態に安住することなく、王権の変革に着手した。世襲王権の実現を図ったのである。その一つが大王位の継承資格を自分の子に限定することであった。その一環として大兄《おおえ》制の成立を見ておきたい。大兄制は必ずしも王位継承に限られる制度ではないが、継体が王権の内部変革において導入し、それを他の豪族も取り入れたものと考えておく。

二　地域豪族のあり方

(1)地域豪族の構造

本節では六世紀前半における地域豪族のあり方について考えてみたい。氏姓制度成立以前の社会において地域豪族はいかなる族内構造を有していただろうか。それを考える手がかりとなるのが稲荷山古墳出土鉄剣銘である（図7－

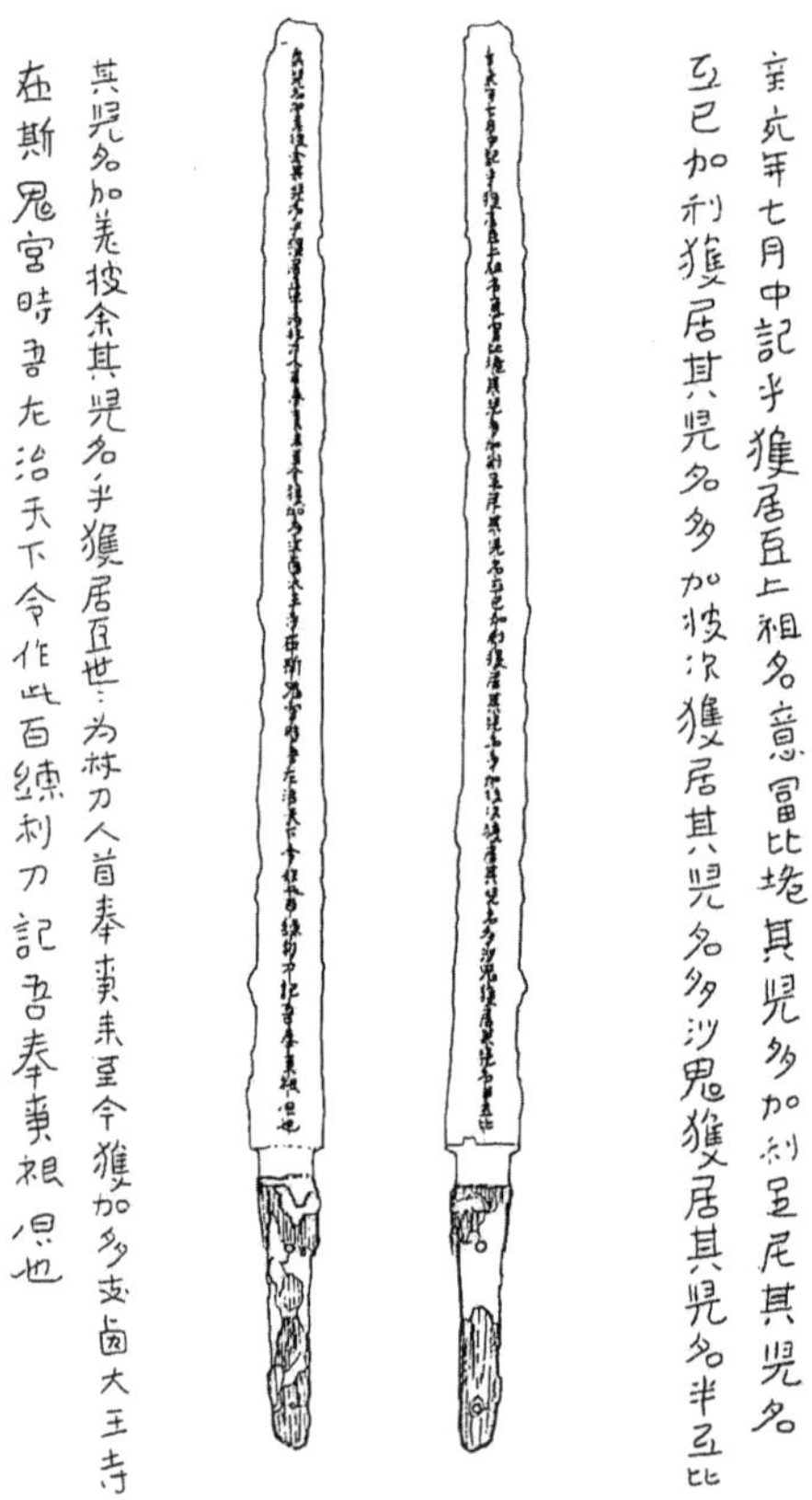
辛亥年七月中記乎獲居臣上祖名意富比垝其児多加利足尼其児名
弖已加利獲居其児名多加披次獲居其児名多沙鬼獲居其児名半弖比
其児名加差披余其児名乎獲居臣世々為杖刀人首奉事来至今獲加多支鹵大王寺
在斯鬼宮時吾左治天下令作此百練利刀記吾奉事根原也

図7－4　稲荷山古墳出土鉄剣（金錯銘鉄剣）
埼玉県立さきたま史跡の博物館（2007）
『武蔵埼玉稲荷山古墳』より

4）。

辛亥年七月中記す。乎獲居臣、上祖の名は意富比垝、其の児は多加利足尼、其の児の名は弖已加利獲居、其の児の名は多加披次獲居、其の児の名は多沙鬼獲居、其の児の名は半弖比、其の児の名は加差披余、其の児の名は乎獲居臣。世々杖刀人首と為り、奉事し来りて今に至る。獲加多支鹵大王の寺、斯鬼宮に在る時、吾天下を左治し、此の百練利刀を作らしめ、吾が奉事の根原を記す也、

銘文において、首長位の継承が「其の児…其の児…」という系譜で記されている。一見すると血縁関係のようにみえるが、大王ですら父子直系継承を実現していない段階で地域豪族が直系継承を実現できたとは考えられない。

古代系譜の研究において、竪系図は地位継承次第系譜であると指摘されている（義江二〇〇〇）。鉄剣銘も文字のみ

で構成されており図化されてはいないが竪系図の古形であると位置づけられる。鉄剣銘は首長位の継承を親子関係に擬制したものであり、首長位が親子間で継承していたことを表すものではない。

鉄剣が出土した稲荷山古墳を含む埼玉古墳群のあり方からそれを造営した地域豪族の構造を析出できる。埼玉古墳群は六世紀においても古墳の方位において複数系統があったことが指摘されている（高橋二〇〇五）（図7－5）。すな

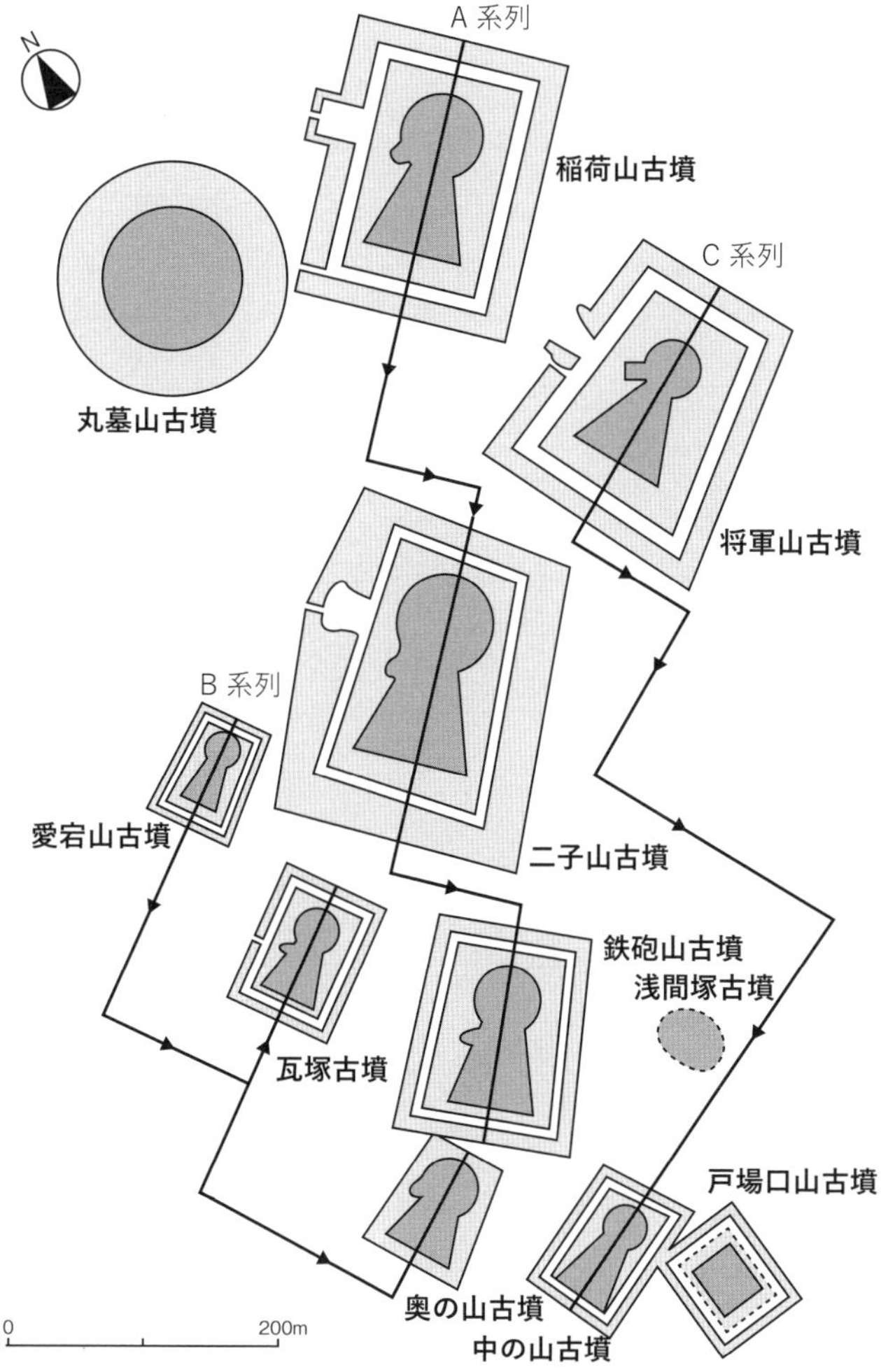

図7－5　埼玉古墳群における三つの主軸方位
高橋(2005)より

わち、地域豪族はその内部において首長を輩出する複数の集団が存在し、首長位はその集団間を移動したと推定される。ただし、首長位の継承においては前首長の「児」として立場が定められたと考えられる。

これは倭王権において大王位が複数の王族集団の間を移動するという構造と一致する。すなわち五世紀の社会集団は、政治的上層部にある王権から地域豪族まで質的に同じであったことを意味する。

なおこの構造は氏姓制度成立後も続いている。一例として阿倍氏を挙げておこう。七世紀から八世紀にかけて阿倍氏の族長位（氏上）は、次のように引田系と布勢系が相互に入れ替わっている。

斉明朝：比羅夫（引田）→文武朝：御主人（布勢）→元明朝：宿奈麻呂（引田）→聖武朝：広庭（布勢）

これらのケースから、豪族は氏として編成された後も首長・氏上を輩出する系統の一本化を果たしえていないことがわかる。複数の内部集団を包含する構造は六世紀以後も基本的に変革されることはなかったのである。

(2)集団のアイデンティティ

こうした地域豪族の内部において系統の異なる集団を一つにまとめる求心力は何かということが問題となる。この点について鉄剣銘で注目されるのが「上祖」という存在である。五世紀の王権では始祖王たるホムタワケが結集核になったと考えられる（河内二〇一八）。内部構造が同様であるならば、結集原理も同様であり地域豪族においても始祖（上祖）の共有が重要だったと推定される。

氏姓制度成立以後の豪族レベルの始祖のあり方については秦氏の事例が注目される（加藤一九九八）。

秦始皇帝三世孫孝武王より出づ。男功満王、帯仲彦天皇（諡仲哀）八年、来朝す。男融通王（一云弓月王）、誉田天皇（諡応神）十四年、廿七県の百姓を来り率いて帰化す。…大鷦鷯天皇諡仁徳の御世、百廿七県の秦氏を以て諸郡に分置す。(『新撰姓氏録』)

ヤマト政権は波状的に到来した渡来集団を管理するために、血縁的関係の有無に関わらず彼らを同族的集団として編成した。その際に一二七県の集団が先祖を融通王《ゆうづうおう》（弓月君）として共有することになった。六世紀半ば以降、その集団は秦氏として氏姓制度のなかに位置づけられた。「氏」の仕組みにおいて、系統の異なる同族内集団は始祖を共有することで統合を実現していた。

そして律令国家の時期になると、国内の貴族・豪族（渡来系は除く）は全てが天皇系譜に接続されるようになる。鉄剣銘において埼玉古墳群を形成した埼玉集団の上祖とされたオホヒコも、複数の氏族が始祖と位置づけられている。

欝色謎命を立てて皇后と為す。…第一に曰く、大彦命。…兄大彦命、是れ阿倍臣・膳臣・阿閉臣・狭狭城山君・筑紫国造・越国造・伊賀臣、凡そ七族の始祖也。(『日本書紀』孝元七年二月丁卯条)

『日本書紀』では中央豪族と地域豪族がオホヒコを媒介として始祖を共有している。筑紫国造と越国造という各地で勢力を形成した地域豪族が大彦の子孫として位置づけられている。ただしそれは、それぞれの氏族を一体化させることに主眼があるのではなく、天皇系譜に接続させることで天皇への仕奉の根拠を設定したものであった。

なお、ここには埼玉集団の子孫と見なし得る氏族は挙げられていない。埼玉集団は六世紀前半に氏姓制度・国造制が成立すると笠原直として武蔵国造に任じられる氏族となった。武蔵国造の一族の先祖について神代紀に言及がある。

素戔嗚尊、乃ち轠轤然に、其の左の髻に纏《ま》かせる五百箇の御統《みすまる》の瓊《たま》の綸《を》を解き、瓊響《ぬなと》も瑲瑲《もゆら》に、天渟名井《あまのぬない》に濯ぎ浮く。其の瓊の端を囓みて、左の掌に置きて、生す児を、正哉吾勝勝速日天忍穂根《まさかあかつかちはやひあまのおしほねの》尊。復た右の瓊を囓みて、右の掌に置きて、生す児を、天穂日命。此れ出雲臣・武蔵国造・土師連等が遠祖也。次に天津彦根命。此れ茨城国造・額田部連等が遠祖也。次に活目津彦根命、次に熯速日命、次に熊野大隅命。凡て六の男ます。（『日本書紀』神代第七段一書第三）

書紀ではスサノオが瓊の端をかんで生じた神である天穂日命が遠祖であると記されている。なお、古事記では天照と素戔嗚のウケヒの際に生れた天菩比命《あめのほひのみこと》（天穂日命）の子の建比良鳥命《たけひらとりのみこと》が无邪志国造《むざしのくにのみやつこ》の祖であると記している。ウケヒにおいて天穂日命と対比的に生じた正哉吾勝勝速日天忍穂根尊は天孫降臨するニニギの父親という設定であり、天皇家の直系尊属にあたる神である。つまり武蔵国造は、その始祖から王権の近くにあったと位置づけられた。出雲国造も同じ始祖につなげられていることは興味深い。

一方で鉄剣銘では埼玉集団はオホヒコを始祖としており、始祖が異なる。整合的に考えるならば始祖の付け替えが六～七世紀に発生したことになる。記紀では大彦は崇神朝において四道将軍の一人として北陸平定に活躍した人物として描かれている。おそらくオホヒコは五世紀のヤマト政権においてすでに登場していた伝承的人物であり、ヤマト政権と強いつながりをもった集団がオホヒコを始祖として系譜を接続することを許されたのだろう。五世紀末から六世紀初頭には地方豪族が始祖を中央と共有するという構造が形成され始めていたのである。そして、七世紀後半の天武朝に古代天皇制が確立したことに伴って修史への取り組みが始まり、全国の豪族を系譜的に天皇家に結びつけるという作業が行われた。この時に王権との関係を踏まえて始祖が再設定されることになり、武蔵国造はオホヒコから天穂日命に始祖変更という仕儀になったと推定される。古代日本で始祖とは、一族のアイデンティティでありながら不変の強固な存在ではなく、政治的に変更されることがある流動的なものであった。

（3）大王と地域首長

五世紀の政治構造は考古学的には前方後円墳体制という概念が提起されている（都出一九九一）。それは前方後円墳を地域首長と倭王権との関係を示すものと見なし、連合体内での序列を示すとする。五世紀を初期国家と位置づける見解と相俟って、古墳時代における政治的統合を重視する考え方であり、大王の権力を強力なものとして評価する傾向にある。

都出が階層的関係を重視したのに対して、大平聡は盟主を含めた「共有の論理」を強調する（大平二〇二〇）。本章でもその考え方を支持する。大王が地域首長に対して上位の権力を確立しているならば儀礼や誂えにおいて格差を示そうとするであろう。しかし倭の五王は自身以外の王族や豪族にも将軍号授与を宋に要請している。五王が授かった安東将軍とそれ以外の平西・征虜・冠軍・輔国などの将軍号は宋の将軍号ランクにおいて三品という点で同格である。すなわち大王と地域首長は、宋から概ね同格の将軍号を授かりかつ前方後円墳という同じ形の古墳の造営を共有していたことになる。それは相互に同質な地位であったことを示す。大きさの優劣は集団の規模の差という量的な差異であり、質的な違いではない。

ところが六世紀半ばに氏姓制度が確立すると、大王と地域豪族の関係は大きく変化する。大王は氏姓をもたず臣下に賜与する立場になる。豪族は氏姓を授かる立場になり、上下関係が明確化する。臣下のみが氏姓をもつということは、氏姓の有無をめぐって大王と地域豪族は質的に決

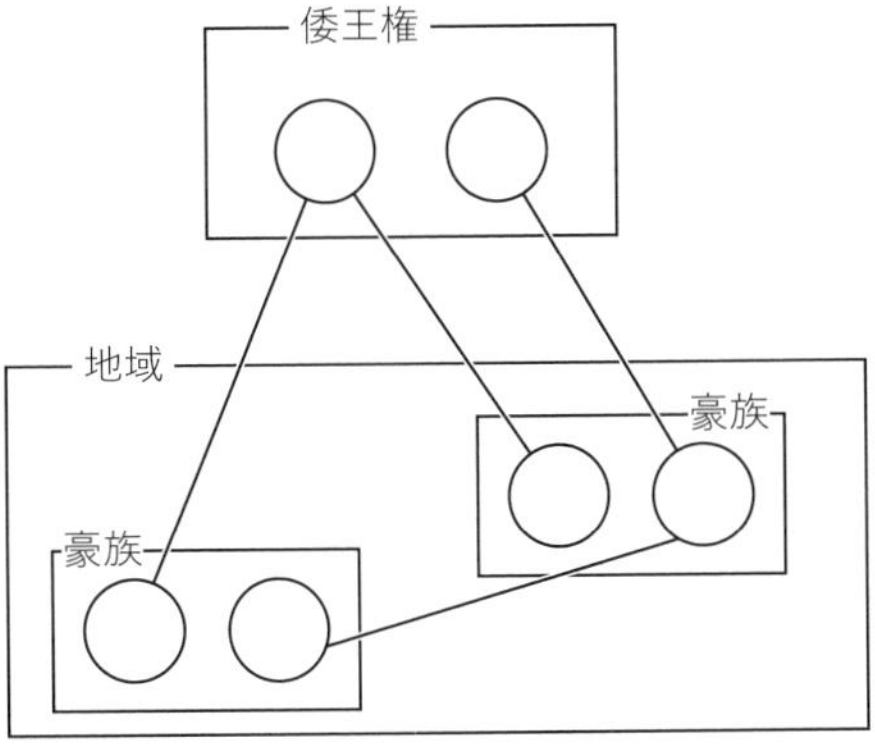

図7－6　五世紀における倭王権と地方豪族

定的に異なる存在となった。

前方後円墳体制は王権と地域豪族の関係を古墳によって可視化するものとするのはその通りであるが、その関係は一対一ではない。王権内には複数の王族集団があり、地域豪族も複数の内部集団で構成されていた。加えて、地方によっては地域首長になり得る他の豪族も存在していた。王権と地域豪族の関係はそれぞれの構成集団単位で形成されるものであり、中央と地方の関係は「某地方を支配していた豪族がヤマト政権に従っていた」という単純な説明で割り切れるものではなかった（図7－6）。

こうした関係から、王権内における大王位の移動が地域豪族の内部における力関係に影響を及ぼしたことが予想できる。地域豪族にとって王権とは、自らの上に君臨して支配するものではないが、さりとてその動向に無縁でもいられなかったのである。

三　武蔵国造の乱

（1）乱の経緯

『日本書紀』によると、継体没後の安閑元年に東国の地域豪族内で内紛が発生した。武蔵国造である笠原直《かさはらのあたえ》一族の内部で国造の地位をめぐる抗争が勃発し、それが王権や上毛野勢力など外部にも波及した出来事として描かれる、いわゆる「武蔵国造の乱」である。

武蔵国造笠原直使主《おみ》、同族小杵《おき》と国造を相争う。年を経て決し難し。小杵、性阻にして逆有り、心高く順うこと無し。密かに就きて援けを上毛野君小熊に求めて使主を謀殺せんとす。使主覚り走り出で、京に詣り状を言す。

朝庭臨断して使主を以て国造と為て小杵を誅す。国造使主、悚憙懐に交ちて黙已《もだ》あること能わず。謹んで国家の為に横渟・橘花・多氷・倉樔四処の屯倉を置き奉る。（『日本書紀』安閑元年閏十二月条）

この記事には『日本書紀』特有の誤りや潤色がある。その最も大きな問題点は、国造の地位を争ったということである。国造制は継体朝末期の九州における政治的抗争である磐井の乱を契機に成立し、その後東日本にも及んでいった（篠川二〇二一）。そうであるならば、継体朝直後に国造の地位争いがあったとは考えがたい。『日本書紀』の歴史観では国造は成務朝に定められたとしており、それに従って地域豪族内の内紛は国造の地位をめぐる争いと潤色されることになった。すなわち武蔵国造の乱とは、その呼び名に反して国造の地位を争うような出来事ではなかったことになる。そこでここからは「武蔵国造の乱」に代えて、埼玉集団の内紛（埼玉内紛）と呼ぶことにしたい。

もちろん内紛が全くのフィクションであったというつもりはない。この記事の主眼は横渟《よこぬ》・橘花《たちばな》・多氷《おおい》・倉樔《くらす》の四屯倉の設置の由来を語るところにある。磐井の乱において糟谷《かすや》屯倉が設置されたように、現地での政治的混乱の発生とそれに対する王権の介入という経緯によってミヤケが設置された。埼玉内紛も同様の経緯が想定されるのであり、地域内において内紛が発生したことは十分に考えられる（図7―7）。

前節で述べた通り、地域豪族内には複数の首長位を継承し得る集団が並存していた。それを踏まえて記事を読み解くと、埼玉古墳群を造営していた武蔵の有力地域豪族内における内部集団が対立し、首長権の争奪が発生したものとして理解できる（伊藤一九九九）。『日本書紀』の人名に則れば、首長位を掌握していた使主に対して、新興の小杵が首長位を奪おうとしたということになる。

小杵と首長であった使主との抗争は「年を経て決し難し」とあるように、その対立は突発的な事件ではなく長期間にわたって集団内で醸成されてきたものであった。すなわち豪族内の首長位継承における政治的矛盾が蓄積しており、それが小杵による首長使主への対決へと導いたと考えられる。その背景には、複数の内部集団が寄り集まって始祖を共有するかたちで緩やかな統合を図るという構造上の問題があった。それぞれの内部集団に首長に相応しい人物が同時に出現した場合、それは容易に対立に転化したのである。

(2)地域社会と乱

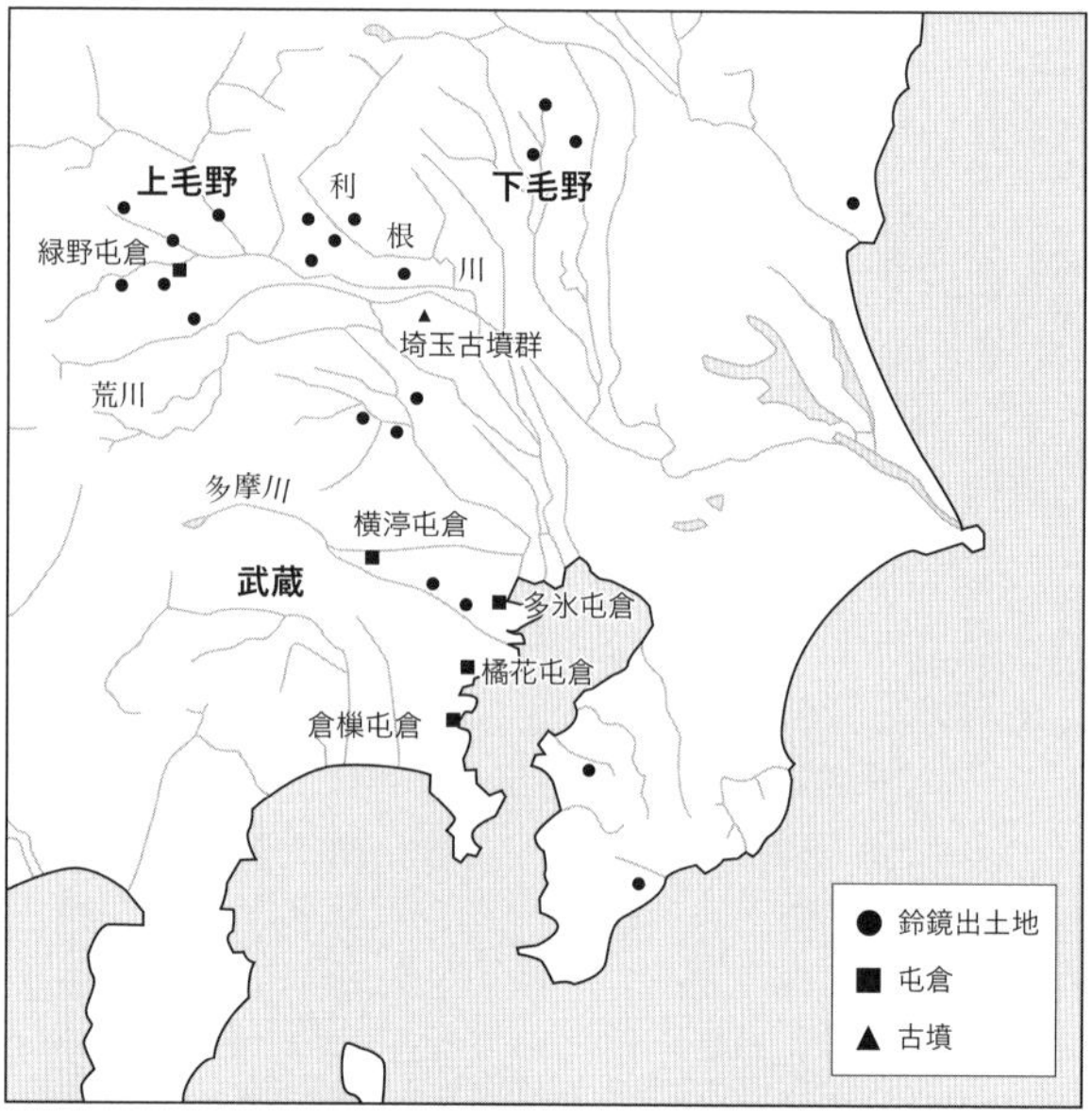

図7－7　「武蔵国造の乱」関連地図　伊藤(1999)より

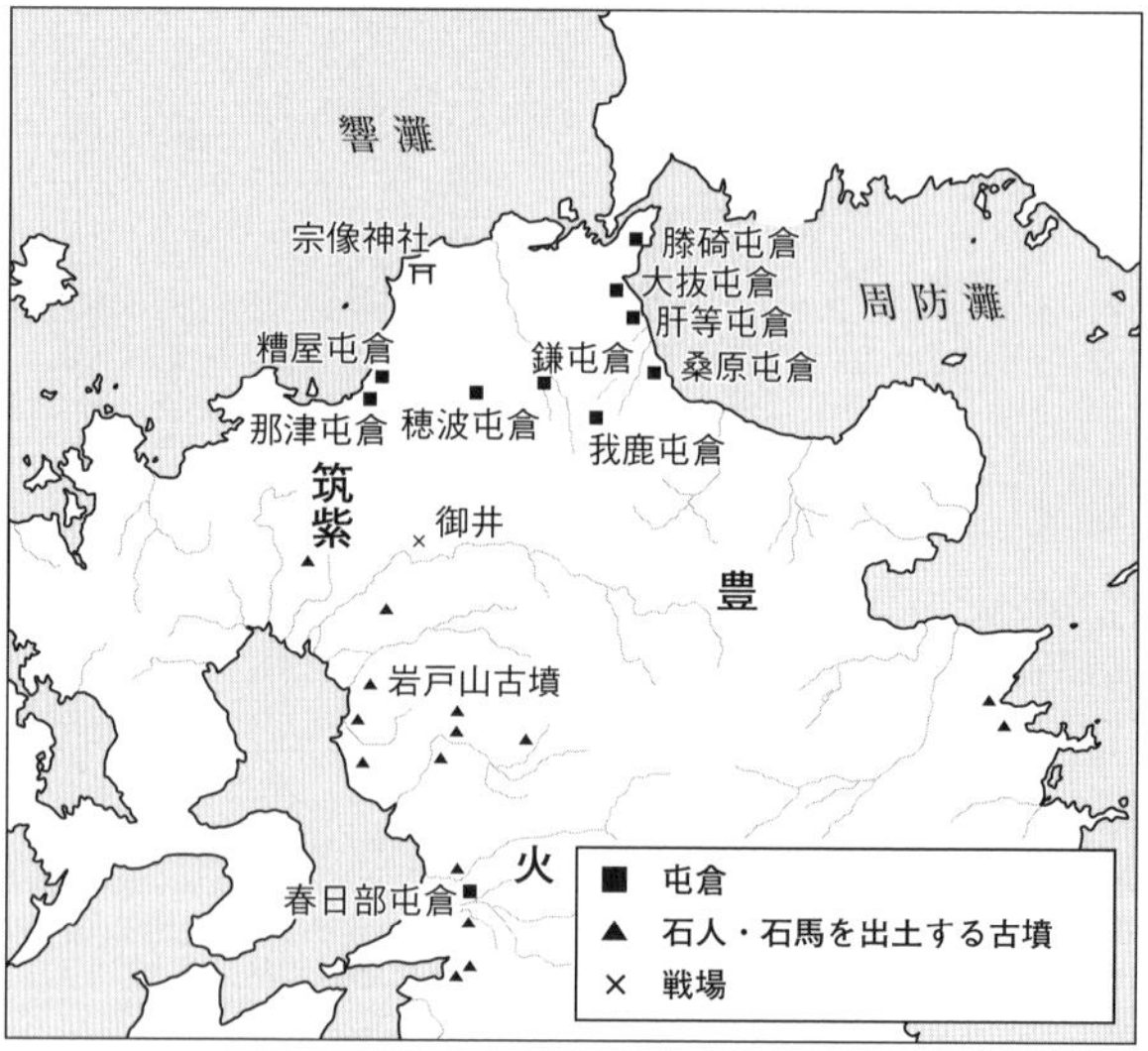

図7－8　「磐井の乱」とミヤケ　伊藤(1999)より

この一件で注目されるのは、埼玉集団の内紛に上毛野の勢力が関与していることである。当該期の武蔵が上毛野集団の控制下にあったことは古くから指摘されており（甘粕一九七〇）、小杵は北関東における埼玉と上毛野の政治的関係を利用して力を伸ばすことをねらって小熊《おくま》と結合した。小熊は埼玉集団への影響力の強化を図って、それに応じたものと思われる。

しかし、その目論見が成功することはなかった。そもそも小熊が埼玉集団の内部対立に介入して小杵の要請を受け入れた要因として、上毛野の影響力が低下しつつあった状況を看取できる。本来ならば上毛野の首長と埼玉の首長がその政治的関係を維持していくはずである。しかし上毛野の北関東における政治力の後退が、首長ではない小杵との結合を促すことになったのであろう。

小熊・小杵と対立した首長の使主は、彼らに対抗するために王権との接触を図っている。これによって初めて王権は介入が可能になった。逆にいえば地域豪族側の要請がなければ王権は介入できなかった。六世紀前半においても王権による地域豪族への政治的コントロールは極めてアンタッチャブルな案件であったといえる。

埼玉の内紛は継体朝から進行していた王権の権力強化と相俟って、王権と結合した使主が勝利した。王権の介入が功を奏したことによって、結果的に上毛野集団の埼玉への影響力はさらに低下したであろう。これによって武蔵地域に対する王権の発言権が形成されることになる。

一方で上毛野集団のその後も当時の支配体制を考えるうえで一つの指標となる。埼玉集団の内紛は別にして上毛野集団が王権と結びついていたことは確実である。ところが敗北した小杵に与した小熊が罰せられた痕跡が見当たらない。上毛野集団は氏姓制度成立以後も上毛野氏として有力豪族としての地位を保持している。それは、武蔵に介入するという小熊の行為そのものは王権に対する侵害とは捉えられていなかったことを意味する。大豪族が近接する地域内の紛争に介入することは当然のことであり、それ自体は問責されるべき行動ではなかった。むしろ使主が王権に頼ったことの方が当時としては異例の行動であった。

地域社会のなかでは、大豪族と中小豪族がそれぞれ自立性を維持しながら相互に影響を及ぼし合っていた。しかし、地域社会で内紛が生じた際に内部だけで解決できなくなっており、そのために外部から王権を呼び込むことによって解決を図らざるを得なくなっていた。六世紀前半はその転換期にあたっていた。

(3)ミヤケ制と国造制

埼玉内紛では内部抗争をきっかけにミヤケの設置が語られている。ミヤケとはヤマト政権が各地に設けた経済的・政治的・軍事的・交通的拠点であり、直轄領的な性質をもつ（舘野一九七八）。四つのミヤケは王権による武蔵支配の拠点として機能した。先述のようにヤマト政権によるミヤケの設置は磐井の乱を契機とする。しかし、中央と地域豪族が対立し直接対決が発生して、その鎮圧の結果ミヤケが献上されるという出来事はそれほど多くないだろう。

磐井のように明確に王権との対決を選択したり、埼玉内紛のように王権の介入を要請するなどそのあり方はさまざまである。『日本書紀』には安閑紀を中心に多くのミヤケの設置が記されている。それ自体は史実を正確に描いたものではなく、集約的に編集されていることは間違いない。とはいえ、この時期にヤマト政権がミヤケを各地に設定したことまで疑う必要はないだろう。その背景には、地域社会における従来の支配者集団としての豪族のあり方に矛盾が蓄積し、そこに王権が干渉に成功したことによってミヤケ制度を確立させることになったのである。王権と結びつくことに成功した集団がミヤケを献上することによって、ヤマト政権は膨大なミヤケを集積できた。そして地域豪族は王権への奉仕をそれまで以上に担うことを要求された。

そして、継体大王が死去した直後にミヤケ関連の記事が多く出現するのは、王権と地域豪族の政治構造の転換が大きく作用していたことの表れである。そこには王権の構造変化があった。略述すると次のようになる。

五世紀には倭王権は複数の王族集団から構成されており、地域豪族も同様であった。豪族の内部集団はそれぞれ王権や近隣の豪族と結びつくことでネットワーク的な関係を築き上げており、王権と豪族の関係は多対多であった。豪族は大王に不満があれば別の王族集団と結びつくことが可能であり、大王が豪族に対して強い立場を構築することは難しかったのである。

ところが六世紀前半の継体朝において王権は近親による世襲というシステムを導入することに成功した。王権内にあった複数の内部集団が、一つに絞り込まれることになった。そのため王権と地域豪族の関係は一対多へと変化した。それは豪族にとって王権と結びついた内部集団が首長位をめぐって優位に立つこととなり、大王は豪族に対して強い立場を獲得することになった。埼玉集団の内紛に対する王権の関与はこのような構造変化を反映するものであった（図7－9）。

一方、世襲王権の成立はミヤケ制の出現を促すものでもあった。王統が固定化されていない五世紀の段階では開発地が王権の直轄地として継承されることはない。これに対して継体朝に世襲化が実現すると直轄地の継承が可能となり、それがミヤケと位置づけられた（篠川二〇二一）。大王位の世襲化という現象は王権への財の集約化を推し進めるものであり、六世紀前半にミヤケが急速に各地に設けられたのはその結果であっ

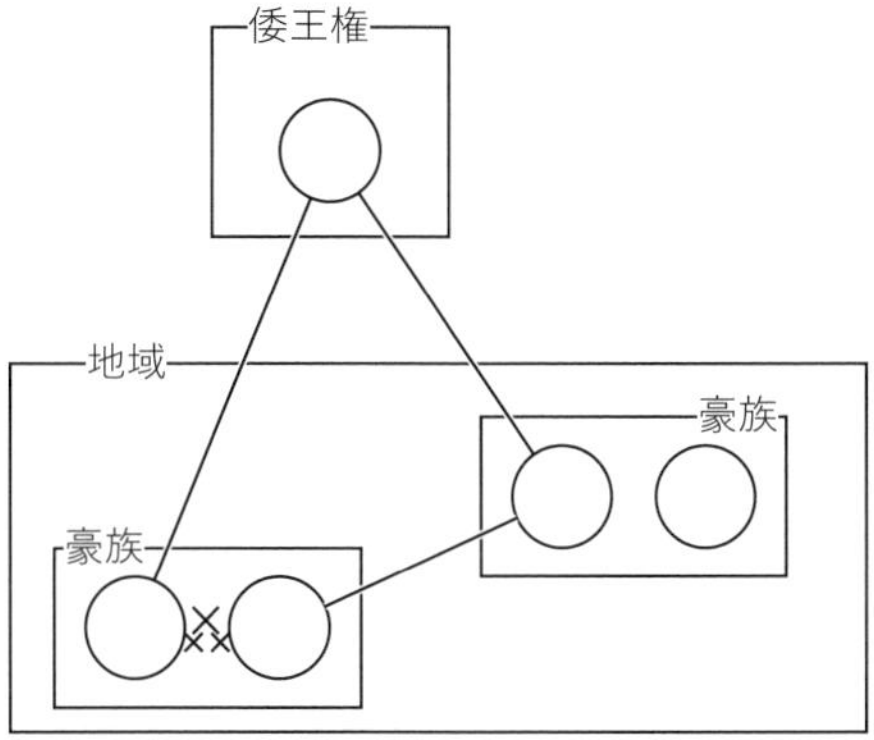

図7－9　六世紀における倭王権と地方豪族

た。

一方で倭王権への従属化が進行した地域首長は国造に任命された。それは大王と地域首長の間に明確な君臣関係の論理を導入するものであり、大王は地域首長の格上の同盟相手から彼らの上位に君臨する統治者へと変貌を遂げた。そして大王は超越的な存在として、臣下である地域首長とその一族の集団に氏姓を賜与した。大王自身は社会秩序の外側にあって氏姓を保有しない別次元の存在となっていくのである。

かくして各地の豪族が王権の介入を拒否して自立しながら緩やかな連合体を構成するという五世紀的な支配体制は終焉を迎えた。そして倭王権を中核とするヤマト政権が全国を支配するという新しい体制が出現することになる。

おわりに

ここまで検討したことを整理すると、継体大王は五世紀的な手続きに則って即位した、五世紀的な大王である。継体大王の本質は倭の五王と異ならない。ところがそれ以前の大王と大きく異なるのは、大王を輩出し得る王権内の集団の一本化に成功したことである。こうした政治状況において、安閑・宣化と欽明の分裂という見立ては成立しない。そして安閑・宣化朝という移行期を経て、欽明朝に氏姓制度をはじめとする六世紀的な支配体制が形成されることになる。二子山古墳はそうした時代を目の当たりにしていたのである。

世襲王権化で王権内の対立は五世紀に比べて極めて抑制されることになり地域豪族に対して強い立場で臨むことが可能になった。逆に地域豪族は、王権への窓口が一つに絞られることになったため、地域豪族内での複数の集団が王権との接触をめぐって争うことになり、王権に対して劣位な関係にならざるを得なくなった。継体朝とはそれを準備した期間であり、その変化が鮮明に表れたのが埼玉集団の内紛だったのである。

〈参考文献〉

甘粕 健 一九七〇「武蔵国造の反乱」『古代の日本』7 角川書店
伊藤 循 一九九九「筑紫と武蔵の反乱」吉村武彦編『古代を考える 継体・欽明朝と仏教伝来』吉川弘文館
大橋信弥 二〇〇七『継体天皇と即位の謎』吉川弘文館
大平 聡 二〇二〇「古代の国家形成と王権」『日本古代の王権と国家』青史出版
岡田精司 一九七二「継体天皇の出自とその背景」『日本史研究』128
加藤謙吉 一九九八『秦氏とその民』白水社
川口勝康 一九八一「五世紀の大王と王統譜を探る」原島礼二編『巨大古墳と倭の五王』青木書店
岸 俊男 一九八八「画期としての雄略朝」『日本古代文物の研究』塙書房
河内春人 二〇一七「古代東アジアにおける政治的流動性と人流」『専修大学東ユーラシア研究センター年報』3
河内春人 二〇一八『倭の五王』中央公論新社
河内春人 二〇二一「隅田八幡人物画像鏡とオシサカ宮」『大美和』141
篠川 賢 二〇一六『継体天皇』吉川弘文館
篠川 賢 二〇二一『国造』中央公論新社
高橋一夫 二〇〇五『鉄剣銘一一五文字の謎に迫る 埼玉古墳群』新泉社
武田幸男 一九七五「平西将軍・倭隋の解釈」『朝鮮学報』77
舘野和己 一九七八「屯倉制の成立」『日本史研究』190

都出比呂志　一九九一「日本古代国家形成論序説」『日本史研究』343
藤間生大　一九六八『倭の五王』岩波書店
水谷千秋　二〇〇一『謎の大王　継体天皇』文藝春秋
水野　祐　一九五四『増訂日本古代王朝史論序説』小宮山書店
山尾幸久　一九八三『日本古代王権形成史論』岩波書店
義江明子　二〇〇〇『日本古代系譜様式論』吉川弘文館
和田　萃　一九八七『大系日本の歴史2　古墳時代』小学館

第八章　古墳からみた継体期前後の東国像

若狭　徹

はじめに――継体朝前史――

（1）倭の五王の時代

古墳時代中期（五世紀）は、倭の五王（讃《さん》・珍《ちん》・済《せい》・興《こう》・武《ぶ》）が中国南朝の宋に朝貢し、東アジアの政治的秩序へ参入を試みた時代であった。王たちは、宋の皇帝から安東将軍または安東大将軍に除正されたことから、将軍府を開くことが認められた。最初の讃は、二度目の遣使の際に司馬曹達《しばそうたつ》を送っているが、司馬は将軍府の官職であることから上記のことが推察されている（鈴木二〇一二）。

また、珍の遣使の際には、珍自身が安東将軍に除正されるとともに、倭隋《わずい》ら一三名が平西・征虜・冠軍・輔国の将軍号を認められた。続く済の遣使では、安東大将軍となった済とともに、二三人の属僚に軍郡（将軍・郡太守）が認められている。倭王は、王族や配下の豪族に将軍や郡太守号を仮授し、その後に中国南朝の正式な除授を達成している。このことから、倭王は王権の組織に府官制を敷き、宋の権威を背景とした称号の仮授権を振るって、豪族たちの秩序化を試みたと考えられる。

文献史学の成果から想定される以上のことと、当該時期の巨大古墳の築造の動向はよく連動している（若狭二〇二五、図8－1）。すなわち、五世紀初頭に墳長三六〇㍍と一気に巨大化した上石津《かみいしづ》ミサンザイ古墳が、大阪府百舌鳥《もず》古墳群に登場する現象は、初めて宋の将軍に除正され、他の豪族から突出した倭国王の存在を示唆するものといえる。一方で同時期には、畿内の伝統的な古墳群（佐紀《さき》古墳群、馬見《うまみ》・葛城《かつらぎ》古墳群）に二〇〇㍍級の前方後円墳が複数併存するとともに、上毛野・九州にも巨大前方後円墳（太田天神山古墳〔二一〇㍍〕、男狭穂塚《おさほづか》古墳・女狭穂塚《めさほづか》古墳〔一七六㍍〕）が存在する。このようなあり方は、膝下に倭国王と格差が少ない将軍相当の豪族が存在している珍の状況を彷彿とさせる。そのため諸豪族との格差を量で示すため、倭国王の権威を背景として誉田御廟山古墳（四二五㍍）のように大王墓を巨大化させた状況が推定される。

五世紀中頃に築造された大仙陵《だいせんりょう》古墳（五一三㍍）の段階では、古墳規模がピークに達するとともには、畿内の伝統的な古墳群（佐紀、馬見・葛城、淡輪《たんのわ》）や地方において巨大古墳の数が減じていく。これは、はじめて安東大将軍に上った倭国王の威勢を表すとともに、軍郡の任命によって膝下の勢力の序列化が図られていく済の状況に対比することも可能である。

そして、五世紀後半になると、大王墓は岡ミサンザイ古墳（二四二㍍）のように二〇〇㍍台に下降するとともに、他の畿内の古墳群や地方において巨大前方後円墳の築造が終焉し、一〇〇㍍級前方後円墳が多出する状況が発生する。エスカレートした墳墓築造競争はここに終焉したのであり、府官制秩序を背景として、伝統的勢力の秩序形成が達成されたことが看取される。この段階が、諸勢力を押さえて専制化を目指した倭王武の時期に相当することは是認されるであろう。

（2）雄略政権とその後の動揺

五王の最後に位置する武は、四七八年に宋に最後の遣使を行い、長文の上表を行った。ここに「東のかた毛人五五国を征し、西のかた衆夷六六国を服し」とあり、その政権の確立をうたっている。翌四七九年には宋は滅亡し、続いて興った南斉への遣使を最期に中国王朝との交渉は一時期途絶える（田中二〇一三）。しばらく中国王朝秩序への参入が企図されなくなったのは、大陸情勢の混迷とともに、上記の五王の遣使による外的秩序の導入に伴って、倭王権膝下の序列化が一定の成果を上げたからではなかろうか。すなわち、五王の遣使は、朝鮮半島情勢のなかで優位性を獲得するという対外的側面とともに、外的権威によって国内秩序の構築を目指す側面を有していたからであろう（鈴木二〇一二）。これは、卑弥呼の魏への遣使の際にも企図された外交利用の手法である。

倭王武は、雄略天皇に比定される。彼の記紀における名称が、大泊瀬幼武《おおはつせのわかたける》（日本書紀）・大長谷若建（古事記）であること、並びに年代的照合による。埼玉稲荷山古墳の鉄剣銘の「ワカタケル大王」から、考古学的に実在が確かめられ、大王号を称したことが確認できる。

これまでの説明によって、外的秩序を背景として倭の中での秩序化が進んだことが理解されるが、同時に雄略期には武力で王権を強化していった記載が多く認められる（『日本書紀』、以下『紀』と略す）。王位継承の障害となる王族の謀殺（眉輪王《まよわおう》、市辺押磐皇子《いちのへのおしわのみこ》、八釣白彦皇子《やつりのしろひこのみこ》、坂合黒彦皇子《さかいのくろひこのみこ》、御馬皇子《みまのみこ》）、王権重要メンバーの打倒（葛城円大臣《かつらぎのつぶらのおおおみ》、吉備下道臣前津屋《きびのしもつみちのおみさきつや》、吉備上道臣田狭《きびのかみつみちのおみたさ》・弟君）、地方豪族の討伐（播磨の文石小麻呂《あやしのおまろ》、伊勢の朝日郎《あさけのいらつこ》）である。こうした対外交渉史・国内史書・考古学的動向から、雄略は専制政権を打ち立てたかに見える。

しかし、『紀』によると雄略死後、吉備氏を後ろ盾とした星川皇子《ほしかわのみこ》（雄略が吉備上道田狭から奪った稚媛《わかひめ》との間に生まれた男子）の反乱が起き、政権の脆弱さが露呈される。反乱は大伴氏らによって鎮圧されたが、雄略系統（允恭系）

中部	関東		外交記事・反乱伝承記事等
伊賀/美濃/甲斐	**上毛野/武蔵**	**上総/常陸/陸奥**	
甲斐銚子塚 169 昼飯大塚 150	浅間山 172 別所茶臼山 165	雷神山 168	369/ 百済が倭に七枝刀を贈る 〔上毛野氏祖荒田別、葛城襲津彦らの訪韓伝承〕（紀）
御墓山 188	白石稲荷山 150 太田天神山 210	舟塚山 186 水戸愛宕塚 138	400・404/ 高句麗と倭の戦争（広開土王碑） 413/ 倭が東晋に遣使（晋書） 421/ 讃が宋に遣使（宋書） 425/ 讃が宋に司馬曹達を遣わす（宋書）
		高柳銚子塚 142	**438/ 珍（讃の弟）遣使。安東将軍・倭国王。倭隋ら 13 人にも将軍号** 443/ 済遣使。安東将軍・倭国王
巨大古墳の衰退			**451/済遣使。臣下23人に軍郡号。使持節・都督六国諸軍事・安東大将軍**
	岩鼻二子山 115 上並榎稲荷山 120	内裏塚 148 姉崎二子塚 110 *稲荷台1号* 祇園大塚山 100	462/ 興（済の世子）遣使。安東将軍・倭国王 〔葛城玉田宿禰の征討伝承〕（紀） 〔葛城円大臣・吉備上道臣・下道臣の滅亡伝承〕（紀）
馬塚 142	*埼玉稲荷山* 120 井出二子山 108 平塚108 （下野） 摩利支天塚 117		475/ 高句麗が百済を攻め、漢城が陥落・熊津へ遷都（紀・三国史記） 478/ 武（興の弟）上表。六国諸軍事・安東大将軍・倭王 〔播磨の文石小麻呂、伊賀の朝日郎の征討伝承〕（紀） 〔星川王子の乱〕（紀） 〔弘計・億計王の発見伝承〕（記紀・風土記）〕
（尾張） 断夫山 151	七輿山 146 埼玉二子山 132 （下野） 琵琶塚 125		528 − 29/ 磐井の乱（記紀・風土記） 534/ 武蔵国造の乱（記）

の古墳を表示した。

銘文刀剣出土古墳である。

し、オオヤマト古墳群・石上豊田古墳群・杣之内古墳群における９期の大型古墳は割愛した。

前方後円墳集成編年	須恵器編年	九州	中国	畿内				
		大隅/日向	吉備/播磨	淡輪/三嶋	古市	百舌鳥	佐紀	馬見・葛城
4期		唐仁大塚 150	五色塚 194		津堂城山 208	乳岡 155	石塚山 218 宝来山 227 五社神 270	島の山 200 巣山 204
5期	TG232 TK73	女狭穂塚 176 男狭穂塚 176	金蔵山 165 壇場山 143		仲津山 290 墓山 225	上石津ミサンザイ 360	コナベ 204	新木山 200 室宮山 238
6期	TK216		造山 350	西陵 210	誉田御廟山 425	御廟山 203	ウワナベ 265 市庭 253	川合大塚山 215
7期	ON46 TK208	横瀬 140	作山 286 両宮山 206	太田茶臼山 226 宇土墓 180	市野山227	大仙陵 513 土師ニサンザイ 290	ヒシャゲ 215	屋敷山 135 掖上鑵子塚 150
8期	TK23 TK47	巨大古墳の衰退 (肥後) _江田船山_			岡ミサンザイ 242 軽里大塚 190 ボケ山 122	巨大古墳の衰退		狐井城山 140
9期	MT15 TK10	(筑紫) 岩戸山 135		今城塚 181	白髪山 115 高屋築山 122 (河内大塚山 355)			(橿原) 鳥屋ミサンザイ 138

図８－１　倭の主要な大型前方後円墳の推移

・畿内は200m前後以上、畿内以外は150m前後以上を記載した。なお、小型化する集成８期以降は100m超で地域最大

・『前方後円墳集成』（山川出版社）・『古墳時代の考古学２』（同成社）ほかの編年を参照した。なお、アンダーバーは

・９期については、上部項目に記した旧国以外の重要古墳についても取り上げ、() 内に国名・地域名を付した。ただ

はその子の清寧で終わっている。この時、かつて雄略に廃された市辺押磐王（仁徳系）の二王子（オケ・ヲケ）が潜伏先の播磨で見つかり、王統は顕宗（弟・ヲケ）↓仁賢（兄・オケ）↓武烈（仁賢の子）と続いた。ただし、清寧から顕宗・仁賢兄弟の即位の間には、兄弟の姉（または叔母）とされる飯豊青皇女《いいとよあおひめみこ》の執政が挟まれるなど王権はなお不安定の様相を呈し、暴虐王として描かれた武烈をもって允恭・仁徳系は完全に後継が途絶えた。このため、越（『古事記』では近江）から応神天皇五世孫という血筋の遠い継体天皇が迎えられたのである（五〇七年即位）。

　このように、倭の五王による専制化は確立したものとならなかった。その間の状況は、後に述べるように百舌鳥古墳群の終焉や、王墓の小型化などにも見て取ることができる。

一　継体の治世

　継体は、越・近江から淀川水系の山城・摂津を基盤とし、尾張連草香《おわりのむらじくさか》の娘の目子媛《めのこひめ》をはじめ、息長《おきなが》氏・三尾君《みおのきみ》氏・茨田連《うまらたのむらじ》氏ほか諸豪族から妃を迎え、地方勢力と強く結んだことが知られる。即位後は河内・山城の宮（河内樟葉宮⇩山城筒城宮⇩山城弟国宮）を転々とし、仁賢の娘の手白香皇女《たしらかのひめみこ》を娶ることで正統性を獲得し、大和磐余玉穂宮《いわれたまほのみや》に入ったとされている。

　継体の治世は多難であり、外交面では朝鮮半島南西部における影響力の後退、内政面では筑紫国造《つくしのくにのみやつこ》磐井《いわい》（『古事記』では竺紫君石井）の反乱を招いた。継体二一から二二年（五二七・五二八）に勃発した磐井の反乱は、記紀・『筑後国風土記』逸文など複数の文献に記されることから、大きな紛争であったことが分かる。

　磐井は北部九州の有力豪族であったが、『紀』の記載によれば、王権に反発して新羅と謀り、朝鮮半島との交易を担う外港を封鎖。同じく北部九州の火君《ひのきみ》とも連合して、新羅征討軍を率いた近江毛野臣《おうみのけなのおみ》を阻んだ。その連合の地理的範囲は、考古学的には古墳の表飾物として創出された石製立物（いわゆる石人・石馬）の分布範囲に比定されており、福岡県・熊本県と一部大分県域に広がっている（柳沢二〇一四）。なお『紀』には、近江毛野臣に対峙した磐井が、「昔は同じ仲間として、肩を並べ肘を触れ合わせて、一つの器でともに食べたものだ。使者になった途端に、私をお前に従わせることなど、どうしてできようか」（小島ほか一九九六）と述べたと記載され、磐井が若き日に王宮に上番した逸話となっている。このため、当初磐井は継体の支援勢力だった可能性が指摘されている（柳沢二〇一四、本書第六章〔辻田〕参照）。

乱の終結後まもなく継体は崩御し（『紀』では五三一年）、その後は、目子媛（尾張連草香の娘）との間の子である安閑と宣化、手白香との間に生まれた欽明が続いて王位を継ぐが、その間の『紀』の記事には混乱があり、二朝並立の議論もあったところである（林家一九五五ほか）。

政権継承の安定化のため、継体は初めて大兄《おおえ》制（王位継承者を事前に指定する制度で安閑〔勾大兄《まがりのおおえ》〕が就任）を敷くなどの施策も行った（本書第七章〔河内〕参照）が、いずれにしても継体の政権基盤は脆弱であった。その反省に立った欽明は、蘇我氏・物部氏を重用し、屯倉制・氏姓制度・部民制・国造制などの施行によって豪族連合体制であった倭政権を改変し、大王を核とした集権化と氏族秩序の構築を推し進めることになる。

二　継体期の考古学的特質

(1)今城塚古墳の成立

五世紀に巨大古墳が造営された古市《ふるいち》古墳群では、雄略墓とみられる岡ミサンザイ古墳（二四二㍍）の後、前方後円墳は急激に小型化し、同じく巨大前方後円墳を輩出した百舌鳥《もず》古墳群は五世紀後半で築造を停止している。これは先述した雄略以降の王統の混乱と符合する（図8―1）。

その後、六世紀前半に淀川北岸の摂津の三嶋（大阪府高槻市）の地に、突出した規模の今城塚《いましろづか》古墳（一八一㍍）が出現した（図8―2）。前方部の発達、二重周濠、横穴式石室と家形石棺の採用など、画期性に富む古墳である。淀川水系という継体の勢力基盤に存在することからも、継体の真陵との評価は動かないだろう（森田二〇〇六）。三嶋には、五世紀中頃に巨大前方後円墳の太田茶臼山《おおたちゃうすやま》古墳（二三八㍍）が築かれており、継体の祖先である有力豪族の存在を物語る。継体は単なる地方豪族の身で王権を継承したのではなく、五世紀に併存していた周縁王族（古市二〇二一）の系譜を引いていたからこそ、王位継承の候補者たりえたのであろう。

(2)継体期の威信財

今城塚古墳には、西方一㌔に営まれた新池埴輪窯から多数の埴輪が供給された。大王の威信を示すように、多条の突帯を巡らした高さ一㍍を超える大型円筒埴輪や各種の形象埴輪が製作されたのである。今城塚古墳の中堤上の特設区画に並べられた形象埴輪（人物・動物・家・器財から成る）は二〇〇体にのぼり、現在日本で最大の人物埴輪群像である（本書第四章〔今西〕参照）。群像は柵形埴輪によって四つの場面に分けられ、各場面の中に各種の家形埴輪を新たに加え、場の説明を強化している（図8－3）。首長の儀礼を表した複数の場面によって人物埴輪群像を構成するのは五世紀代からのスタイルであるが、そこに家形埴輪を配置するのは今城塚古墳で整備された様式である。また造形的にみても、大型の双脚人物埴輪を多く作り、三分割で製作・焼成して組み合わせた日本最大の家形埴輪（高さ一七〇㌢）を配置するなど画期的である。

人物埴輪群像は、被葬者の生前顕彰のしかけであると筆者は考える（若狭二〇二一b）ので、今城塚古墳の埴輪たちは、継体の埋葬に際して彼の事績を顕示し、その治世の正統性を人々に示したものと推測できる。

図8－2　今城塚古墳（高槻市教育委員会提供）

家形埴輪を加えた新しい人物埴輪様式は東西に広く波及し、宮崎県百足塚《むかでづか》古墳①、和歌山県大日山《だいにちやま》35号墳②・井辺《いんべ》八《はち》幡《まん》山《やま》古墳③、埼玉県瓦塚《かわらづか》古墳④、茨城県舟塚古墳⑤などに採用された。ここには、組合式の高殿（①・②）、四面を開放した円柱の高殿（①・④）、抜刀型の武装男子埴輪（⑤〔胴部と脚部を分割製作する。これも今城塚の影響〕）、太鼓形埴輪（①）など、新たに登場した形式間の共通点が見て取れる。継体との政治的関係を結んだ豪族たちの広がりを示唆するものである（図8－4）。

他に、この時期に流行する器物として、捩《ねじ》り環頭大刀・広

図８－３　今城塚古墳３区の埴輪群像（筆者撮影）

帯二山冠・三葉文楕円形轡鏡板《くつわかがみいた》・双葉剣菱形杏葉《けんびしがたぎょうよう》・同型鏡があり（図８－５）、継体王権から配布されたと考えられる（高松二〇〇七、辻田二〇一九、三浦二〇二二）。中でも捩り環頭大刀は、伝統的な倭装大刀の把頭に逆Ｕ字形の金属装具（捩り環頭）を付加し、把部には拳を護る勾金《まがりかね》を装着する。勾金に玉を装着したいわゆる「玉纏大刀《たままきのたち》」である。この大刀は器財埴輪に写されて大刀形埴輪となり、六世紀にさかんに造形されたが、古墳時代の数ある大刀のなかで器財埴輪に表現されたのは捩り環頭大刀を含む「倭装大刀」のみであった。いわば、「王の大刀」として価値づけられたのである。また継体の支持基盤の尾張からは、須恵器の技術を用いて作られた尾張型埴輪（ロクロを用い、須恵器と同じ穴窯で併焼された）が広がった。

（３）継体期における前方後円墳の構成

六世紀前半の古墳は、今城塚古墳（一八一㍍）が

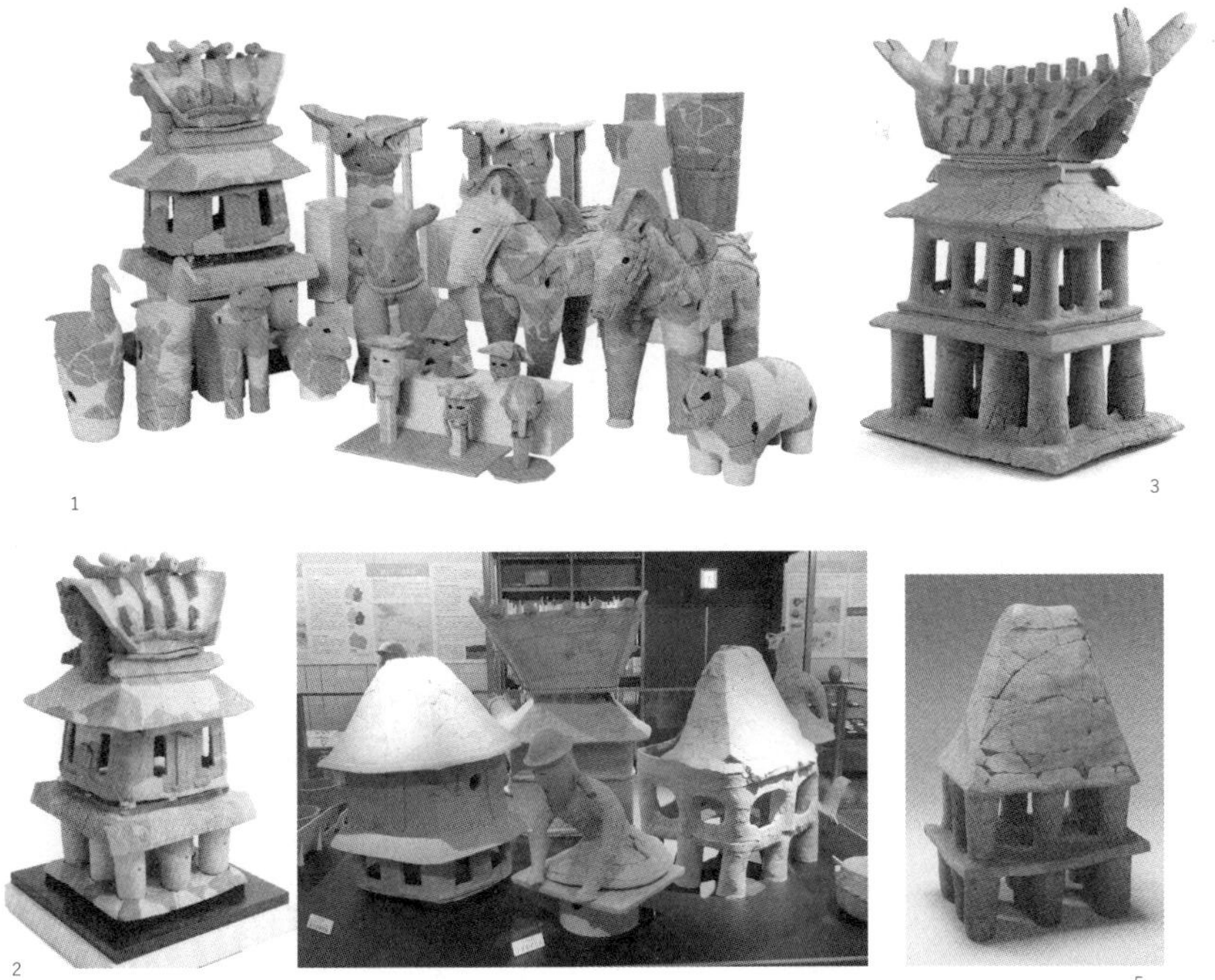

図8－4　今城塚古墳の影響をうけた埴輪群像

1．和歌山県大日山35号墳の群像、2．大日山35号墳の家、3．大阪府今城塚古墳の家、4．宮崎県百足塚古墳の群像の一部と家、5．埼玉瓦塚古墳の家（1・2和歌山県立紀伊風土記の丘、3高槻市教育委員会、4筆者撮影、5埼玉県立さきたま史跡の博物館提供）

最大である。上述のように、古市古墳群では岡ミサンザイ古墳以降に古墳が小型化し、大王墓の可能性があるボケ山古墳（一二二㍍・仁賢陵に治定）、白髪山《しらがやま》古墳（一一五㍍・清寧陵に治定）、高屋築山《たかやつきやま》古墳（一二二㍍・安閑陵に治定）であっても一二〇㍍台まで下降（半減）する。その中で、今城塚古墳が再び二〇〇㍍に近づいたのは重要である。

ところで、この時期の**第2ランク**の古墳はヤマトや西日本ではなく東日本に存在する。愛知県名古屋市断夫山《だんぶさん》古墳と群馬県藤岡市七輿山《ななこしやま》古墳であり、墳長が約一五〇㍍で双璧を成す（図8－6）。

第3ランクの墳長は一三〇㍍級となり、奈良県橿原市鳥屋《とりや》ミサンザイ古墳（一三八㍍・宣化陵に治定）、福岡県八女市岩戸山《いわとやま》古墳（一三五㍍・磐井墓に比

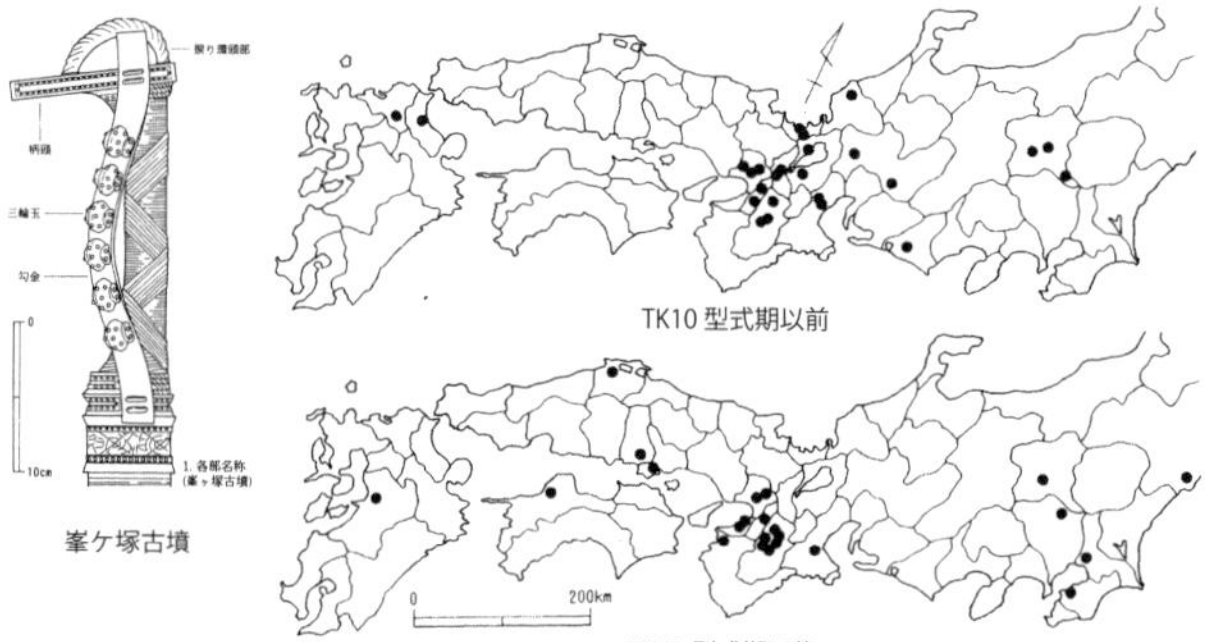

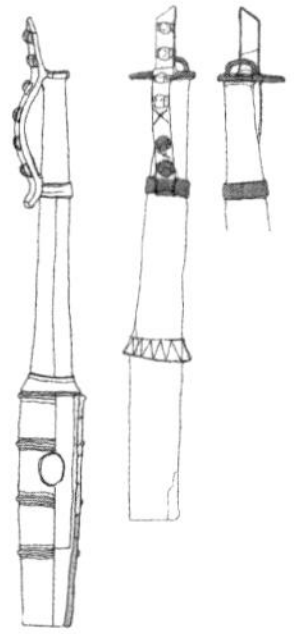

3. 大刀形埴輪（塚廻り古墳群）

1. 振り環頭大刀の分布（高松 2007 を改変）

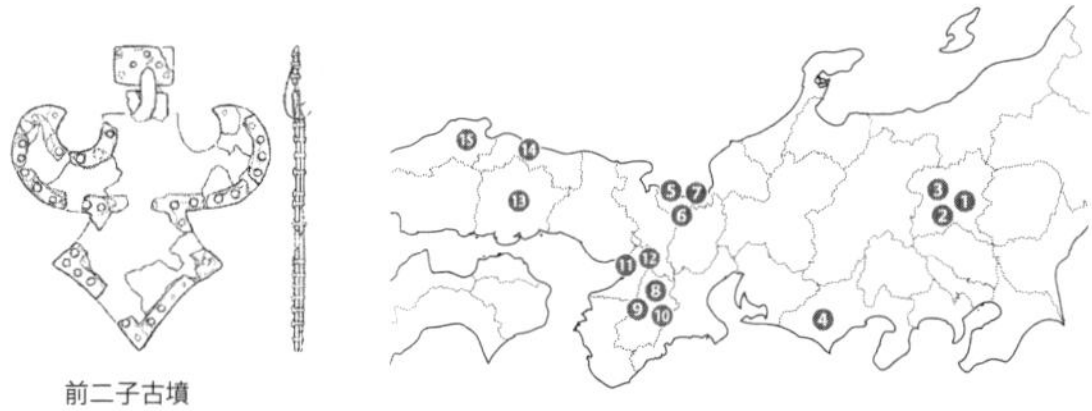

2. 双葉剣菱形杏葉の分布（三浦 2022）

5. 抜刀型武人埴輪（高塚古墳）

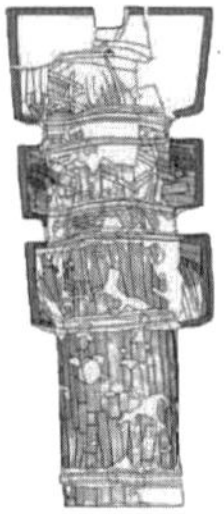

4. 石見型埴輪
（前二子古墳）

図８－５　継体期の威信財と特徴的器物

定）、埼玉県行田市埼玉二子山《さきたまふたごやま》古墳（一三二㍍）が知られる。

第4ランクは一二〇〜一〇〇㍍で、上記の古市古墳群の三例の他、栃木県小山市琵琶塚《びわづか》古墳（一二三㍍）、群馬県前橋市中二子《なかふたご》古墳（一一一㍍）、愛知県名古屋市大須二子山《おおすふたごやま》古墳（一〇〇㍍か）・春日井市味美二子山《あじよしふたごやま》古墳（一〇一㍍）、京都府宇治市宇治二子塚《うじふたごづか》古墳（一一二㍍）、奈良県天理市西山塚《にしやまづか》古墳（一一四㍍・手白香皇女墓に比定）・別所大塚《べっしょおおつか》古墳（一一五㍍）・石上大塚《いそのかみおおつか》古墳（一〇七㍍）、熊本県氷川町中ノ城《なかのじょう》古墳（一〇二㍍）などが挙げられる。

なお、ここでは六世紀代前半〜中葉とされる大阪府羽曳野市・松原市の河内大塚山《かわちおおつかやま》古墳（三三五㍍）の位置づけが問題となる。前方部が発達した六世紀型の巨大前方後円墳であるが、前方部が低平で周濠が浅く埴輪が検出

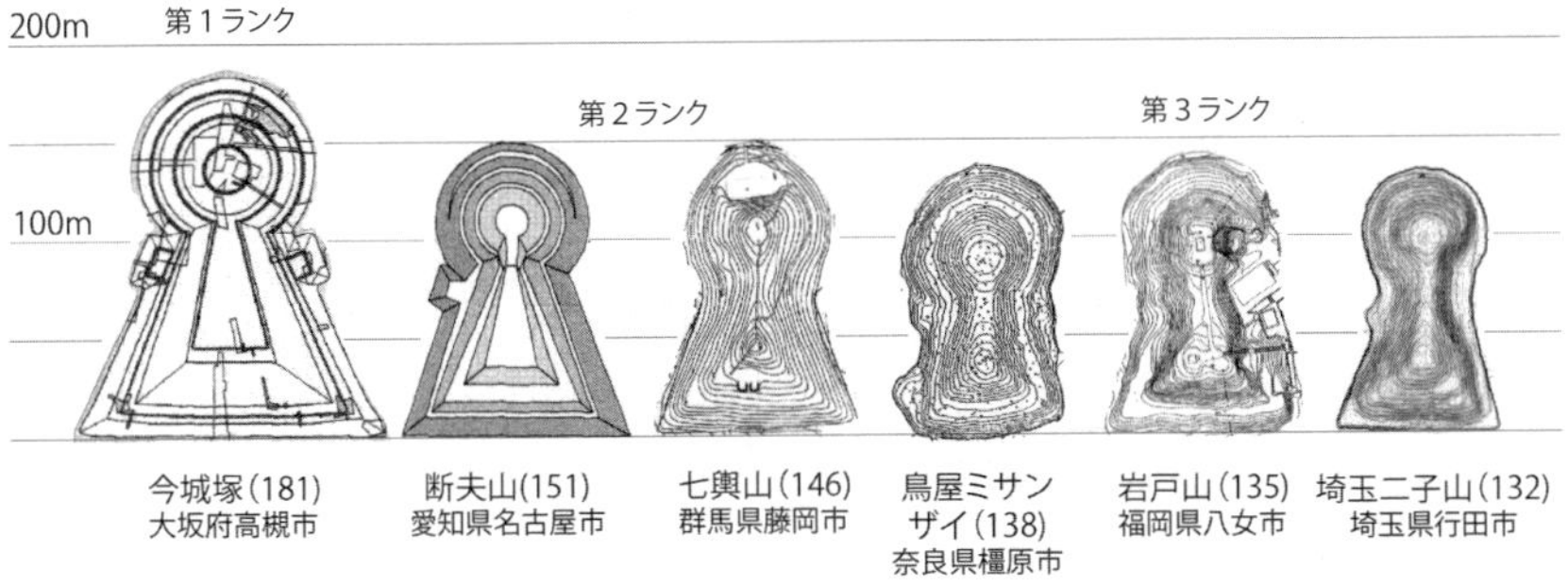

図８－６　六世紀前半の倭の大型前方後円墳

されないことから未完成墳とみる意見が強く、供給先が不明である六世紀中葉の日置荘西町窯跡（大阪府堺市）の大型埴輪が供給予定であったと推定されている。そのうえで、安閑の未完成墓とする説（十河二〇〇七）、欽明が着工したが途中で築造中止し、大和南部の橿原市五条野丸山《ごじょうのまるやま》古墳築造に移行したとする説（安村二〇一六）ほかがある。いずれにしても今城塚古墳より下る六世紀中頃に置くのが妥当と思われる。

　このように、六世紀前半の倭の墳墓構成は今城塚古墳が第1ランクで突出し、それ以下に第2ランクが二基、第3ランクが三基、第4ランクが一〇基内外を数える構成となる。このなかには、継体とその前後の時期の大王・妃・陪臣の墓が含まれるはずだが、多くは第4ランクにとどまる。例えば、上述の西山塚古墳は継体后の手白香の墓であることが有力視される（白石二〇一八）が、その規模は一一四㍍に過ぎない。奈良県天理市の石上大塚古墳・別所大塚古墳・東乗鞍《ひがしのりくら》古墳（八三㍍）は、物部麁鹿火《もののべのあらかい》（近江毛野臣の後に派遣された磐井の乱の鎮定将軍）を輩出した物部氏の勢力地にあるが、これらの畿内最有力豪族の墓の候補ですら第4ランクである。多くの王族や畿内豪族は、一〇〇㍍未満の中型前方後円墳や円墳・方墳に埋葬されたのだろう。

　ところで、第2ランクの古墳が北関東地方と東海地方、第3ランクが北関東地方と北部九州地方にあることは大いに注目される。東海地方の尾張氏から継体の妃が出たように、これらは継体を支援した重要勢力だったと考えるべきだろう（若狭二〇一七）。

なお、続く欽明期には、大王墓が再び三〇〇㍍を超え（奈良県五条野丸山古墳・三二〇㍍）、圧倒的規模で大王の権力を示した。ところがその時期の第2ランクの古墳は一〇〇㍍を大きく超えず、大王と豪族の格差が開いている。もはや一五〇㍍級の古墳は、大王墓の可能性が高い奈良県明日香村平田梅山古墳《ひらたうめやま》（敏達の未完成墓との考察がある〈高橋二〇一四〉）以外見あたらない。改めて継体期の第2・3ランクの墳墓が地方に存在する意義は大きいといえる。

三　七輿山古墳の成立背景

(1)七輿山古墳の概容

第2ランクの群馬県藤岡市七輿山古墳は墳丘長一四六㍍以上、前方部が発達した平面形状で、レーダー探査により横穴式石室を備えることが確定した（城倉ほか二〇二〇）。二重周濠を有し、墳丘・中堤・背後の丘陵斜面に葺石を施す。円筒埴輪は七条八段構成で高さ一㍍あり、中堤に人物埴輪を配列していた（図8―7）。

二重周濠の外にはさらに外周溝を巡らし、兆域を壮大に整備したことも特筆される。古墳時代中期までの上毛野の首長墓は、佐紀古墳群の佐紀陵山型、古市古墳群の津堂城山古墳から誉田御廟山古墳に連なる規格を採用していたが、七輿山古墳の規格は従来の上毛野には見られない型式である。百舌鳥古墳群の土師《はぜ》ニサンザイ古墳をベースにして企画された今城塚古墳や断夫山古墳の設計に連なるものといえる。平面図の半身比較では今城塚・断夫山・七輿山の三古墳はよく類似する（図8―8）。多条突帯円筒埴輪の採用にも今城塚古墳の影響が看取される。

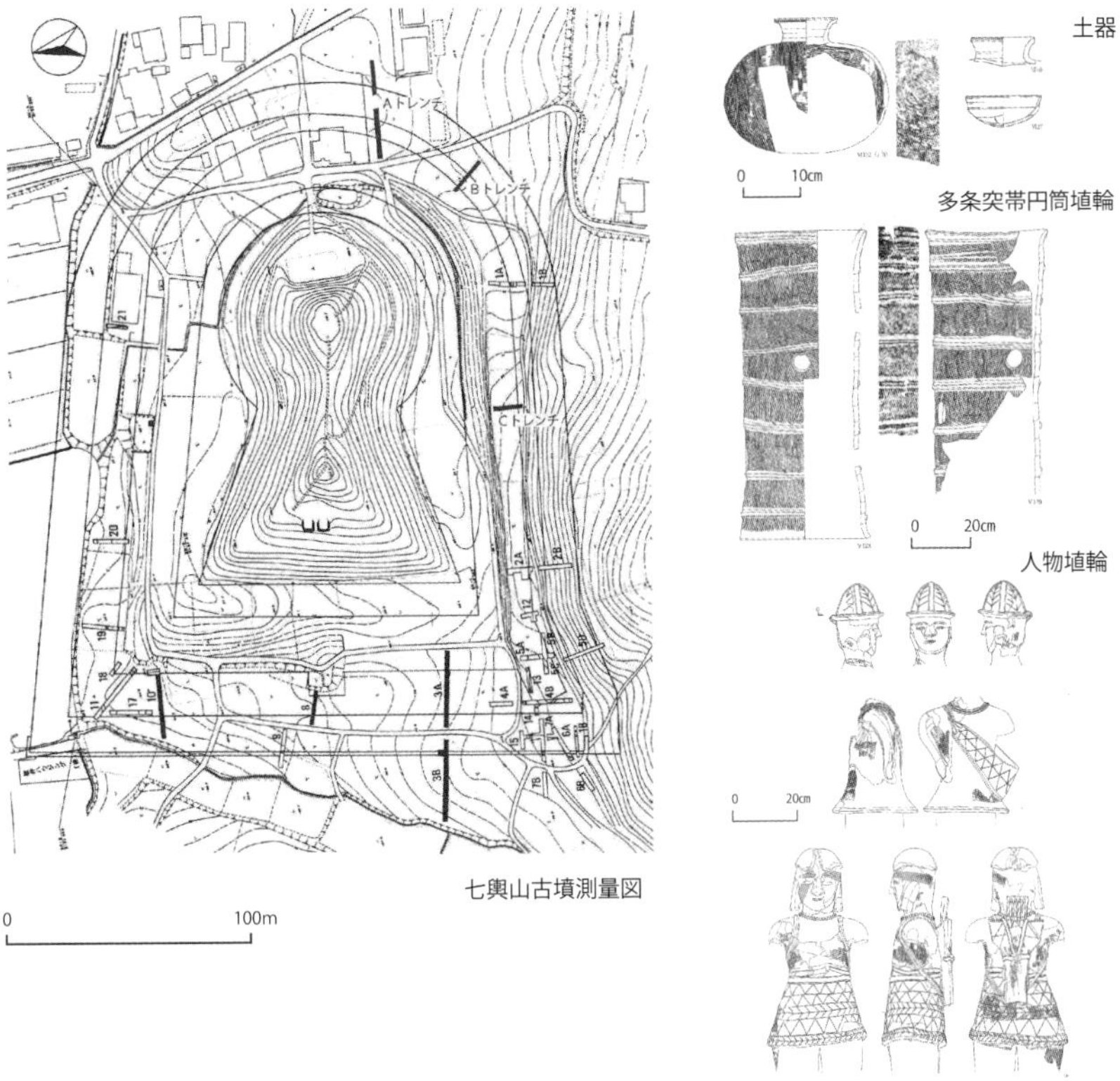

図8－7　七輿山古墳および出土遺物
群馬県埋蔵文化財調査事業団2010『七輿山古墳』より作図

(2)七輿山古墳の成立まで

その立地は関東平野の最奥部、利根川支流の烏川が鏑川・鮎川と合流する地点の南岸にある（図8－9のC地域）。烏川の対岸（a地域）には、江戸時代の利根川水運最上流の河岸である「倉賀野河岸《くらがのがし》」が置かれ、河川交通と陸上交通の結節点であった。古墳前期の外来系土器が厚く出土するエリアでもあり、鏑川・烏川対岸の寺尾町下遺跡（b地域）では、群馬県地域で最多の布留式土器が検出されている。倉賀野には、四世紀後半に浅間山《せんげんやま》古墳（一七二㍍）が築造された。当時東日本最大の前方後円墳である。この古墳は奈良県佐紀陵山古墳と相似形であり、佐紀王権と結び、東京湾と関東内陸

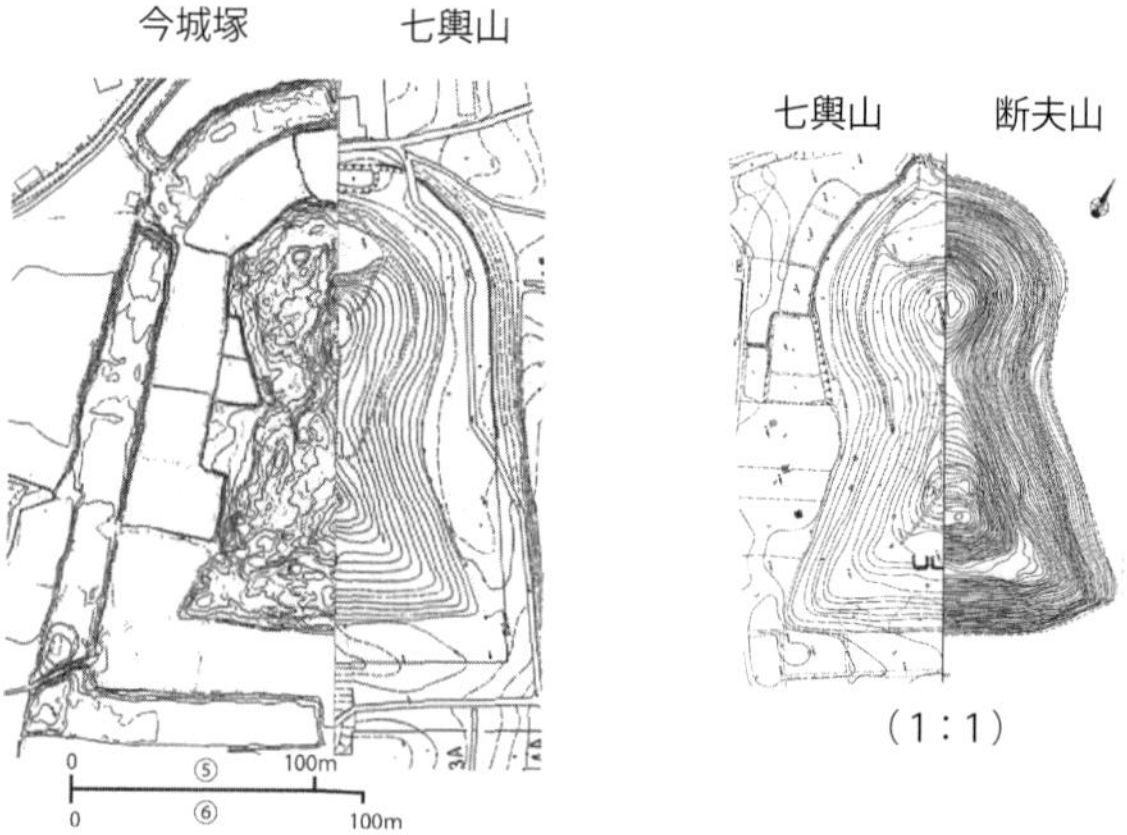

図８－８　七輿山・今城塚・断夫山古墳の墳丘平面比較
『七輿山古墳』、東海埋蔵文化財研究会ほか（1989）『断夫山古墳とその時代』より

を結ぶ河川交通を掌握した大首長像が想定される（若狭二〇二一a）。続く五世紀初頭になると、B種横刷毛技法の王陵系埴輪を採用した白石稲荷山《しろいしいなりやま》古墳（一五〇㍍）が七輿山古墳と同じ台地に築かれた。後円部頂に二基並列した礫槨には、石枕とともに多量の石製模造品が副葬された。

一方、五世紀後半になると本地域は一時低調となる。北方の榛名山東南麓の保渡田《ほどた》古墳群（一〇〇㍍級前方後円墳三基）を中核とする首長連合が台頭し、渡来人を配下に置いて馬生産や治水・農業基盤整備を推し進めた。藤岡地域は中型墳（五〇～六〇㍍）を築造する勢力となり、当地に包蔵される粘土資源を活用して埴輪窯を営み、上記の連合に供給する体制を担った。この時期は雄略期に該当し、榛名山麓の前方後円墳は古市型の規格を採用していることから古市古墳群の大王と関係を取り結んだことが分かる。

五世紀末に榛名山が大噴火すると、保渡田古墳群の勢力は発生した大規模土石流によって山麓一帯の農業用水システムを失い、一時衰退した。ちょうど百舌鳥・古市勢力の後退期にも合致する。ここで再成長したのが火山被害の無かった藤岡地域である。埴輪・須恵器生産の継続、台地上の農業経営、山岳資源の活用によって経済を成長させたと考えられる。

この時期の上毛野の中・西部では、初期横穴式石室をもつ前方後円墳（安中市簗瀬二子塚《やなせふたごづか》古墳、・前橋市前二子《まえふたご》古墳・

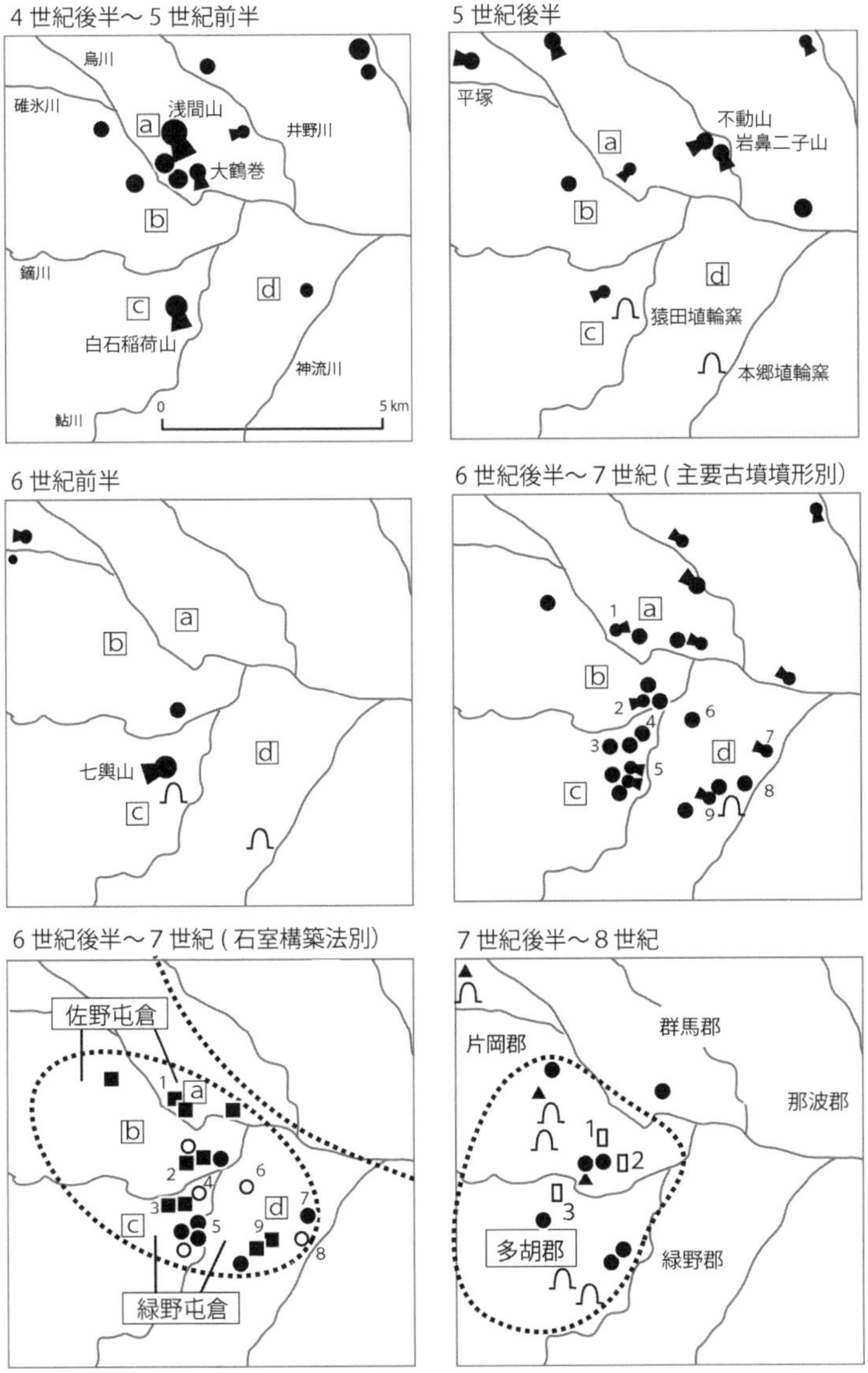

■ 凝灰岩切石積石室(A類)
● 自然石乱石積石室(B類)
○ 模様積石室(C類)
a～dエリアのみ古墳分布表示

1 漆山　2 山名伊勢塚
3 皇子塚・平井1号
4 伊勢塚　5 白石二子山
6 平地神社　7 戸塚神社
8 霊符殿　9 諏訪神社

⋂ 窯跡　● 終末期古墳(切石積)
▲横穴墓　▯ 石碑
1 金井沢碑　2 山上碑　3 多胡碑

図8－9　上毛野南部(高崎・藤岡地域)における古墳と遺跡の動態

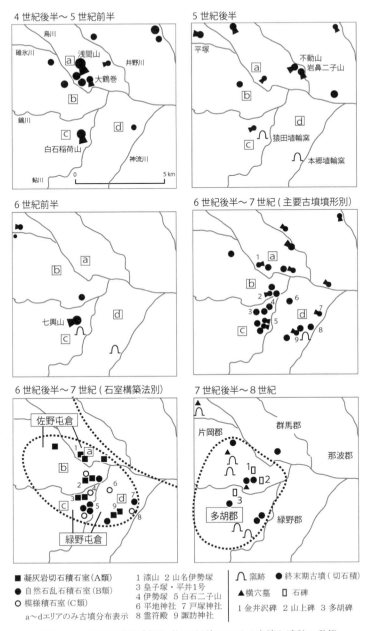

した。

王山《おうやま》古墳・正円寺《しょうえんじ》古墳、富岡市一ノ宮4号墳など）が各所に出現し、保渡田体制の減衰に伴って新開地の勢力が成長し、地域再編が進んだことが分かる（右島一九九四）。小型墳にも無袖横穴式石室が導入され、中間層の存在も顕在化した。

ところで、上毛野の横穴式石室は畿内型ではなく、朝鮮半島・北部九州・北陸を介した広域の系譜関係が指摘される（柳沢二〇〇一、小林二〇一四）。日本海を介した交流ルートは、継体が北陸を基盤としたことと関係し、新興勢力が継体との関係を構築したことが推定される。継体期の威信財である捩り環頭大刀や双葉剣菱形杏葉は東日本では上毛野に集中し、捩り環頭大刀を象徴化した大刀形埴輪がとくに上毛野の後期埴輪様式で重視される（図8―5）。上毛野の六世紀後半の古墳では、横穴式石室開口部の脇のテラスに人物埴輪を置くとともに、これとは別に墳頂部に家形埴輪と各種の器財形埴輪（靫、盾、蓋・翳《さしば》、大刀、帽子、弓など）を配列する様式が成立する（右島一九九五）。この様式は大規模古墳から群集墳にまで共有されるが、ここで不可欠なのが倭装大刀の埴輪であり、継体期に形成されたこの大刀の象徴性が継承されている。

このように七輿山古墳の被葬者は、倭の五王期以後の環境変動と社会変動に乗じて、上毛野の新勢力の支持によって共立され、台頭した継体王権との連携を果たしたのであろう。なお、上毛野には古墳時代前期に東海西部集団が大規模に入植し、また七輿山古墳のある緑野郡に尾張郷が存在するなど、断夫山古墳を生んだ尾張との継続的な関係も看過できない。

四　埼玉二子山古墳の位置付けと武蔵国造の乱

(1)二子山古墳の調査から判明する歴史的背景

六世紀前半の北関東地方には、第3ランクに位置づく埼玉二子山古墳が存在することも注目される。その築造時期については五世紀後半説もあったが、ここ一〇年間の埼玉県教育委員会による調査ならびに城倉正祥の研究によって、六世紀前半に確定した（本書第一章〔ナワビ〕、第二章〔藤野〕、第三章〔城倉〕参照）。①レーダー探査によって横穴式石室の存在が明らかとなったこと〔城倉二〇一三〕、②須恵器TK10型式期の土器群の出土、③榛名山FA火山灰（五世紀末）降下以降の築造であること〔ナワビほか二〇一二〕、④稲荷山➡丸墓山➡二子山という埴輪の型式変化の時間序列〔城倉二〇一一〕、以上の所見の統合によるものである。

これにより、今城塚古墳・七輿山古墳・断夫山古墳・埼玉二子山古墳がほぼ同時期となった。そして、継体期の第2ランクの七輿山古墳と、第3ランクの埼玉二子山古墳が距離的にも近接して存在することが明らかになったわけである。

筆者は、『紀』に記された「武蔵国造の乱」との関係をここに見る〔若狭二〇一七・二〇二一a〕。継体死去後の安閑元（五三四）年に武蔵の豪族である笠原直《かさはらのあたえ》使主《おみ》と同族の小杵《おき(ぎ)》が国造の位を争ったという記事である。

「武蔵国造笠原直使主と同族の小杵とは、国造の地位を争って長年決着がつかなかった。小杵は性格が険悪で反抗的であった。高慢であり従順でなかった。ひそかに上毛野君《かみつけののきみ》小熊《おぐま》に助力を求めて、使主を殺そうと謀った。使主はそれを知って逃げ出し、京にのぼって状況を報告した。朝廷は裁断して、使主を国造とし、小杵を誅殺した。国造使主は内心に恐れと喜びが交錯して、黙っていることができなかった。謹んで天皇のために、横渟《よこぬ》・橘花《たちばな》・多氷《おおい》・倉樔《くらす》の四か所の屯倉を置いた」（小島ほか一九九六）。

そして翌安閑二年に国内の屯倉の一斉設置（二六箇所）が記され、小杵の支援者だった上毛野にも緑野《みどの》屯倉（藤岡市一帯）が設置された。『紀』には小熊の争乱への介入の度合いや事後の処遇については記載されないが、緑野屯倉の設置は争乱の事後措置とみるのが妥当であろう。

この記事の理解には諸説がある。武蔵北部勢力と南部勢力の抗争とみる説、安閑期とは時期が異なる五世紀の出来事だとする説、そもそも記事に該当する考古学的動向は見られず事件は虚構だとする説などである（その研究史は城倉二〇一一bに詳しい）。筆者は、これまで述べてきた状況を踏まえ、七輿山古墳と二子山古墳の関係性を背景とした六世紀前半の出来事を下敷きにした記事だと考える（若狭二〇一七）。

まず使主の氏である「笠原」から、その本拠地は武蔵国埼玉郡笠原郷（『倭名類聚抄』）に比定され、使主らの勢力基盤が埼玉古墳群一帯である蓋然性は高い。同古墳群で安閑期あたりに比定される古墳としては埼玉二子山古墳と瓦塚古墳（八〇㍍）があるが、王権のサポートで国造に就いたとされる使主（に擬せられた人物）の墓となれば、国内第3ランクであった二子山古墳とみるのが妥当であろう。

一方、小杵が頼った小熊（に擬せられた人格）の墓は上毛野国内にあり、使主を凌駕する勢力者とすれば第2ランクの七輿山古墳を考えるのが至当である。七輿山古墳は藤岡市（緑野郡）にあり、緑野屯倉の動向と関わってくる。

そして、敗者となった小杵（に擬せられた人物）の墓は丸墓山古墳と解釈したい。丸墓山古墳は日本最大級の円墳（径一〇五㍍）で、土木工事のスケールとしては埼玉稲荷山古墳を凌いでおり、なぜこれほどの巨大円墳がここに築造されたのかが問われる。その被葬者は、在地において一定の動員力・経済力を有していた。しかしながら、前方後円

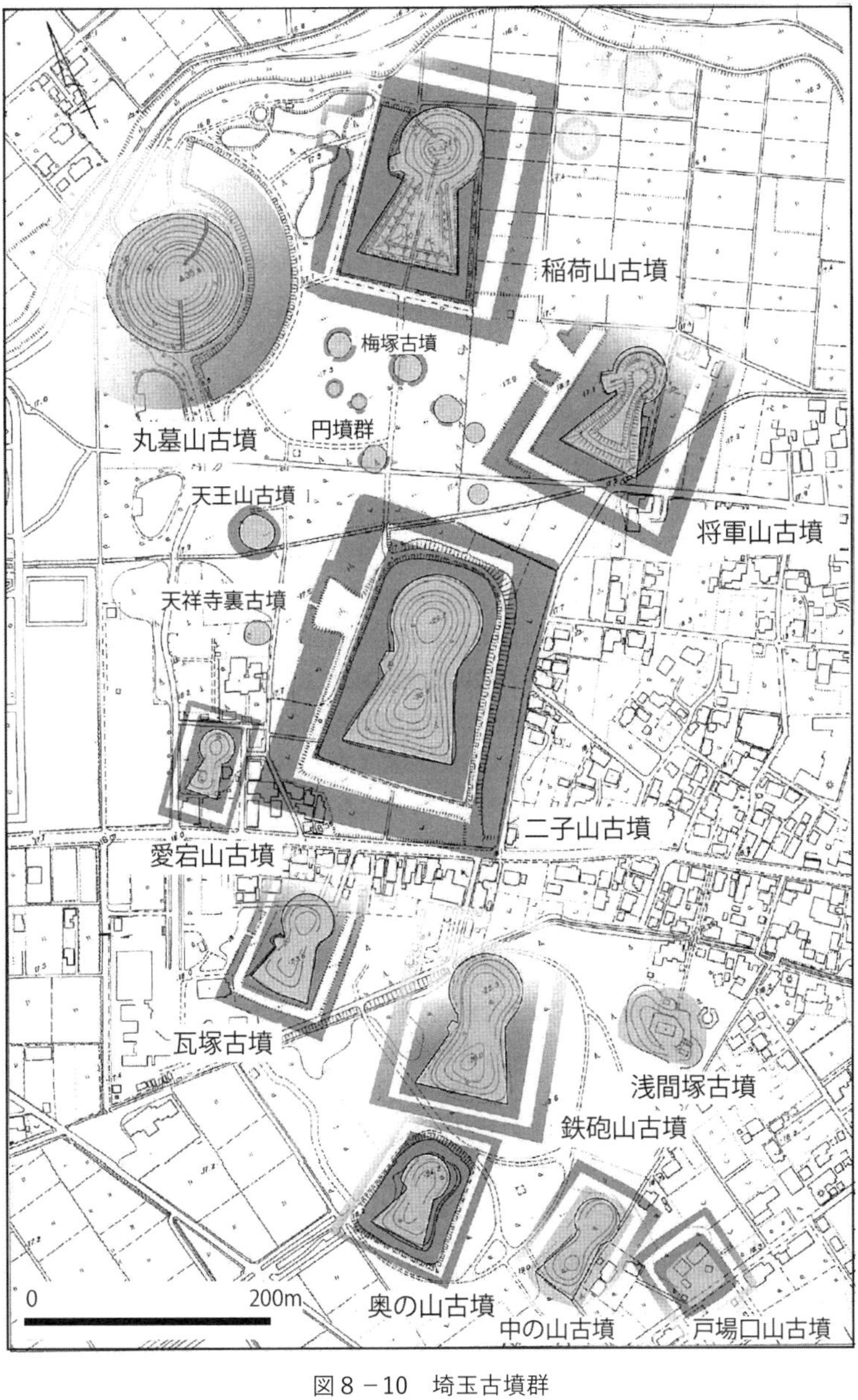

図８－10　埼玉古墳群

関義則（2012）「埼玉古墳群の構成原理」『埼玉県立史跡の博物館紀要』６を改変

墳を築造しえなかったのは、王権の承認を得ることができなかったからであろう（杉山一九九二）。その立地は、始祖墓である埼玉稲荷山古墳に接して系譜の近さを強調しながらも、西方からみた稲荷山古墳の威容を遮っている（図8−10）。埼玉古墳群の前方後円墳は、すべからく西側に造り出し（葬送儀礼の場）が設けられており、西側に正面観があったことが明らかである。

そして西方には、荒川水系を行き交う重要な水上交通路が存在し、東京湾と上毛野を結ぶ物流網が交差していたと考えられる。『万葉集』巻一四には「埼玉の　津に居る船の　風をいたみ　綱は絶ゆとも　言な絶えそね」（一八五三）の歌が詠まれている。この相聞歌《そうもんか》の舞台となった埼玉津《さきたまのつ》は、万葉人にとっての名所であり、古墳時代から存在したはずである。いやむしろ、埼玉古墳群は、埼玉津の経営のためにこの位置に成立したのであり、東京湾から上毛野に到達する荒川・利根川水運の中継地として機能し、上毛野氏と笠原氏の関係の基軸を成していたのであろう。

そうした象徴的な場所に築造された始祖墓・稲荷山古墳のビジュアルを隠すように造られたのが丸墓山《まるはかやま》古墳であり、『紀』に不遜な性格だと記された小杵の立場を語るかのようだ。二子山古墳が稲荷山古墳と墳丘の主軸方向を揃え、稲荷山の威容を妨げない南方に第3ランクの前方後円墳として成立したのは、乱の勝者で稲荷山古墳被葬者の正統な継承者となった使主の墓にふさわしい。二子山古墳被葬者の政治的成功が埼玉古墳群の継続を決定づけ、その後に大型前方後円墳が累積した武蔵国造家の墓所を形成していくことになる。このように二子山古墳の調査成果は、これらの古墳を『紀』に書かれた東国六世紀史の重大な事件と整合させることを可能としたのである。

(2)六世紀前半の内乱と国造制

武蔵国造の乱の直前（七年前）には、北部九州で古墳時代最大の内乱である「磐井の乱」が勃発した（本書第六章

〔辻田〕参照）。先述のように磐井は新羅と結び、近江毛野臣が率いる新羅征討軍の渡海を妨害した。乱は年を跨ぎ、最終的に継体から全権委任された物部麁鹿火の軍がこれを制圧したと記載される（『紀』）。その後、磐井の子の葛子は玄界灘に面した糟屋《かすや》屯倉を献上し罪を贖ったとしている。磐井の墓は、上述の第3ランクの岩戸山古墳に比定されており、異論はみられない。また、葛子の墓と目される七〇㍍級の前方後円墳（乗場古墳など）も岩戸山古墳を含む八女古墳群の中に存続し、磐井一族は断絶しなかったとみられている。

継体の死の前後に発生した「磐井の乱」・「武蔵国造の乱」という東西の大事件とその事後処置は、継体王権の不安定さがもたらした地方豪族（北部九州と上毛野）の成長を押しとどめた。そして、欽明期に加速する王権の強化と国家形成への動きへつながっていくのである。

ところで、文献史学において国造制の施行は、西国では六世紀前半の磐井の乱以後（乱後の「疆場《きょうえき》」の確定記事を画期とする）、東国では六世紀末（崇峻二〈五八九〉年）の国境画定記事（近江臣満ほかを東日本各地に派遣して「国境」を観させた）以後とするのが定説である（篠川二〇二一）。また考古学側も東国の国造制成立については、前方後円墳の終焉と大型方墳・円墳への転換現象に絡めてこれに同調してきた（白石一九九七、土生田二〇〇八）。武蔵で争乱があったとしても、この段階で国造制は実施されていないとみるのである。

しかし、継体政権末期において、継体を支えてきた西の実力者（第3ランクの前方後円墳被葬者）である磐井が誅され、継体崩御の直後に東の実力者（第2ランクの前方後円墳被葬者）である上毛野の影響力が削がれたという事態は連動的にみえる。そうだとすれば、国造制の施行において東西日本に時間差がなかった可能性は排除できないのではないだろうか。

近年考古学側からは、東日本の国造制施行を遡らせる意見がある。例えば、城倉正祥は埼玉二子山古墳築造が南関東における埴輪生産（広域供給を行う鴻巣市生出塚《おいねづか》窯跡群の創始）の大画期となり、その後の国造家の墓域たる埼玉古墳群の造営継続を規定したことから、二子山古墳被葬者が武蔵国造に就いた可能性を示唆する（城倉二〇一八）。また、高橋照彦は駿河の後期古墳を検討するなかで、崇峻二年の国境画定は物部本宗家の滅亡（丁未の乱〈五八七〉）を受けた地域再編措置であり、国造制の施行はそれより遡上すると述べる（高橋二〇一九）。文献史学側でも伊藤循が磐井の乱と武蔵国造の乱を連動した政治的事件として、双方で国造制が継体没後に施行されたとしており（伊藤一九九九）、近年では鈴木正信が東国の国造制が六世紀前半に遡上する可能性を主張する（鈴木二〇二三）。鈴木は、西日本の国造制は境界画定を経たものであったが、東の国造制は水系ごとの流域経済圏をもとに設定されるなど認定方式が異なったとする見通しを述べる。

このように国造制施行にあたって東西の時期差を認める必要があるのかどうか、考古学的現象の整理を踏まえて今後議論されなくてはならない。

五　屯倉の設置とその経営

(1)緑野屯倉と佐野屯倉

七輿山古墳の後の上毛野南西部には大型墳は継続せず、六世紀後半の中型前方後円墳（六〇㍍程度）が四ブロックに分散的に築造された（図8―9）。七世紀まで大型墳が続く埼玉古墳群とは対照的であり、七輿山古墳被葬者を共立していた体制は分解したと考えられる。

鏑川南岸の藤岡市域では鮎川西岸に白石二子山《しろいしふたごやま》古墳、東岸に諏訪古墳などが成立。鏑川北岸の高崎市域には烏川西

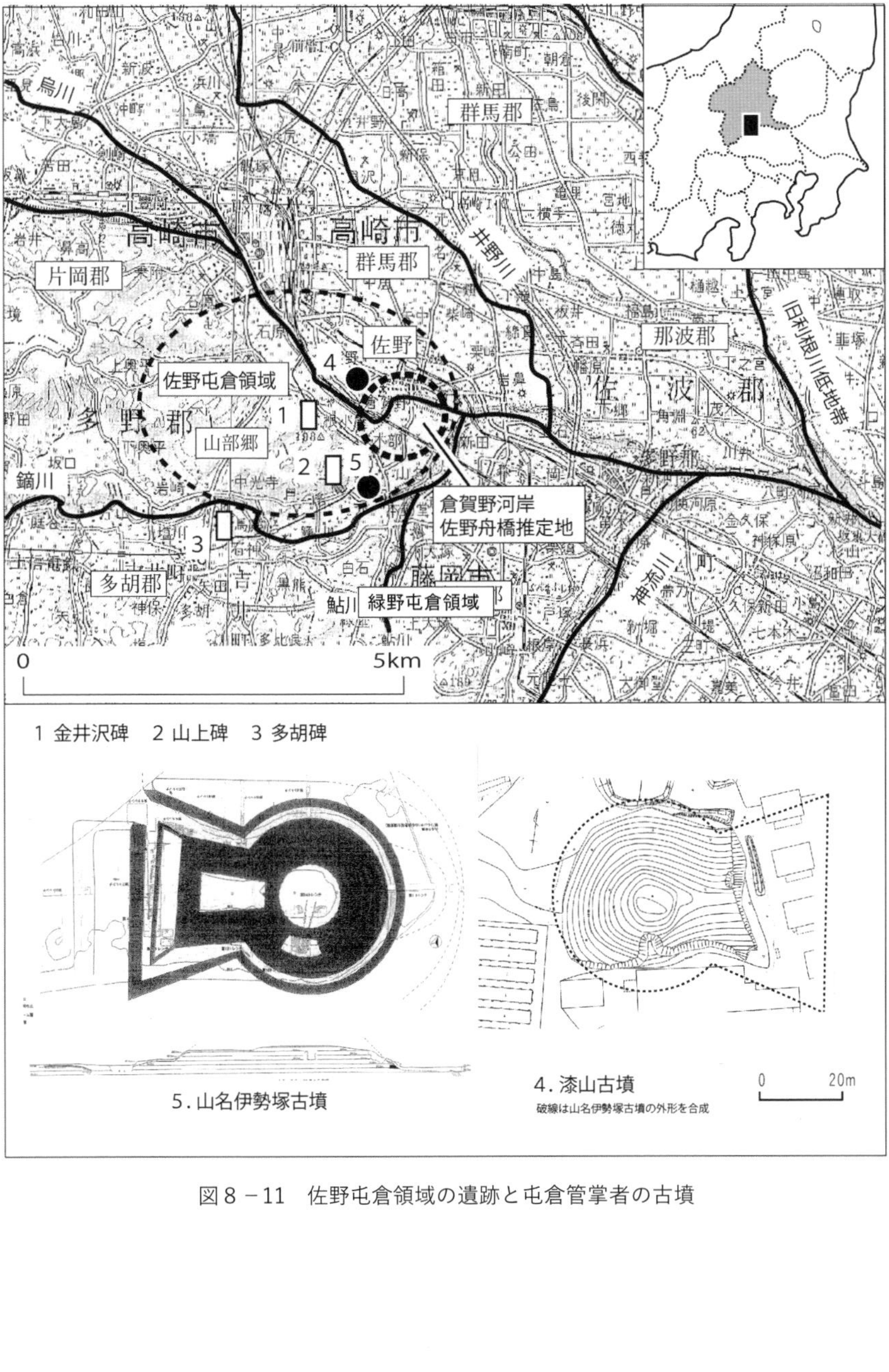

図８－11　佐野屯倉領域の遺跡と屯倉管掌者の古墳

岸に山名伊勢塚《やまないせづか》古墳、東岸に漆山《うるしやま》古墳が築造された（図8―9・8―11）。後者の高崎市の二古墳は、六八一年造立の山上碑《やまのうえ》（図8―12）の碑文にみえる「佐野三家《みやけ》」の領域に属し、佐野屯倉の経営者の墓と見なせよう。山上碑に近接する金井沢碑《かないざわ》（七二六〔神亀三〕年、図8―12）には、立碑者として「群馬《くるま》郡下賛《しもさの》郷高田里」に住む「三家子□」（かつて佐野三家を管掌し、後に「三家」を氏名とした人物）の名が刻まれ、他に同族である「三家毛人・知万呂」の名も記される。前者の三家氏（三家子□）は、群馬郡下佐野（下賛）の漆山古墳被葬者の末裔であろう。また後者の同族は、山名伊勢塚古墳（片岡郡）被葬者の末裔の可能性がある。

佐野屯倉の対岸の藤岡市域は緑野屯倉の領域であり、白石二子山古墳と諏訪《すわ》古墳の被葬者らが屯倉経営者としてよかろう。このように七輿山古墳体制の後に、佐野屯倉・緑野屯倉が六世紀中頃までには設置されたとみられる（若狭二〇一七）。

なお、両屯倉の一帯には第三紀の丘陵・山岳が存在する。そこに産する凝灰岩・砂岩が屯倉領域の切石積み横穴式石室の石材に使用され、地下に包蔵された粘土資源を活用して上毛野西部最大の須恵器窯群が経営された。佐野屯倉領域には片岡郡山部郷（後に多胡郡山字郷）があり、部民（山部）が置かれ、鉱物・石材・粘土・木材など総合的な山体資源利用の促進が図られたと推定される。同郷は法隆寺（奈良県斑鳩町）の食封《じきふ》に編入されており（天平一九〔七四七〕年、「法隆寺伽藍縁起并流記資財帳」）、同寺の壇越である上宮王家や山部連氏との関係が構築されたとみられる（松田二〇〇九）。

また、緑野屯倉に隣接する甘楽郡（後に一部多胡郡）には壬生《みぶ》（部）氏の存在が知られる。壬生は上宮王家の部民であるから、一帯には屯倉と共に上宮王家の名代《なしろ》（王族を養育する財源を担う部民）も置かれたのである。甘楽郡（後に多胡郡に編入）には織裳郷があり、同郡の矢田遺跡からは多量の石製紡錘車が出土することから、紡織業が振興したことが分かる（史料に秦氏の存在が見える）。同郡には韓級郷《からしな》もあり、渡来技術者が屯倉・名代設置にあたり参画したことが示唆される。天平神護二（七六六）年には上野国の「新羅人子午足等一九三人」を顕彰して「吉井連」を賜与した記事（『続日本紀』）があり、屯倉経営にあたって相当数の新羅系渡来人が配置されたと考えられる。

ところで、緑野郡域の山岳部は地質的に鉱山資源の宝庫（三波川変成帯）であり、そこから上武国境を越えた武蔵国秩父郡で初めて国産銅が発見された（七〇八年。これにより年号を和銅に改元）。和銅発見は新羅系渡来人の金上无《こんじょうむ》に拠っており、緑野屯倉の新羅系渡来人も鉱山資源探査に当たった可能性が考えられる（坂本一九九五）。

上毛野西部には飛鳥時代から奈良時代前期の石碑（山上碑・多胡碑・金井沢碑）が集中する。石碑は中国から新羅を介して倭に達した文化であるが、日本に現存する古代碑はわずか一八基に過ぎない。上野国（奈良時代以降は上野国と表記する）の石碑文化は屯倉経営に参画した新羅系渡来人の影響と不可分であり（平川二〇一二）、やがて渡来系氏族自身の経済成長と政治的運動によって、和銅四（七一一）年の多胡郡建郡（多胡碑の建碑）に結実する（若狭二〇二一）。

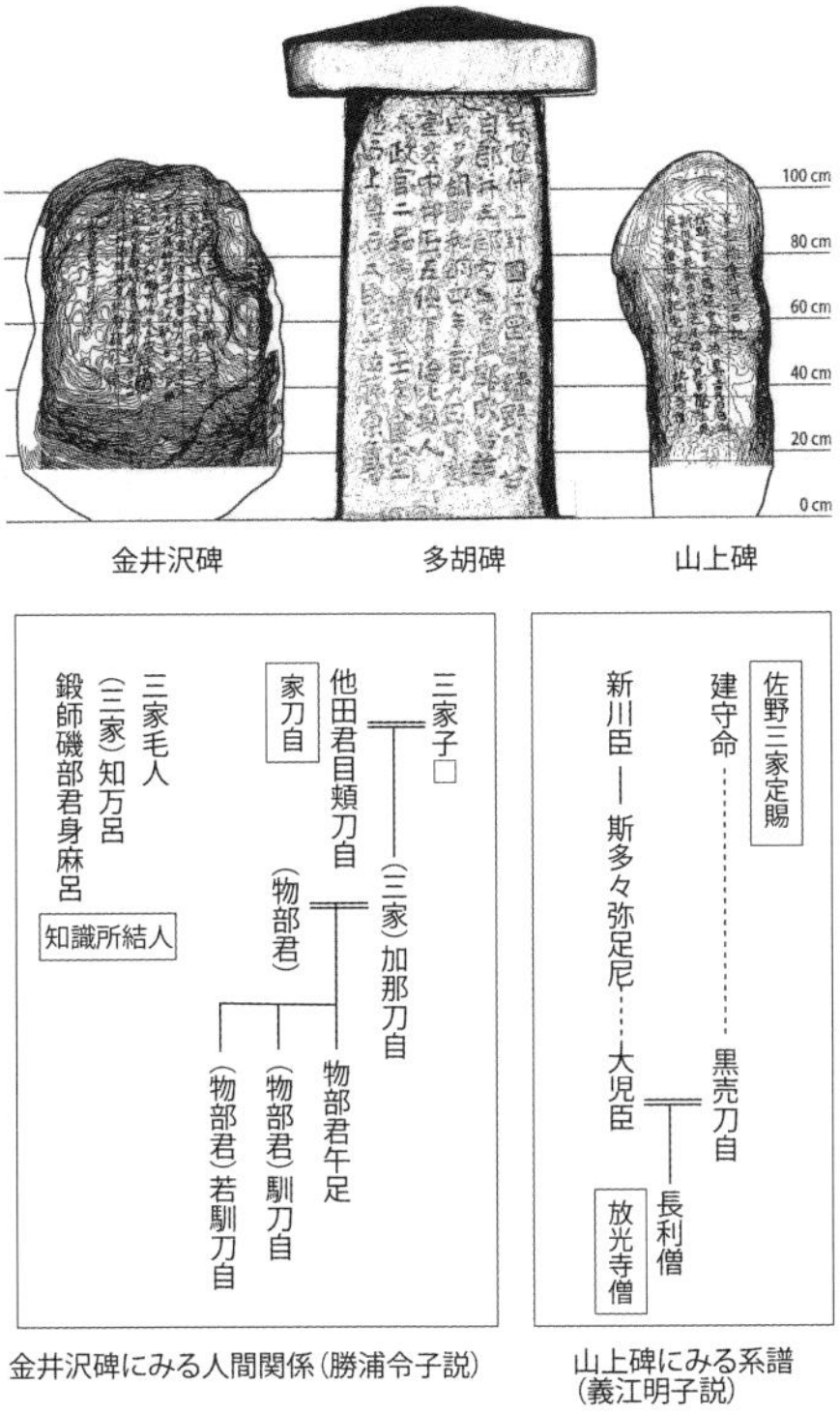

金井沢碑にみる人間関係（勝浦令子説）
山上碑にみる系譜（義江明子説）

図８－12　上野三碑と碑文に見る屯倉と氏族

(2)上野南西部の物部氏をめぐって

七輿山古墳の被葬者について、筆者は在地豪族である上毛野君小熊に擬された勢力と位置付け、その勢力の解体に伴って屯倉が設置されたと考察した。一方で、倭王権が緑野屯倉の設置・経営のために派遣した中央氏族の墓とする説（例えば清水一九九四）もある。中央氏族とは、すなわち物部氏が想定されているのであろう。たしかに上野国西部には物部の存在を示す資・史料が多い（川原二〇〇五など）。七輿山古墳が位置する鏑川流域の西端部（甘楽郡域）には上野国一宮の貫前《ぬきさき》神社があり、その祭神は物部氏が祀る経津主神《ふつぬしのかみ》である（社伝では物部姓磯部氏が創建とする）。故に、当地域の後期古墳文化に物部氏の影響を強く考慮する意見は正鵠を射ているといえる（右島二〇二三）。

磐井の乱と同様に、武蔵国造の乱に際して王権が物部の軍を派遣し、その後の屯倉設置を主導した可能性は高いだろう（鈴木二〇二三）。少し後の欽明朝には、吉備の児島《こじま》屯倉・白猪《しらい》屯倉の設置にあたって財務に通じた蘇我稲目《そがのいなめ》や穂積磐弓《ほづみのいわゆみ》が派遣され、現地管理の田令《たつかい》として葛城山田直瑞子《かつらぎのやまだのあたえみずこ》や渡来系の白猪史胆津《しらいのふひといつ》が任じられている。ただ、これらの氏族の本貫は畿内にあり、現地に大古墳を営んだことは証明されていない（ただし、河内系の陶棺が普及するなど、畿内の技術者が移入・定着した可能性は考えられる）。

宣化元（五三六）年、博多湾沿岸に那津官家《なのつのみやけ》を置くにあたって各地の籾が運ばれたとき、大王は阿蘇君に命じて河内国茨田屯倉の籾を運ばせ、物部麁鹿火は新家連を遣わして新家屯倉（伊勢国）の籾を、蘇我稲目は尾張連を遣わして尾張国の屯倉の籾を、阿倍臣は伊賀臣を遣わして伊賀国の屯倉の籾を運ばせている。このように各地の屯倉は大王だけではなく、有力中央氏族が在地豪族（国造や地方伴造）を介して経営していたとみられる。こうした中央氏族と在地氏族の連携構造からみて、七輿山古墳の主が派遣された物部氏であることは説明しがたく、また七輿山古墳の規模が、物部本宗家に比定される大和国の前方後円墳（第4ランク）を凌駕していることもその可能性を低くする。

繰り返しになるが、今回定まった諸古墳の時期ならびに地域動向（図8－9）を踏まえれば、継体政権を支援した強大な七輿山古墳被葬者の共立基盤が分解され、本来の基礎的な地域経営者である中規模前方後円墳を築いた在地勢力が倭王権中枢と結んで地方伴造となり、緑野屯倉・佐野屯倉の経営を担ったと考える。乱の収拾から屯倉設置まで物部氏が強い権限をもったことから、複数の在地首長が物部氏の地方伴造となったのであろう。これが一世紀以上後の金井沢碑に記載された物部君氏や磯部君氏につながっていくとみなされる。また、七輿山古墳と同規模に並んでいた尾張連の勢力も、宣化期には上記のように蘇我氏の傘下に連なり、考古学的に見た地域力も減衰している（本書第五章〔早野〕参照）。継体の支援勢力は、その晩年から没後に軒並み力を減じさせられたのである。

（3）古墳後期の地域経営と多彩な氏族

ところで上野国南西部には、物部や上述の壬生（壬生部・生部）以外にも多くの古代氏族が知られている（図8—13）が、部姓の伴造氏族が主体である（川原二〇〇五）。仁賢の舎人である石上部《いそのかみべ》、安閑の舎人である勾舎人部《まがりのとねりべ》、敏達の名代である他田部《おさだべ》、推古の名代である額田部《ぬかたべ》など大王に連なる宮号舎人や名代部をはじめ、中世初期まで含めれば小野、宋宜部（蘇我部）、安倍、春日などがあり、屯倉や名代の経営を通じて、在地勢力が王家や様々な中央氏族と結び付いたことが推定される。

この地域では、六世紀後半から七世紀にかけて多種多様な装飾付大刀（振り環頭大刀、単龍鳳環頭大刀、双龍環頭大刀、頭椎《かぶつちの》大刀、円頭大刀、圭頭大刀など）が副葬され、その数は約一七〇振と日本で最多である（徳江二〇一一、図8—14・8—15）。装飾付大刀の製作は種別ごとに中央氏族によって管理されていたと考えられており（豊島二〇二二）、この現象は地方伴造が多様な中央勢力と結びついたことを考古学的に示唆している。また、当地域では群集墳中の小型古墳に立てる埴輪の総量が飛びぬけて多く、中間層の経済力がひときわ高いと考えられる。これも屯倉を中核とし

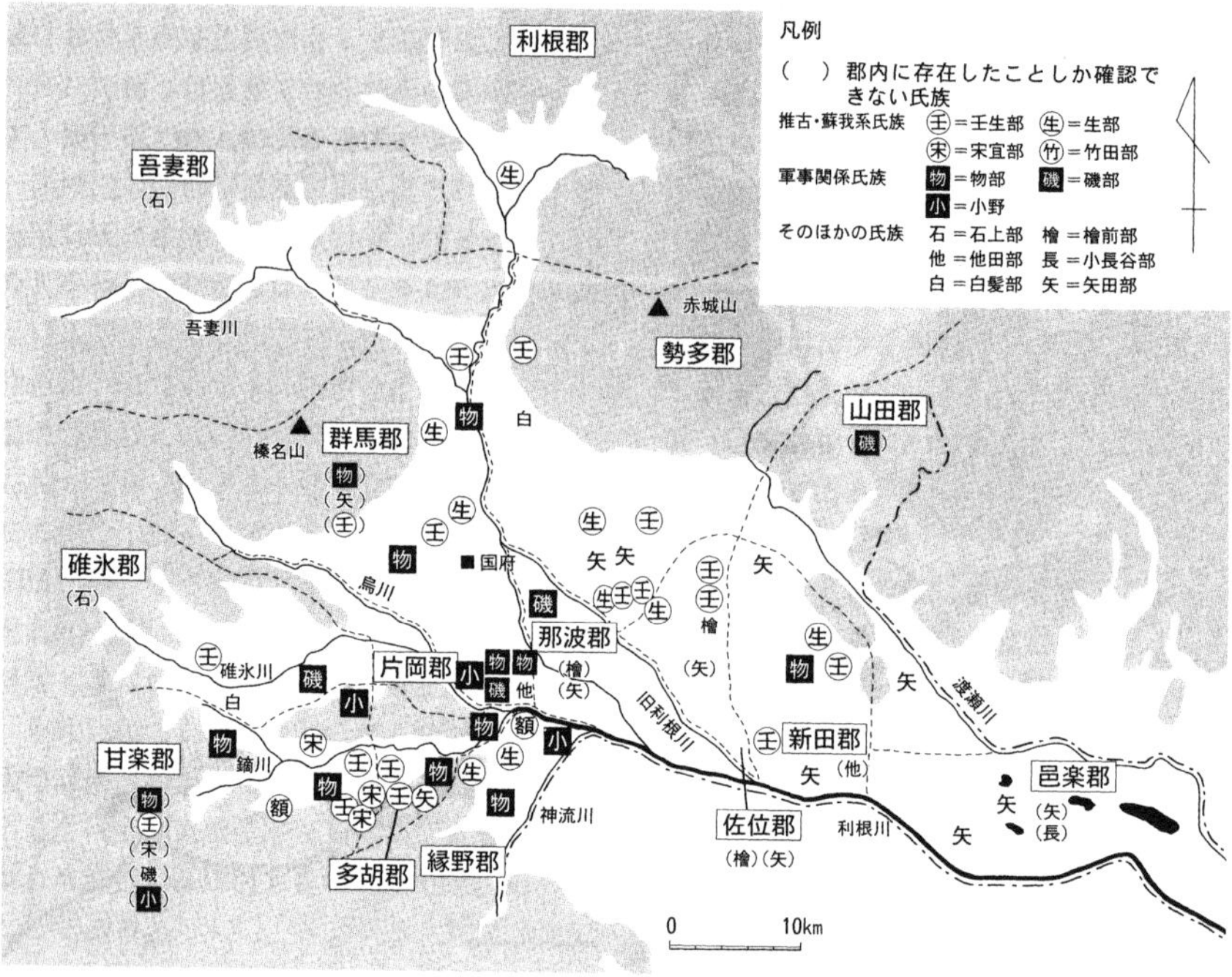

図８－13　上毛野における名代・子代系氏族と蘇我・物部氏の分布　川原(2005)より

た地域経営の経済的成功を示している。

上野国西部に「物部」の史料は多く、無姓のものが物部公を賜姓されるなど一定のブランド力を有していたことが知られる（川原二〇〇五）。しかしながら、線刻紡錘車に「物部郷長」（高崎市矢田遺跡出土）は知られるが郡領級はこれまでに未確認であり、甘楽郡の大領は壬生公（『日本後紀』弘仁四（八一三）年、甘楽郡大領壬生公郡守が戸口増益の功で外従六位下に叙位）であった。また、鎌倉時代の仁治四（一二四三）年に富岡市下高尾に立てられた「仁治の碑」（高さ二・八㍍の板碑）には、仏教的紐帯をもつ在地の古代的氏族が連名しているが、筆頭は壬生であり、その後に「六人部、小野、藤原、春日、物部、大宅、安部」が続いている。ここでも物部は筆頭氏族ではない。当地で最有力だった壬生氏は、丁未の乱（五八七年）で物部守屋を滅ぼした上宮王家の名代の部民を束ね

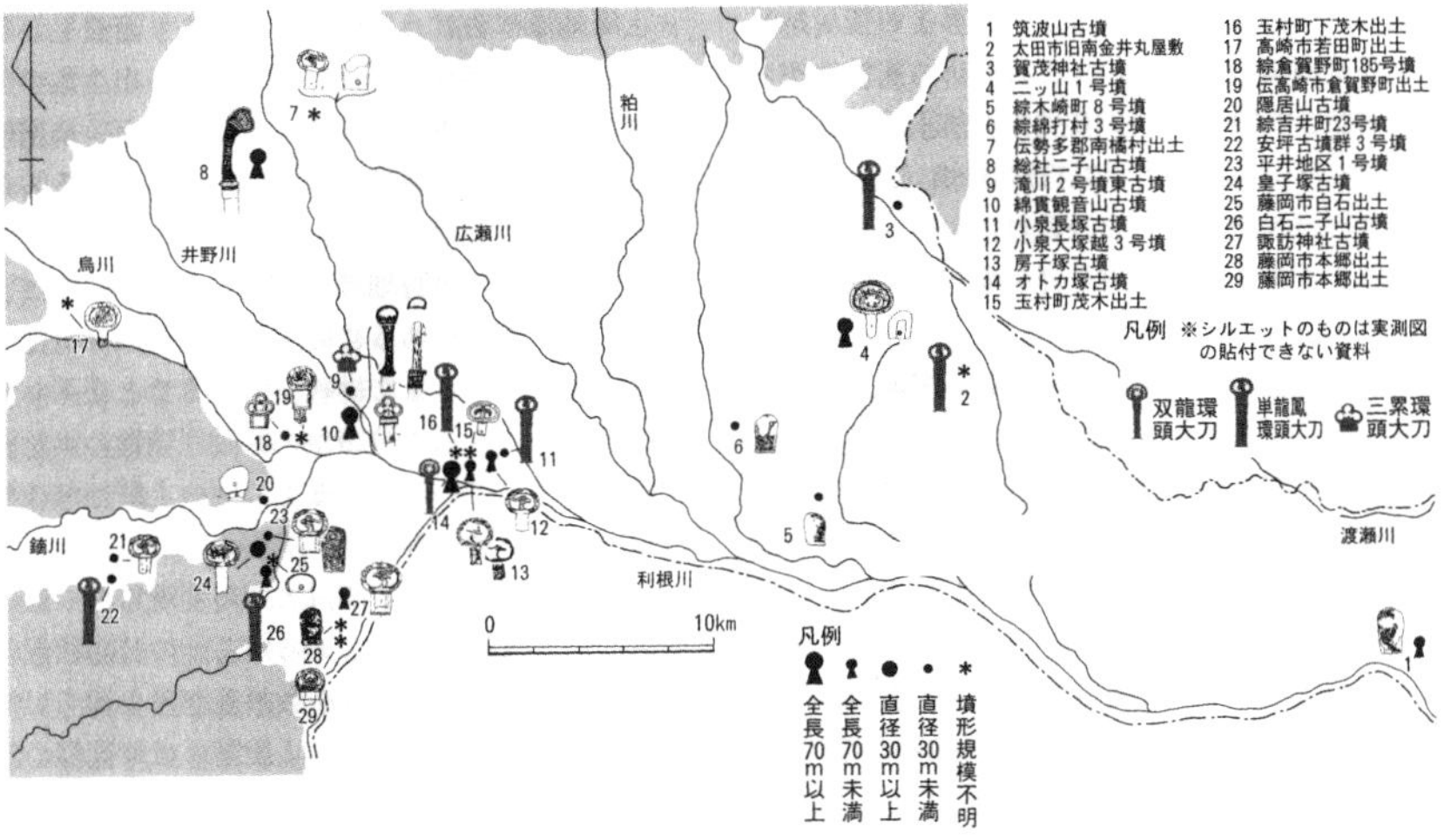

図8－14　上毛野における六世紀の装飾付大刀の分布　徳江（2005）より

図8－15　藤岡地域の装飾付大刀
左：皇子塚古墳、右：平井1号墳、藤岡市提供

る伴造である。上毛野国の物部の一部は、物部本宗家の滅亡後、壬生部に編入され勢力を伸ばした可能性が高いだろう（小池一九九六）。

なお、金井沢碑ほかにみられる上野国西部の古代氏族は、物部君・磯部君・他田君、壬生公（君）・石上部君・額田部君などいずれも「君姓」を有している。「連」や「直」姓ではないのである。川原秀夫は、上野国内の中小豪族は、国造である上毛野君の傘下で「君姓秩序」に組み込まれていたとする（川原二〇〇五）。在地氏族は、国造と中央氏族・中央伴造に管掌される両属構造であるが、上毛野においては、天武朝に朝臣の姓を獲得していく上毛野国造の力が強かったとみなすことができ、在地の伴造は本来上毛野君氏と同族であったことを物語る。そうすると、当地で出土する大量の装飾付大刀が中央氏族から直接配布されたのか、宗主的位置にある中央氏族（例えば舒明期〔七世紀前半〕に蝦夷征討将軍となった大仁上毛野君形名など）を輩出している上毛野君氏から配布されたのかは、検討すべき視点となろう（松尾二〇〇五）。

おわりに

冒頭に倭の五王時代から継体朝にかけての政治動向を概観した後、東国における六世紀最大の前方後円墳である七輿山古墳の列島内での規模・序列（大王墓に続く国内第2ランク）を確認した。結果、その被葬者は、政権基盤が脆弱であった継体王権の有力な支援勢力であったと考察するに至った。

続いて、埼玉二子山古墳の位置づけを確認するとともに、七輿山古墳・二子山古墳・丸墓山古墳と、『紀』の「武蔵国造の乱」の記事を整合させ、継体没後に七輿山古墳被葬者の共立基盤が分解し、その膝下に二つの屯倉が成立していくプロセスを描写した。「武蔵国造の乱」は、北部九州の「磐井の乱」とともに、継体王権を支えた東西の大豪族（西は筑紫君磐井）を抑制し、王権基盤を強化するための政治的事件であったと推定し、国造制の成立時期についても問題を提起した。最後に、考古学的資料や氏族分布から、上記の屯倉の経営様式について小考したところである。

屯倉の研究は、六世紀中葉から後半の欽明朝以降の地域経営と王権との関わりを解く重要な手がかりとなる。今回は論究できなかったが、その時期に勢力を拡充させた利根川西岸の綿貫観音山古墳や総社古墳群との関係が考慮される「上毛野国造」の実態を深掘りすることが必要となる。国造と倭王権との関係、屯倉の経営の具体的手法、国造と連携する氏族群のあり方など、考古学・古代史から考究すべき課題は多い。引き続き検討を進めていきたい。

〈参考文献〉

甘粕　健　一九七〇「武蔵国造の反乱」『古代の日本　七　関東』角川書店
伊藤　循　一九九九「筑紫と武蔵の反乱」『古代を考える　継体・欽明朝と仏教伝来』吉川弘文館
川原秀夫　二〇〇五「上野における氏族の分布とその動向」『装飾付大刀と後期古墳』島根県古代文化センター
小池浩平　一九九六「壬生公（朝臣）―東国における壬生部の設定のプロセス」『群馬県立歴史博物館紀要』17
小島憲之・直木孝次郎・西宮一民・蔵中進・毛利正守　一九九八『新編　日本古典文学全集三　日本書紀（二）』小学館
小林孝秀　二〇一四『横穴式石室と東国社会の原像』雄山閣
埼玉県教育委員会　二〇二三『特別史跡埼玉古墳群　二子山古墳発掘調査報告書』
坂本和俊　一九九五「七輿山古墳出現の背景」『群馬考古学手帳』5　群馬土器観会
篠川　賢　一九九六『日本古代国造制の研究』吉川弘文館
篠川　賢　二〇二一『国造』中央公論新社
清水久男　一九九四『武蔵国造の乱』大田区立郷土博物館
城倉正祥　二〇一一a「埼玉古墳群の埴輪編年」『埼玉県立史跡の博物館紀要』5
城倉正祥　二〇一一b「武蔵国造争乱―研究の現状と課題」『史観』165　早稲田大学史学会

城倉正祥　二〇一八「北武蔵の埴輪生産と埼玉古墳群」『埼玉古墳群総括報告書』埼玉県教育委員会
城倉正祥ほか　二〇二〇『七輿山古墳の測量・GPR調査』早稲田大学東アジア都城・シルクロード考古学研究所
城倉正祥ほか　二〇二三『埼玉二子山古墳の測量・GPR調査』早稲田大学東アジア都城・シルクロード考古学研究所
白石太一郎　一九九七「駄ノ塚古墳が提起する問題」『国立歴史民俗博物館研究報告』65
白石太一郎　二〇一八『古墳の被葬者を推理する』中央公論新社
杉山晋作　一九九二「有銘鉄剣にみる東国豪族とヤマト王権」『新版 古代の日本 八 関東』角川書店
鈴木正信　二〇二三『古代日本の国造制と地域支配』八木書店
鈴木靖民　二〇一二「倭国と東アジア」（『日本の時代史2　倭国と東アジア』）吉川弘文館
十河良和　二〇〇七「日置荘西町窯系埴輪と河内大塚山古墳」『埴輪論叢』6　埴輪検討会
高橋照彦　二〇一四「畿内最後の大型前方後円墳に関する一試論」『西日本における前方後円墳消滅過程の比較研究』大阪大学
高橋照彦　二〇一九「賤機山古墳の被葬者像と駿河の地域支配」『賤機山古墳と東国首長』雄山閣
高松雅文　二〇〇七「継体大王期の政治的連帯に関する考古学的研究」『ヒストリア』205　大阪歴史学会
田中史生　二〇一三「倭の五王と列島支配」『岩波講座日本歴史　第一巻　原始・古代一』岩波書店
辻田淳一郎　二〇一九『鏡の古代史』KADOKAWA
徳江秀夫　二〇一一「装飾付き大刀―上毛野を中心として」『古墳時代毛野の実像』雄山閣
豊島直博　二〇二二『古代刀剣と国家形成』同成社
林屋辰三郎　一九五五「継体欽明朝内乱の史的分析」『古代国家の解体』東京大学出版会
土生田純之　二〇〇八『古墳時代の実像』吉川弘文館
平川　南　二〇一二「多胡碑の輝き」『多胡碑が語る古代日本と渡来人』吉川弘文館
古市　晃　二〇二一『倭国　古代国家への道』講談社

松尾充晶　二〇〇五「装飾付大刀と地域社会の首長権構造」『装飾付大刀と後期古墳』島根県古代文化センター
松田　猛　二〇〇九『上野三碑』同成社
三浦茂三郎　二〇二二『地方からみた継体朝とその前後』観音塚考古資料館
右島和夫　一九九四『東国古墳時代の研究』学生社
右島和夫　一九九五「上野型埴輪の成立」『群馬県埋蔵文化財調査事業団研究紀要』12
右島和夫　二〇二三「初現期横穴式石室から見た畿内と東国」『考古学論攷』47　橿原考古学研究所
森田克行　二〇〇六『今城塚と三島古墳群』同成社
安村俊史　二〇一六「河内大塚山古墳を考える」『塚口義信博士古稀記念 日本古代学論叢』和泉書店
柳沢一男　二〇〇一「全南地方の栄山江型横穴式石室の系譜と前方後円墳」『朝鮮学報』179
柳沢一男　二〇一四『筑紫君磐井と「磐井の乱」―岩戸山古墳』新泉社
若狭　徹　二〇一七『前方後円墳と東国社会』吉川弘文館
若狭　徹　二〇二一a『古墳時代東国の地域経営』吉川弘文館
若狭　徹　二〇二一b『埴輪は語る』筑摩書房
若狭　徹　二〇二五「倭の五王の時代の東国社会」『倭の五王の時代を考える』吉川弘文館

第Ⅲ部

特別史跡埼玉古墳群シンポジウム

〔総合討議〕六世紀の東国史と埼玉古墳群

コーディネータ　若狭　徹（明治大学）

パネリスト　今西康宏（高槻市教育委員会）

河内春人（関東学院大学）

城倉正祥（早稲田大学）

ナワビ矢麻（埼玉県教育委員会）

早野浩二（愛知県埋蔵文化財センター）

藤野一之（駒澤大学）

一　埼玉二子山古墳出現の前提（稲荷山古墳築造の意義）

若狭　埼玉二子山《ふたごやま》古墳に関する討論に入る前に、埼玉稲荷山《いなりやま》古墳のことを確認したいと思います。稲荷山鉄剣（写真1）に書かれているヲワケ（杖刀人の首としてワカタケル大王に仕えた、と剣に記された人物）像については諸説ありますが、これまではどちらかといいますとヲワケは埼玉の豪族ではなく中央からの派遣将軍であったという説、あるいは埼玉から出仕してワカタケル大王（雄略天皇）の宮廷にいたけれども、大王の側近である阿倍氏に仕えていた武人に過ぎない、そういった議論があったわけです。それはやはり王権の力を強く見ることが前提であり、特に文献史学の方でそういう見方が強かったと思いますが、最近の研究ではどのように考えられているのでしょうか。文献史学がご専門の河内さんいかがでしょうか。

河内　ヲワケはどういう人物なのかというご質問をいただきました。ヲワケに関しては、中央から派遣された人物という見解と、埼玉の地方豪族という見解があります。それに関連して、稲荷山鉄剣の人名の書き方を分析した研究がありまして、そこでは銘文の人名に東国方言が混じっているということが指摘されています。それはタカハシワケがタカヒシワケになり、トヨカリワケがテヨカリワケと記されることになったと言われています。鉄剣自体は技術的なこともあり、ヤマトで作成されたものと考えてよいでしょう。銘文の系譜はヲワケから引き取って書いているわけでして（本書一六二頁）、そこに東国の方言が入るということは、ヲワケはやはり地方豪族とみてよいと私は考えています。ただ、一方で気になるのは、稲荷山古墳の中でヲワケが葬られたのは後円部の中心ではないところであり、追葬された人物と考えられることです。そうすると、ヲワケは稲荷山古墳にメインで埋葬された人物ではないことになり、埼玉古墳群の初期の首長と言い切れるかは引っかかるところがあります。磐井のように若い時にヤマトに出仕し、帰郷後に首長になるケースもありますので、ヲワケも同じようにみえるわけですが、後円部の中心に埋葬されていないことについて、最近の分析ではどのようになっているのか、考古学の人に教えていただければと思います。

若狭　考古学の方に話が降って参りましたので、埼玉古墳群に特に詳しい城倉さんいかがでしょうか。

城倉　ヲワケの話だけで一〜二時間終わってしまいそうですので、簡単に話をさせていただきます。東北大学の佐藤源之氏が、稲荷山古墳の後円部墳頂のレーダー探査を行っておりまして、本体の埋葬施設があるのではないかということが報道で言われていましたが、データ自体が公開されていないのでわからないというのが現状です。私自身も稲荷山古墳でレーダー探査をやっていませんので、やらないとわからないです。個人的な意見として言いますが、先ほど河内さんがおっしゃっておりましたが、ヲワケは地方豪族がヤマトに上番することがあった証拠となる人物だと思いますが、明らかに稲荷山古墳の後円部の中央には埋葬されていません。埋葬施設としての礫槨は、同様のものが上野の白石稲荷山《しろいしいなりやま》古墳で出ています。東槨と西槨に分かれていて、対になるように作られていますのでわかりやすいで

若狭　徹

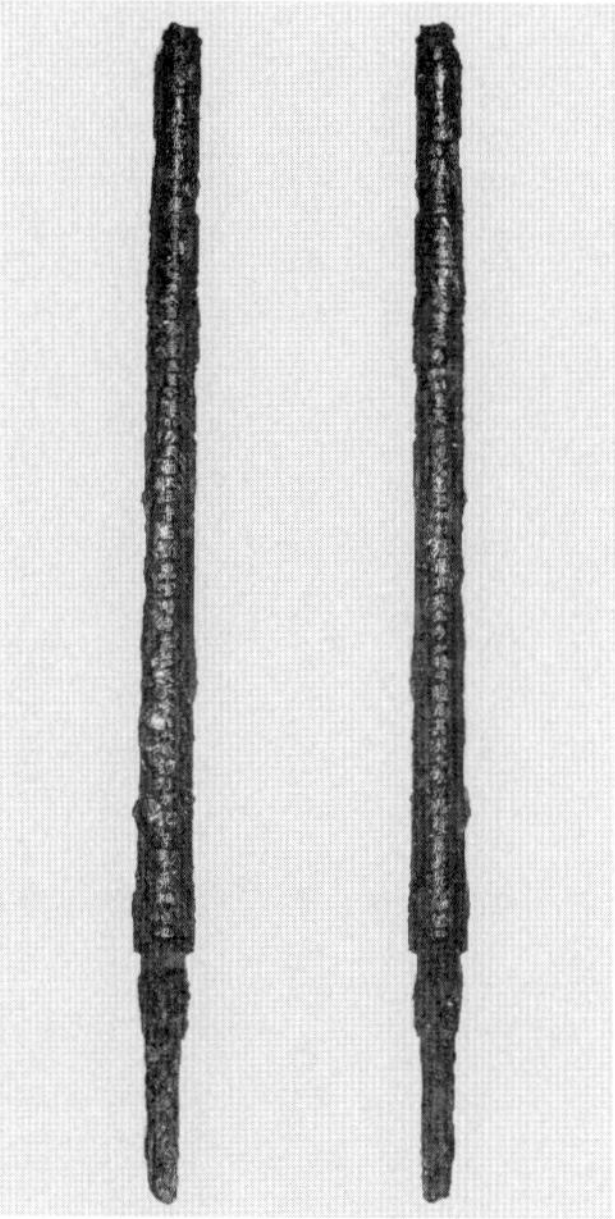

写真１　金錯銘鉄剣
（埼玉県立さきたま史跡の博物館提供）

すが、稲荷山の場合は外れたところに礫槨がありますので、やはり主体とは考えづらいです。ただ、礫槨を主体的な埋葬施設ではなく、ヲワケを主体的な被葬者ではないと考えれば、わりと他の現象も考えやすくなるところが出てくると思います。くびれ部で出土している須恵器の年代ですとか、わりと離れますけど将軍山《しょうぐんやま》古墳の位置づけですとか、スムーズになる。つまり稲荷山・二子山・鉄砲山《てっぽうやま》古墳のように首長本人はこの埼玉にいるけど、その首長の子弟が上番をするというようなイメージです。鉄砲山古墳の時期は半島出兵もしていると思いますし、そういうところの現象につながってくるのかな、というのが個人的な考え方です。それを確かなものにするには、考古学的な現象をもっと詰めなければならないし、レーダー調査をやるのが重要かなと思っているところです。

若狭　ありがとうございました。礫槨が稲荷山古墳の中心ではないというお話ですね。礫槨の副葬品をみますと、小札甲はあるけれども冑がなく、出土している馬具も二番目のランク（金銅製f字形鏡板付轡に鋳銅製鈴杏葉を組み合わせた様式）であり、そういった点からしても、稲荷山古墳の主体的な被葬者の子弟が、倭王権に上番したとみるのが考古学的な考え方かと思います。いずれにしましても、稲荷山古墳は五世紀後半の前方後円墳でいいますと、全国で一〇番目以内の大きさになりまして、そういったことから考えましても、ヲワケは武蔵から上番した地方豪族でありながらも大王に近侍していたと考えるのが良いと思います。

二　今城塚古墳を核とした考古学的事象と継体王権

若狭　こうしてヤマト王権と強い結びつきをもった埼玉政権の二代目を争うのが、先ほどの発表で申し上げたとおり「武蔵国造の乱」になるかと思いますが、この時期は継体朝の直後になります。当該時期は、継体大王の真陵とみられる今城塚《いましろづか》古墳を核として様々な考古学的な現象が起きるわけですが、今城塚古墳を中心としてみる伝統性と革新性について、改めて今西さんにまとめていただきたいのですが、いかがでしょうか。

今西　はい。まず今城塚古墳にみえる革新的な面では、横穴式石室と家形石棺をともに採用しているということが大きなことだと思います。この二つは、六世紀から七世紀前半にかけて畿内の有力首長層の典型的な埋葬施設のセットになりますが、現在判明している中では、初めて大王墓に採用したのが今城塚古墳ということになります。ちなみに、こうした埋葬施設は今城塚古墳より少し先行して、六世紀第１四半期頃から有力首長墓にも採用されはじめているわけですが、それも大きくは継体朝、継体大王の時代の出来事といえます。もう一つは形象埴輪の樹立位置を、それまでの堤上から外側に張り出した張出部という専用施設を設けたということがあると思います。

　次に伝統性についてですが、今城塚古墳は意外と前代からの継承や復古的な要素が強いと言われています。まず墳丘の形態は前方部の発達した五世紀後葉の大王墓・土師《はぜ》ニサンザイ古墳の類型に位置づけられます。埴輪については、円筒埴輪は六世紀では最大級の大型品を用いていますが、五世紀末の大王墓・岡ミサンザイ古墳以来といえます。内堤の外側に大型円筒埴輪を用いる点も、誉田御廟山古墳にもみられる要素だと言われていますので、こうした点は旧来の大王墓の伝統を引くものと思われます。

今西康宏

　形象埴輪については、六世紀に入るとかなり変容してきます。全体的に形態や文様等をかなり省略したり、形骸化したものがみられます。靫は奴凧形になり、甲冑などもみられなくなっていきます。こうしたなかで、今城塚古墳では古い形態の靫や甲冑、前代の系譜が不明瞭な肋木飾りのある蓋や鞆、器台などが出ています。そういう点では復古的な要素といえ、伝統的な要素を踏襲しているといえるのではないかと思います。

副葬品などの威信財については、今城塚古墳では遺存状態が悪く直接的な対比が難しいのですが、継体大王は以前からあるものに新たに価値づけして配布するようになり、琵琶湖・淀川水系に特定の型式のものが集中しているのではないかと考えています。

若狭　ありがとうございます。そうしますと、今城塚につきましては、革新的な要素よりも伝統的な要素を組み替えるというような側面が多いということでよろしいでしょうか。

今西　そうですね。バランスが難しいのですが、大王墓としての体裁をしっかり踏襲していると思っています。

若狭　継体期には威信財として同型鏡の配布も行われていますね。三世紀の画文帯神獣鏡などの中国鏡を原鏡にして鋳造した鏡を倭王権が豪族に配布するのですが、それは五世紀の倭の五王の時代に始まって、どうも継体朝まで続くと言われていますので、継体大王は鏡の点でも旧来の手法を踏襲しながらやっているようです。

今城塚古墳といいますと、何といっても多くの人物埴輪群像（巻頭三頁、本文七七頁）が有名です。これに関しては、発掘調査を担当された森田克行氏は、殯儀《もがり》礼を表現したと言われています。殯というのは亡くなったあとに死を確認するための儀礼を長期間にわたって行うものですが、今城塚の埴輪群像は、殯の宮の姿ではないかというのが一つ有力な学説としてあるわけです。今城塚の埴輪群像は四つの場面があるというご説明があったわけですが、その辺を踏まえて今西説はいかがでしょうか。

今西　そうですね、今城塚古墳の形象埴輪群の解釈は様々あります。森田説は1区の片流れ造の家を喪屋と捉え、各区が同じ時間軸のなかで、殯宮で行われた様々な儀礼を表現していると捉えています。これを、記紀等の記述をもとに、大王権継承儀礼として王宮の近傍で行われた殯宮儀礼としています。2区から3区にかけて配置された巫女や楽坐の人物は酒食や歌舞の奉仕、4区の力士は地鎮、武人は宮の警護を表したものと解されています。また、こうした儀礼の様子を内堤張出部に埴輪で再現することは、継体大王の後継者が権力の継承を示したものと理解されています。

今城塚古墳の形象埴輪群は、柵と門で区画された各空間に、円柱高床などの大型の開放的な家形埴輪が配置され、そこに様々な人物や器財、動物が軸を揃えて整然と並べられていることは大きな特徴です。若狭さんが先行研究で述べられているような保渡田八幡塚古墳の在り方（写真２）に近いものが、今城塚古墳にもあると思っています。

こうした基本的な形態が同時性、一体性をもつものと考えますと、豪族居館よりもかなり規模が大きく軸を揃えることを強く意識されたもので、のちの王宮や官衙などを髣髴とさせるものだと思います。そのなかで、それぞれの形象埴輪の意味や役割があるということで、それは推定できる部分もありますが、儀礼と結び付けた理解には異論も多いかと思います。私自身は1区の片流れ造の家も、形態の類似からすれば水の祭祀に関わる囲形埴輪や導水施設形埴輪との共通点が多いように思います。またそれぞれの形象埴輪は今城塚古墳と類似したものが、前後の時代や地域を超えて、変容しながらも他の古墳にもみられますので、それと大きく矛盾することのない範囲で解釈することが求められると思いま

写真２　保渡田八幡塚古墳の埴輪　（高崎市教育委員会提供）

ナワビ矢麻

す。このあたりは大変難しい問題です。

若狭 今城塚古墳の人物埴輪群像をどのように考えるかは、とても大切な問題になります。人物埴輪研究としては、一つは王位継承儀礼を表現したとする説があり、それから森田氏のように殯とする説もあり、あとは被葬者の生前顕彰だと、亡くなるまでどういう軌跡をたどったのか、それを共同体にみせるためのものではないか、以上のように三つの説があるわけです。突っ込んで申し訳ないですが、それについて今西さんはどのようにお考えですか。

今西 難しいご質問で答えを持ち合わせておりませんが、今城塚古墳の形象埴輪群は現実の場面や風景を再現したものとするよりも、様々な場面や儀礼とされるものを象徴的にかたちづくったと考える方が理解しやすいように思います。それが王権の継承儀礼を表したとするか、大王の生前顕彰とするのかは、儀礼などの解釈が伴うところですが、まだ十分納得できる答えにたどりつくことができていません。

若狭 少し難しい問題を振ってしまったのですが、今城塚の人物埴輪群像は元々五世紀代から存在した場面構成を複数集めていまして、その形は継承しているのですが、今城塚古墳で新しく誕生したものとして、家形埴輪を人物群像の中に加える様式があります。このスタイルは、継体の政治的影響力を踏まえて列島各地に広がっていきますが、埼玉古墳群の中でそれを考えるとどうでしょうか。ナワビさんいかがですか。

ナワビ 埼玉古墳群の中でいいますと、今城塚古墳の形象埴輪群像のように壮麗なものではないのですが、今城塚古墳と並行する時期の瓦塚古墳の中堤西側に、家形埴輪が並べられておりまして、今城塚古墳の並べ方と関係はあるのかどうか考えることはあります。今回二子山古墳の整理作業をしている中で、家形埴輪の破片と思われるものが数点ありましたので、二子山古墳にも置かれていたと思いますが、具体的にどういうものかは確認できていません。

若狭　瓦塚古墳の中堤の上に人物埴輪群像がありますが、その中に高床式の円柱の家形埴輪があります（本書一八七頁）。それは今日の今西さんのご発表でもありましたように、やはり今城塚の埴輪様式と強く響きあうものだと思いますし、同じそっくりなものが宮崎県百足塚古墳で出ていますので、かなり強い影響関係を受けて成立した埴輪群像だと思います。継体朝以降には畿内では人物埴輪群像が廃れていきますが、関東の方では非常に盛んになっていきます。関東で古墳後期の人物埴輪群像が盛んになることと、今城塚の埴輪様式の関係について、埴輪も多く研究されております城倉さんいかがでしょうか。

城倉　継体朝と呼ばれている時期ですが、七輿山古墳《ななこしやま》（藤岡市）、埼玉二子山古墳、瓦塚古墳《かわらづか》、茨城県では舟塚古墳《ふなづか》（小美玉市）、千葉県では殿塚古墳《とのづか》（横芝光町）、栃木県では摩利支天塚古墳（小山市）などがあります。新井悟氏（川崎市教育委員会）が、今城塚古墳と同じ墳形だと指摘しています。また、三浦茂三郎氏（観音塚考古資料館）が、大型多条突帯円筒埴輪が六世紀前半に集中して出てくるということを論文で書かれていますが、今城塚の様相がわかってくると、その影響をどうしても考えるようになってきました。ほかにも今城塚の調査成果をみてわかるようになったこともあります。例えば、今西さんの報告にもありましたが、手を挙げている女子の形象埴輪があり、これは巫女ですがなんで手を挙げているのか意味がわからなかったわけですが、実際にリアルなものをみますと、関東の例はこれが崩れたものなのだとか、色々わかる場合もあります。個人的には今城塚古墳の影響は強いと思っています。奈良文化財研究所の廣瀬覚氏と話をしているときに、今城塚が見えやすいだけではないかと言われまして、要は畿内に存在している大きな埴輪の様式みたいなものを反映しているだけで、今城塚を過大評価しすぎるのは危険だと言われたことがあり、それも一理あるなと思っています。墳丘もそうですけど、どうしても祖型さがしをしてしまいがちですが、それは埴輪としての普遍性なのか、墳丘としての普遍性なのか、それとも直接的な系譜で結びついているのかは、なかなか難しい問題です。全体としている連動して大きい流れがあり、その中で東国の地域性が生まれてくるのも確かですが、実態・動態というのをもう少し地域単位で研究していかないと、全て今城塚に合わせて解釈してしまうという危険性があるのではないかと思います。

若狭　ありがとうございます。決めつけることなく実証的な研究を重ねていかなければならないということだと思います。今城塚の埴輪群像はモデルとしては、ある程度影響を与えたというのはおっしゃった通りだと思います。

三　継体大王即位の支援勢力

若狭　続きまして、継体大王の性格について河内さんの方から新しい考え方が出てきたと思います。これまでの継体像というのは、応神天皇から五代前に分かれたような地方豪族ではないか、という考え方が強かったわけですが、そうではなくてある段階から王族として大和に基盤をもっていたという提言がございました。大変新しい考え方だと思います。これまで考古学側も文献史学側も倭王権の力を強くみる立場が大きかったと思いますが、逆に王権の弱さといいますか、揺れ動く王統、王位継承の流れがみえてきたわけです。継体は北陸をバックボーンにしながら王族として存在していて、大王に選ばれるわけです。継体を支援したグループについて、どういったことが考えられるのか、河内さんいかがでしょうか。

河内　報告の中でも話しましたが、太田茶臼山古墳《おおだちゃうすやま》と今城塚古墳がかなり近いところに築かれていて、そこに勢力を伸ばしていたということになると、五世紀の段階から河内と連携しているのは間違いないと思います。実際『日本書紀』には継体が即位するときに、河内馬飼首荒籠《かわちのうまかいのおびとあらこ》が活躍したという話もありますし、河内の樟葉宮《くすはのみや》で即位しています。それらを含めて河内とは早い段階からつながっていたとみてよいと思います。尾張との連携については、継体が目子媛《めのこひめ》を后にしたというよりも前につながりがあったのかはわかりませんが、目子媛が継体即位前に安閑や宣化を産んでいますので、そうすると目子媛はおそらく北陸の方に移動して暮らしていたと考えられます。北陸に尾張の痕跡はあるのか、近江から越前あたりに尾張の痕跡はどのように出てくるのかは気になるところです。ここから先は証拠のない話になりますが、越前あたりを押さえているということは、日本海交通に秀でている可能性があり、日本海沿岸の豪族とのつながりも想定されます。このようなつながりは継体一代で作り上げたものではなく、継体以前の段階からあったと思っています。一方で、ヤマトとのつながりというのも、押坂に拠点があったと考えた場合には、継体以前からのつながりが想定されるわけで、継体関係系図（本書一五四頁）を見てもらうと、継体からさかのぼって太田茶臼山古墳の被葬者とも言われています意富々等王《おおほどのおう》の姉妹に忍坂大中津比売命《おしさかのおおなかつひめのみこと》がいますので、北陸集団といってもヤマトに出先機関をもつ、ヤマトにも食い込む勢力をもつ集団であったのではないかと考えています。

河内春人

若狭　継体の一族は地方勢力を組み込みながら徐々に実力をつけていったと受け取りましたが、ヤマトの内部においてはどういう立場であったのでしょうか。

河内　ヤマト内部での立場については、なかなか言い切れないところがあります。そもそも五世紀の倭王権というのはどのよう

早野浩二

な形で政権を構成していたのか文献ではわかりづらく、地域豪族の子弟がヤマトに上番していたとして、どのようにして一体的に運用されていたのかが見えてきません。唯一考えられるのが、倭の五王が中国に外交使節を派遣したときに、豪族たちのために将軍号の授与を要請していて、大王は各地の有力豪族たちを意識しながら中国外交を展開しています。また、有力豪族だけではなく王族に対しても、大王に匹敵するレベルの有力者がいた場合においては、そちらの方との関係を調整しているわけです。そういう点から考えると、地域豪族に対して大王が毎年貢物をもってこさせるような支配体制というのは考えにくいと思います。

若狭　継体朝より前の五世紀の段階に、倭の五人の大王（讃・珍・済・興・武）が中国の宋に朝貢してその傘下に入るわけですが、珍と済が倭国王と将軍号を認められると共に自分たちの配下の王族や豪族に対しても、将軍号だとか郡太守号を申請して承認されています。ことによると、埼玉古墳群の豪族も中国の郡太守号をもっていた可能性が高いわけです。このように継体よりも前の段階から地方豪族と連携をとるような動きが出てきています。

いずれにしましても、地方豪族は王権の仕事を分担するような性格をもっていた。そういったものが継体の支援勢力として組み込まれていくことが考えられるように思いました。今のお話の中で、尾張の目子媛が継体と一緒に北陸に住んでいたはずだとありましたが、尾張と越などの北陸の関係について、考古学から何か考えられることはあるのでしょうか。早野さんいかがでしょうか。

早野　さきほど河内さんの方から、尾張と北陸の関係について、継体の登場以前に関係する痕跡（遺跡）はあるのだろうかという問いがありました。一つ注目しているのは、北陸といいますか、若狭の向山1号墳（福井県若狭町・五世紀中葉）に尾張型埴輪に連なるような二突帯三段の円筒埴輪があります。今西さんの方でも尾張型埴輪についてまとめられておられますが、その前段階にそのような現象が北陸方面にあることを評価してもいいのかもしれません。まだ解決していない問題ではありますが、今日は土器製塩の話もしまして、知多半島の土器製塩も尾張連の基盤となっていたのですが、その前段階からちょっとよくわからない系譜の製塩土器があり、よく似たような製塩土器が北陸方面の能登にあります。そういった未解決の問題もありますので、改めて見直すとみえてくるものがあるかもしれません。

若狭　能登から若狭にかけては大製塩地帯ですので、そことの技術的な関係を探っていく必要があるように思います。継体は隅田八幡神社の人物画像鏡のところで紹介されましたが、即位前の名前として「フト王」と書かれていて、百済王である武寧王とチャンネルをもっているという話がありました。その百済と外交関係を結ぶときに港として若狭は重視されると思いますし、五世紀の段階から若狭湾を経由地とした朝鮮半島系の遺物が結構出ています。国立歴史民俗博物館の高田貫太氏が著作で述べられていますが、ヤマトにはあまり分布せず、若狭湾から東国に流れ込んでいる金製垂飾付耳飾りのような遺物があることを指摘されています。継体の政治体制ができるにあたって日本海側の交通路というのを重視しないといけないと、改めて思いました。

四　尾張の動向

若狭　さて、尾張の動向に入っていきたいと思います。早野さんの資料にある古墳の編年表（本書一〇七頁）をみますと、継体が登場する前の五世紀後半は、階層性は未発達です。それが六世紀に入って一気に四段階ぐらいの前方後円墳の階層構造が生まれ、古墳の大きさや副葬品、埴輪が見事に序列化されるようになりますが、これができあがった背景としては何があったんでしょうか。

早野　五世紀の列島的な動向を踏まえて考えてみたいのですが、皆さんご存じのように古市《ふるいち》・百舌鳥《もず》古墳群を中心としまして、非常に例をみないような巨大古墳が造営されます。おそらくこれらは、列島的な規模の大事業として行われたと思いますが、尾張は、大型古墳を造る際の労働力を提供するような部分で力を発揮していったとも考えています。そういった中で五世紀には王権と匹敵するような力をもった葛城氏や吉備氏などが打倒されますが、逆にそれによって王権の方はパートナーを失い、かなり混乱したと思います。その中で尾張は地理的に近い場所にありながらも、打倒されることはなかった。そういった意味で言いますと、比較的パートナーとしてじっくり力を蓄えていたのではないか。突出しなかった分、王権に近い有力な一族が倒れていく中で、少しずつ自己主張をし始めていく、そういった見方もできるのではないでしょうか。逆に筑紫国造磐井だったり、武蔵とかは打倒されたり、介入されたりといった部分が出てきますが、尾張をみてもそのような現象がないということでいいますと、古墳時代中期から後期にかけてうまく立ち回ることができた、そういう考え方をしてみてはどうかと思っています。あとは考古資料の面からいきますと、今日説明しました現代につながってくるような窯業生産ですとか、そういった手工業生産を振興し、豊富な労働力、人的資源を活用しながら地域経営を行ったと考えた方が、列島的な流れの中で理解しやすいと思っています。

若狭　大変興味深い考え方だと思います。雄略朝ではもともと大王の外祖父として権力を握っていた葛城氏がいたわけですが、それが打倒されてしまう。それから瀬戸内沿岸地域の雄であった吉備氏（下道氏と上道氏という二つの氏族）が、雄略朝のときに上道氏は朝鮮半島に追いやられて滅亡させられてしまう。下道氏は、自邸で行った闘鶏の際に雄略を冒涜した話を讒言されて、打倒されていくわけです。そうすると目の上のたんこぶがなくなったと同時に経済的パートナーがいなくなったわけですから、新しいパートナーを見つける必要が生じます。尾張ではその前の段階から渡来人を導入して、大変旺盛な地域開発を進め、静かに力を蓄えていましたので、ここを新しいパートナーに選んでいくという理解は説得力があると思います。元々尾張は豊かな土地で、後に織田信長も出てくる土地です。継体のときにこういった階層的な仕組みを作り上げて最高潮となり、その後しぼんでいく傾向があるとのことです。熱田の周りに大きな前方後円墳がなくなって、その外周地域に中型前方後円墳が並ぶ形になります。今日私が話した上毛野の緑野においても、七輿山古墳のあとは中型前方後円墳が並立する形にかわっていくわけです。こういう変わり方をどう捉えているのでしょうか。発展的なのか、あるいは勢力を削がれたのか、いかがでしょうか。

早野　大変難しい問題ですが、おそらくその両面あるのではないかと考えています。王権側は直接的な支配を徐々に浸透させたいというのが当然思惑としてあり、地方の側もそれにどのように対処したらいいのか、地域内での序列が徐々に切り崩され、その力を削がれていく、地方の各勢力としては、王権に協力することで得られるメリットと天びんにかける、そういった動向が表れているのではないかと考えています。

藤野一之

若狭　ありがとうございました。少し視点を変えまして、尾張は今日もお話がありましたように須恵器生産などの窯業地帯でした。日本の須恵器生産の中心は大阪の陶邑だったわけですが、愛知県も一つの拠点であったわけです。東海の窯業、須恵器生産が関東に与えた影響というのは何か考えられるのでしょうか。藤野さんいかがでしょうか。

藤野　東海地方、特に愛知県周辺は大規模な窯業生産地帯で、中世以降も窯業を続けています。古墳時代では猿投窯跡群があり、それがどの程度関東に影響を与えたのかといいますと、なかなか難しい問題になります。一部技術的なところで猿投窯の方と類似した特徴が群馬県内でつくられた須恵器に認められるわけですが、それがどの程度の影響だったのかというのは、あまり明確には見えてきません。一方、猿投窯で生産された須恵器が関東地方にも一定量もたらされていまして、五世紀後半のものには群馬県や埼玉県などでも製品が出土しているので、何らかの人の往来があったのだと思います。六世紀になると、猿投窯でつくられた須恵器は群馬県や埼玉県で認められなくなり、五世紀とは異なる展開をみせるようになります。その中で埼玉古墳群では、五世紀後半では稲荷山古墳、六世紀前半では奥の山古墳で、少ないですが猿投窯でつくられた須恵器が出土しているので、何らかの人の往来があったことがわかります。ただし、大規模な人の移住とか、そういったことは須恵器の面からは言えません。

若狭　埼玉二子山古墳の被葬者の重要な活動として、生出塚《おいねづか》埴輪窯という関東有数の埴輪窯の経営があったわけですが、須恵器に関しては埼玉政権はあまり熱心ではなかったと、そういう感じになるのでしょうか。

藤野　六世紀前半頃にどの程度、埼玉県内で須恵器生産が行われていたのか明らかにできていませんが、奥の山古墳では埼玉県寄居町末野窯跡群でつくられた須恵器が主体を占めていまして、二子山古墳のものをみますと、埼玉県内でつくられたという確実なものは見出せません。そのため、二子山古墳の被葬者は生出塚において埴輪生産を積極的に行いましたが、須恵器生産はそうでもないかもしれません。もう一ついいますと、二子山古墳から出ている土師器の中に、白色の高杯があります。ナワビさんのご発表にもありましたが、非常に規格性が高い土師器が作られているというのがポイントだと考えています。稲荷山古墳の段階ではそのような土師器が認められないので、二子山古墳の葬送儀礼に際して、新たな葬送の道具をつくりだすことは、手工業生産の再編のようなものがあってもよいのかなと考えています。

五　武蔵国造の乱

若狭　時間が無くなってきましたので、「武蔵国造の乱」の方に話を振っていきたいと思います。古墳とその被葬者像を合わせるというのは、なかなか難しい作業になるわけですが、今日はあえてそういったお話をしました。城倉さんは以前「武蔵国造の乱」の研究史をまとめておられますが、それを踏まえて「武蔵国造の乱」の実態については、どのようにお考えでしょうか。

城倉　『史観』という雑誌に二〇一一年に論文を書いていますので、興味のある方はみていただければと思います。考古学的な現象はその時に基本的にはまとめましたが、そこから特に資料は増えていませんので、解釈自体は今もそれほど変わっておらず、やはりある程度の史実を反映しているとみております。あと、埴輪の分析（系譜）からしますと、明らかに埼玉古墳群の勢力は比企（埼玉古墳群から荒川を隔てた対岸の比企郡域）から出てきていると思っていますので、比企と埼玉の争乱だろうというのが個人的な意見です。今日若狭さんがおっしゃっていたオミ（使主）とオギ（小杵）説にも触れてもよろしいでしょうか。

若狭　どうぞ。

城倉　若狭さんがおっしゃっていたのは、丸墓山《まるはかやま》古墳の被葬者が小杵で、二子山古墳の被葬者が使主というものですが、この考え方自体は特段新しいものではなく、昔から言われておりまして、国立歴史民俗博物館におられた杉山晋作氏が言われたことだと思いますが、私も同じことを思っています。使主という初代の国造に擬される人物、それだけの首長権を確立している人が笠原というところの生出塚埴輪窯を本格操業させているということを考えてみても、横穴式石室の導入や墳丘の革新性などを考えてみても、使主とされる人物が二子山古墳の被葬者である可能性が高いのではないかと考えています。それに対する小杵については、やはり丸墓山古墳の被葬者である可能性が高いと考えています。絶対に解決しない問題ではありますが、色々な現象がそれを示しているからです。甲山古墳という丸墓山古墳に次ぐ大型円墳（熊谷市・径九〇㍍）が埼玉県埋蔵文化財調査事業団の近くにありますが、そこで表採した埴輪を分析していくと、鉄砲山古墳と同工品がありますので、明らかに丸墓山古墳の系譜というのは、比企の方に引き継がれていると思います。埼玉の方に進出していく比企の勢力と、埼玉を根幹にしていくような使主の勢力という相克が、国造争乱という形で反映されているのではないかと考えています。それが鉄砲山古墳の段階まで引き継がれていると考えると、色々な現象の説明がつくと考えています。ただ、私自身は考古学的な現象をしっかり整理・実証するのが役割だと考えています。七輿山古墳の被葬者を小熊とみる説については、少し疑問があるのかな、というのが若狭さんと話していて思っていたところです。

若狭　はい。実は今回のシンポジウムでは七輿山についても、城倉さんにお話ししてほしいと考えていましたが、調査の進捗的にまだその時期ではないということでした。今日少しご紹介したように、城倉さんにはレーダー探査や3D測量を踏まえた正確な墳丘図をもとにした墳丘型式論をもって、数年後に七輿山古墳についても書いていただけるのではと思っています。今回城倉さんの原稿の中にありましたもう一つ重要な点である国造制について、どうしても触れなければなりません。文献史学の研究成果によりますと、西日本は六世紀前半の「磐井の乱」を契機に国造制が定められていく。『日本書紀』には磐井を斬って境界を定めたとあり、それは国境を定めた、すなわち国造制の発生だということが、篠川賢氏（成城大学名誉教授）により言われています。東国の方はそれよりも遅れまして、崇峻二（五八九）年に東山道に近江臣満《みつ》という人物を送って蝦夷との国の境を観させたとあり、これが国造制の発生ではないか、東国においてはかなり遅れるということが言われています。これが古代史の中の通説ではないかと思いますが、城倉さんのお話では、埼玉二子山古墳の様々な現象をみますと、二子山古墳の被葬者を初代国造と言ってもよいのではないかと言われています。これにつきましては、文献史学の河内さんいかがでしょうか。

河内　はい。国造制については、今お話にありましたように、篠川氏が第一人者ということで、中公新書で『国造』という本を出されていて、そこに書かれている内容が通説ということになっています。ただ、国造は全国一律で同じだったわけではありません。倭王権の西日本と東日本に対する影響力には違いがありました。西日本は五世紀であれば吉備、六世紀前半であれば磐井、というような巨大豪族が存在していたために王権と豪族の間には緊張関係があったのに対して、東国は比較的小さい豪族が多く、それに対する影響力を強めていって、後に七世紀になっても東国は王権が強い影響力を及ぼすことができる地域として認識されるようになっていきます。だから、国造制ではないけれども、大王の意向が通じやすいという点では、そういった地域的な偏差や傾向があったと考えてよいのではないかと思っています。

制度としての国造というのが出来上がるのはいつなのかと言われると、最終的に崇峻朝で確定していくというように理解すればよいのではないかと考えています。例えば、稲荷台1号墳（千葉県市原市）で五世紀の王賜銘鉄剣が出てきているような王権とのつながり、あれも中央から派遣された人物なのか、地方豪族なのかという論争はありますが、ただそういったものの中で、房総の地域では中・小規模の国造が多くいたりするわけで、それ以前の段階でやはり大豪族に成長しないように倭王権が抑えて、影響力を強めていく。それがずっと続いていく。それは六世紀の継体ですとか、それ以前の時からあったと考えることができると思っています。

若狭　ありがとうございます。考古学の立場から城倉さんいかがでしょうか。

城倉　はい。河内さんのおっしゃっていることは、考古学的にみても矛盾はしないと思っています。例えば、今回は継体朝でしたけど、雄略朝では西では江田船山古墳にムリテ（同古墳の銘文鉄刀にある人物名。典曹人として上番したとみられる）がいて、東では稲荷山古墳にヲワケがいて、継体朝の時期には西では「筑紫国造磐井の乱」があり、東では「武蔵国造争乱」があるといった形で、考古学的な現象を整理していくと、東と西は連動しているように見えます。ですので、東と西と分けることに意味があるのかは私にはわかりませんが、各地域でいろいろな現象があり、大きく列島全体が中央を中心にして動いていっているということは、考古学的にはかなりわかってきていることだと思います。

特に国造制の成立というのは制度としての問題だと思っていますので、我々考古学の現象からすると、地域のシステムの刷新というのが、継体朝の時に進んでいるように見えます。そういう地域の争乱というのがあって、それに屯倉の設置があって、中央の地域への介入が高まっていくというような現象が、東と西で連動してきているようにみえる。それを国造制とするかしないかは別の問題であると思います。最近では、成城大学の鈴木正信氏が『日本古代の国造と地域支配』（八木書店）という本を出しまして、それをみていたら三四六頁のところに、「東日本でも西日本と同じく六世紀前半に国造制が導入されたが、この時には東日本では西日本のように国造のクニ境界を定めるといったことは広く行われず、かわりに屯倉によって掌握される交通流通の体系が国造のクニを規定する実質的な意味を持っていたのではないだろうか」といった意見があり、私の考えもこれに近く、制度とか境界といった問題はもちろんあると思いますが、後の国造につながっていくような大きな動きがこの継体朝と言われている時期に、東と西で連動してきているというのは、考古学的には無視できないのではないか、と考えています。

六　継体から欽明朝に関わる考古学的な研究課題

若狭　今日はかなり新しい議論がなされたと思います。ただし、時間が来てしまいましたので、最後に二子山古墳を絡めて継体朝から欽明朝にかかる研究の展望について、皆さんから一言ずついただきたいと思います。

ナワビ　あまり突飛なことは言えないのですが、我々としてはその時の課題や方向を考えながらにはなると思いますが、様々な方法をとって事実を蓄積していく、そういったことに尽きるのかなと思います。今現在、埼玉古墳群内では愛宕山《あたごやま》古墳を発掘していると思いますが、そういった形で事実を正しく蓄積していくことを目指して進めていきたいと思います。

今西　まずは今城塚古墳の発掘調査の成果を皆さんに活用していただけるように、早く発掘調査報告書の刊行を目指していきたいと思います。あとは、城倉さんがおっしゃっておられましたが、埴輪など様々な面で畿内から関東へ影響を与えた起点が、今城塚古墳になるのかどうか。研究者の方には、実態がある程度明らかになった今城塚古墳の姿をみて、その中により古い大王墓の姿を見出しておられる方もいらっしゃると思います。やはりそうした点については、製作技法レベルの詳細な検討などを意識して進めていきたいと思います。

早野　今日は断夫山《だんぷさん》古墳の調査を担当している人間として、今日この場に参加することができて、大変勉強になりました。若狭さんの方からは、この際だから好き勝手言ってもいいよと言っていただきまして、本当に勝手気ままにお話をしました。今日のお話を伺いながら、まずは本来的な業務として、断夫山古墳に関係する情報をしっかりまとめる仕事が残されていますので、そこをしっかりとやりとげて皆さんに使っていただけるような資料提示をしたいと考えています。

城倉　私の本来の課題は中国都城の勉強をすることですが、自分は古墳を研究をしているわけではありませんので、現象の整理をするのが大事だと思っています。今回出てきましたが、七輿山古墳ですとか、白石稲荷山古墳（群馬県藤岡市）という大きな古墳の報告をしまして、ただ分析がまだできていない状況です。あとは東日本最大の太田《おおた》天神山《てんじんやま》古墳（群馬県太田市）も一昨年調査をしまして、舟塚山古墳（茨城県石岡市）というのも去年調査をしています。今年は年度末には日本最大と言われている方墳である岩屋《いわや》古墳（千葉県成田市）を調査する予定になっております。そういう調査を続けてきていますので、一基一基墳丘の形を確認しつつ、それを一基一基位置づけていくというのが当面の課題として考えております。

河内　今日はどうもありがとうございました。私は『古事記』『日本書紀』に対して、大分厳しい立場をとっていますが、継体朝あたりから実録性が高まってくるのは事実でありまして、そこは何らかの事実の反映という考え方で研究してもよいかなと思っています。それを明らかにするためにはやはり文献の中の分析だけではなく、考古学的な成果というのが重要なファクターになってきますので、今日は大変勉強になりました。最後に一つだけ、報告の時には言わなかったのですが、和風諡号という天皇の諡《おくりな》をみていますと、継体はオホドというシンプルな諡で、安閑からは仰々しい名前になってきますので、そういうところをみても、継体までと安閑以後で転換する現象が起こっている。そういう意味では継体は古い大王という側面が強いと考えています。

藤野　資料集の私の原稿で最後に表（本書四九頁）がありますが、最近は、土器を使用した葬送儀礼や祭祀が、中央と地方でどういう関係性にあるのか、あるいはないのか、ということを調べているところです。今後は関東地方だけでなく、全国的に検討していければと考えています。

若狭　今日は一〇時から始まりまして、今は一七時になりました。長い時間お付き合いいただきましたが、来ていただいた人に失望させない最新の情報をお届けできたのではないかと思っています。ではこれにて終了といたします。どうもありがとうございました。（拍手）

（二〇二三年一一月一八日　行田市教育文化センター「みらい」にて）

あとがき

日本古代史は、基本的に畿内から西日本の出来事を主体として描かれている。記紀をはじめとする文献記事に依拠しているため無理からぬことであり、東国はどちらかといえば日陰の存在であった。しかし、そこに一筋の光を与えたのが埼玉稲荷山古墳の礫槨から出土した金錯銘鉄剣の発見であった。銘文からは、ワカタケル大王（雄略）のもとに、武蔵の首長層が上番していたことが明らかとなり、東国豪族と王権の具体的な関りが描けるようになった。

ただしばらくは、この剣の保有者（銘文の主体者）である「ヲワケ」は中央の軍事氏族（オオヒコを始祖とする後の阿倍氏）であり、鉄剣は武蔵から上番してヲワケに仕えた配下の豪族に下賜された、とする論が主流であった。しかし、前方後円墳が急速に小型化する五世紀後半において、墳長一二〇㍍を測る稲荷山古墳は国内十指にはいる規模である。第二埋葬施設である礫槨被葬者は武蔵の首長位を継がなかった可能性が高いが、有力な武蔵の首長の子弟として上番し、オオヒコを始祖とする豪族グループと擬制的同祖同族関係を結び、「大王を左治した」と自称する実力は有していたであろう。

阿倍氏の族長が、自らの栄光を刻んだこの剣を配下に与えたという解釈には無理があり、稲荷山古墳礫槨の被葬者こそがヲワケとみるのが素直な理解だと思う。むしろそう見ないのは、東国豪族を劣位にみるバイアスがあったようにも思うのである（近年では、後者の説を取る古代史学者も増えている）。

さて、新たな光明は同じ埼玉古墳群の二子山古墳の調査からもたらされることになった。埼玉県教育委員会のこ一〇年の調査によって、本古墳の時期が六世紀前半に確定したことで、古代史の重要事件との関連が問えることになるからである。すなわち、継体・安閑天皇の王権との関わりである。筆者は、今回の記念事業のコーディネートをお引き受けするにあたり、そこを踏まえたシンポジウムを企画することとした。その最新の成果が本書に結実している。

継体天皇の死の直後、『日本書紀』安閑元（五三四）年に発生した「武蔵国造の乱」、ならびに安閑二年の全国屯倉設置の記事は、屯倉制ならびに国造制の開始を評価するための重要な記事である。このころ（六世紀前半）の前方後円墳の規模を全国的に比較すると、継体墓である大阪府今城塚古墳（一八一㍍）以外の大規模墳はヤマトに存在せず、尾張・上毛野・武蔵・筑紫に一五〇～一三〇㍍台の大型前方後円墳が築造されている。古墳の規模を豪族の勢力規模と見倣す古墳研究の基本に立てば、上記の地方豪族たちが継体の支援勢力であったと考えざるを得ない。王統の混乱を背景として、越の国から擁立された不安定な継体王権（応神天皇五世孫）を維持するためには、畿内豪族とともにこれらの地方豪族の厚遇が不可欠であったと考えられる。

さて、本書の辻田論文にあるように、福岡県岩戸山古墳の墓主である筑紫君磐井は、継体政権を支える重要メンバーであったが、継体治世の末期に反旗を翻した。かつての同盟者は、王権に排除される存在となったのである。その動乱が終結し、継体が没したすぐ後に発生した「武蔵国造の乱」も、上毛野を上位とした北関東の伝統的地域秩序に対する王権側の介入に他ならず、東方の有力支援者であった上毛野の勢力を牽制するものとなった。王権の同盟者として働いてきた上毛野勢力にとって、予想外の事変となったと想像する。

ほぼ同時期に勃発した「磐井の乱」と「武蔵国造の乱」を、倭王権による連動した地方牽制政策と捉えると、この二つが完遂したことによって、有力地方豪族の台頭を許さないシステムが確立していく流れを見ることができる。屯倉を設置し、彼らを国造に任命することは、倭王の済が四五一年に中国宋に朝貢した際、属僚を郡太守に任じて「将軍―郡太守」という階層秩序の構築を試行した政策の延長上にある。安閑・宣化の跡を襲った欽明によって専制的なシステムが確立し、国家形成への動きが加速していくのである。

一方で、多数の有力者が併存する地域社会において、王権のお墨付きを得て地域秩序の頂点に立つことができる「国造制」は、豪族たちを強権的に編成するというよりも、むしろ豪族たちが積極的に着任を希望したものではなかったか。国造の地位を争ったという「武蔵国造の乱」の記事は、そこに親和性が認められる。六世紀代に王権の政治・経済基盤となった屯倉や名代の設置も、北部九州の那津官家や吉備の児島・白猪屯倉のような直営的性格が強いもの以外は、律令期の寄進地系荘園のように、在地豪族にとっては王族や中央氏族と連携しつつ、土地や人民を代々にわたって統治する正統性を獲得するものとして機能した可能性を考えたい。

本書では、六世紀末とされてきた東国国造制の開始時期についても問題提起を行っている。西国では磐井の乱の後の六世紀前半に成立したとされる国造制に、東西の時間差を見るべきかどうか、今後は考古学的動向から検討を深めるべきと考える。

シンポジウムの実施ならびに本書の製作にあたって、ご協力いただいた執筆者各位にまず御礼申し上げたい。ナワビ氏・早野氏・今西氏・藤野氏・城倉氏は、それぞれエポックとなる各古墳について、最新の調査成果を提示され、的確な歴史的評価を加えられた。特に埼玉古墳群・七輿山古墳のレーダー探査、三次元測量ならびに埴輪研究を長年にわたって進めてこられた城倉氏なくして、この企画は成立しえなかった。また、倭の五王について著書をまとめられていた河内氏には、これに続く継体朝期の文献史上の位置付けをお願いし、新しい見解を披瀝していただいた。ここに厚く感謝したい。

また、財政的理由でシンポジウムへの招聘を断念した辻田氏には、無理をお願いし、継体期前後の北部九州の状況について玉稿を賜ることができた。これによって、「武蔵国造の乱」と並置される「磐井の乱」についての最先端の考古学的知見を読者にお示しすることが可能となったことを喜びたい。

最後になるが、シンポジウムを運営された埼玉県立さきたま史跡の博物館スタッフ各位、出版事情が厳しいなか本書の制作を快く引き受けてくださった吉川弘文館石津輝真氏、ならびに丁寧な編集に尽力された木之内忍氏に御礼申し上げ、擱筆する次第である。

二〇二四年一二月

若狭　徹

継体天皇関連年表

允恭 39（450）	近江高島に生まれる。幼くして父のウシ王亡くなる。母の出身地越前三国で育つ。
武烈 8（506）	武烈天皇死去。
継体 1（507）	大伴金村《おおともかねむら》ら、オホド王に即位を要請し、河内樟葉宮《かわちくすはのみや》で即位する（継体天皇）。手白香《たしらか》皇女（仁賢の娘）を皇后に立てる。
継体 5（511）	山城の筒城《つつき》に遷都する。
継体 6（512）	いわゆる「任那四県割譲事件」起こる。
継体 7（513）	百済、五経博士段楊爾《だんようにく》を派遣する。己汶《こもん》・帯沙《たさ》の地が百済に帰す。勾大《まがりのおお》兄《え》皇子、春宮となる。
継体 8（514）	名代として匝布屯倉《さほみやけ》を設置する。
継体 10（516）	百済、五経博士高安茂《こうあんも》を派遣する。
継体 12（518）	山城の弟国《おとくに》に遷都する。
継体 17（523）	百済武寧《ぶねい》王死去、聖明王即位。
継体 20（526）	大和の磐余玉穂宮《いわれたまほのみや》に遷都する。
継体 21（527）	近江毛野《おうみけの》を任那に派遣しようとするも、筑紫君磐井《ちくしのきみいわい》が妨害する。物部麁鹿《もののべあらか》火《い》、磐井の乱を鎮圧するために派遣される。
継体 22（528）	筑紫の御井《みい》で麁鹿火と磐井が交戦する。磐井は敗れて斬られる。磐井の子の葛子《くずこ》、糟屋《かすや》屯倉を献上する。
継体 23（529）	近江毛野渡海するが、百済・新羅と対立する。巨勢男人《こせおひと》死去する。
継体 24（530）	近江毛野が帰国を命じられ、対馬で死去する。
継体 25（531）	継体死去し、藍野陵《あいののみささぎ》に葬る（『古事記』527 年、或本 534 年死去の異伝あり）。
（532）	金官加耶、新羅に併合され滅亡する。
安閑 1（534）	安閑が即位し大和の勾金橋《まがりのかなはし》を都とする。春日山田《かすがのやまだ》皇女（仁賢の娘）を皇后とする。この年、屯倉を多く設置する。**いわゆる「武蔵国造の乱」起こる。**
安閑 2（535）	屯倉を多く設置する。各地に部を設ける。安閑死去し宣化即位する。
宣化 1（536）	檜隈廬入野《ひのくまのいおりの》に遷都する。橘仲《たちばなのなかつ》皇女（仁賢の娘）を皇后とする。筑紫に那津官家《なのつみやけ》を設置する。
宣化 4（539）	宣化死去し欽明即位する。

※事績・年代は概ね『日本書記』に準拠している。（河内春人による）

執筆者紹介（掲載順）

若狭《わかさ》 徹《とおる》〔プロローグ・第八章・あとがき〕 別掲

ナワビ矢麻《やま》〔第一章〕 一九八八年生まれ 埼玉県教育局文化財・博物館課主任

藤野《ふじの》 一之《かずゆき》〔第二章〕 一九八二年生まれ 駒澤大学文学部准教授

城倉《じょうくら》 正祥《まさよし》〔第三章〕 一九七八年生まれ 早稲田大学文学学術院教授

今西《いまにし》 康宏《やすひろ》〔第四章〕 一九八二年生まれ 高槻市立埋蔵文化財調査センター学芸員

早野《はやの》 浩二《こうじ》〔第五章〕 一九七二年生まれ 愛知県埋蔵文化財センター調査研究専門員

辻田《つじた》淳一郎《じゅんいちろう》〔第六章〕 一九七三年生まれ 九州大学大学院人文科学研究院教授

河内《こうち》 春人《はると》〔第七章〕 一九七〇年生まれ 関東学院大学経済学部教授

編者略歴

若狭　徹

一九六二年　長野県で生まれ、群馬県で育つ

一九八五年　明治大学文学部史学地理学科卒業

現在　明治大学文学部専任教授、博士（史学）

〔主要著書〕

『ビジュアル版　古墳時代ガイドブック』（新泉社、二〇一三年）

『東国から読み解く古墳時代』（吉川弘文館、二〇一五年）

『前方後円墳と東国社会』（吉川弘文館、二〇一七年）

『古墳時代東国の地域経営』（吉川弘文館、二〇二一年）

『埴輪は語る』（筑摩書房、二〇二一年）

『埴輪―古代の証言者たち―』（KADOKAWA、二〇二二年）

継体大王と地方豪族
古墳から探る六世紀の日本

二〇二五年（令和七）二月一日　第一刷発行

編　者　若《わか》狭《さ》　徹《とおる》
埼玉県立《さいたまけんりつ》さきたま史跡《しせき》の博物館《はくぶつかん》

発行者　吉川道郎

発行所　株式会社　吉川弘文館
郵便番号一一三―〇〇三三
東京都文京区本郷七丁目二番八号
電話〇三―三八一三―九一五一〈代〉
振替口座〇〇一〇〇―五―二四四番
https://www.yoshikawa-k.co.jp/

印刷＝藤原印刷株式会社
製本＝株式会社ブックアート
組版・装幀＝朝日メディアインターナショナル株式会社

Printed in Japan　ISBN978-4-642-08463-5